Les und Leslie Parrott

Das zweite Glück

Was Sie bedenken sollten, bevor Sie wieder heiraten

R BROCKHAUS

Die amerikanische Originalausgabe erschien unter dem Titel:
SAVING YOUR SECOND MARRIAGE BEFORE IT STARTS
bei Zondervan, Grand Rapids, Michigan/USA
© 2001 Les und Leslie Parrott

Deutsch von Silvia Lutz

© der deutschen Ausgabe:
R. Brockhaus Verlag Wuppertal 2003
Umschlag: Dietmar Reichert, Dormagen
Gesamtherstellung: Breklumer Druckerei Manfred Siegel KG
ISBN 3-417-11308-3
Bestell-Nr. 111 308

INHALT

Auf der beiliegenden *CD-ROM* finden Sie zahlreiche Übungen und Tests zum Ausdrucken und Bearbeiten! Im Text des Buches finden Sie Hinweise, wie Sie diese Übungen und Tests einsetzen können!

Bevor Sie anfangen

»Wie kann ich dieselben Probleme vermeiden, die meine erste Ehe so stark belastet haben?« Sarah stellte diese Frage in der Pause eines Eheseminars. »Tom und ich wollen in ein paar Monaten heiraten. Wir lieben uns sehr. Aber wir wissen beide, dass es kein Zuckerlecken wird.«

Sarah erzählte weiter, dass ihre erste Ehe nach nur drei Jahren zu Ende war. Ihr Mann hatte sie aus Gründen, die ihr immer noch schleierhaft waren, verlassen. »Vielleicht waren wir zu jung. Ich weiß es nicht«, gestand sie. »Aber eines weiß ich: Dieses Mal passe ich auf. Wir wollen alles in unserer Macht Stehende tun, damit unsere Liebe ein Leben lang hält.« Sie fragte noch einmal: »Was muss ich wissen, worauf muss man achten, wenn man zum zweiten Mal heiratet?«

Das Seminar ging weiter. Wir mussten also unsere Antwort auf Sarahs Frage auf später verschieben. In der Mittagspause unterhielten wir uns ausführlich mit ihr und Tom. Wir erfuhren, dass Tom neun Jahre verheiratet gewesen war und dass seine erste Frau an Krebs gestorben war. Außerdem erfuhren wir, dass er zwei kleine Kinder mit in diese neue Ehe mit Sarah brachte. »Können Sie uns Tipps geben, wie wir den Kindern helfen können, sich an diese neue Situation so gut wie möglich zu gewöhnen?«, fragte Tom. »Und wie sollen wir mit Toms Eltern umgehen?«, warf Sarah ein. »Sie sind der Meinung, wir würden diese Heirat überstürzen.«

Wie kaum anders zu erwarten, hatten wir nicht genug Zeit, um den vielen Fragen, die Sarah und Tom wegen ihrer zweiten Heirat beschäftigten, gerecht zu werden. Ehrlich gesagt: Bei den wenigen Ratschlägen, die wir ihnen geben konnten, waren wir uns auch nicht allzu sicher. Wir gaben ein paar Informationen weiter und betonten, wie wichtig es sei, dass die Wunden aus ihren früheren Ehen verheilt seien. Aber wir beide fanden es schade, dass wir nicht mehr tun konnten, um Sarah und Tom zu helfen, beim zweiten Mal einen guten Start in die Ehe zu schaffen.

Dieses Gespräch liegt über sechs Jahre zurück. Seitdem widmen wir einen großen Teil unseres Berufslebens Paaren wie Sarah und Tom und wollen ihnen helfen, eine glückliche Ehe aufzubauen. Bis zu jenem Gespräch hatten wir unzählige Paare beraten, die zum ersten Mal heiraten wollten. Aber erst als wir Sarah und Tom kennen lernten, wurde uns bewusst, dass wir es vernachlässigt hatten, uns um fast die Hälfte aller Paare, die heute heiraten, zu kümmern, obwohl das so entscheidend wichtig wäre. Wir erkannten, dass diese Paare, von denen einer oder beide zum zweiten Mal heiraten, mit unvergleichlichen Umständen konfrontiert werden, die unbedingt unserer Aufmerksamkeit bedürfen. Diese Paare brauchen besondere Fähigkeiten, vor und nach ihrer Heirat, wenn ihre zweite Ehe gelingen soll.

Da Sie dieses Buch lesen, haben Sie vermutlich eine ähnliche Geschichte wie Sarah und Tom. Vielleicht bringen Sie Kinder mit in Ihre neue Ehe, vielleicht auch nicht. Vielleicht wurden Sie in einer früheren Beziehung verletzt, vielleicht auch nicht. Wir kennen die Details Ihrer Geschichte nicht. Aber wir wissen eines ganz sicher: Sie wollen, dass Ihre Ehe Ihnen all das Gute bringt, wozu sie eigentlich bestimmt ist. Das kann sie auch – trotz aller Widrigkeiten.

Wird es besser oder schlimmer?

Seien wir ehrlich: Der Teil des Eheversprechens »Bis dass der Tod uns scheidet« klingt immer hohler. In den 30er Jahren des zwanzigsten Jahrhunderts endete jede siebte Ehe vor dem Scheidungsrichter. In den 60er Jahren war es bereits jede vierte Ehe. Von den 2,4 Millionen Paaren, die in diesem Jahr in den USA heiraten werden, wird vorhergesagt, dass mindestens 50 Prozent der Ehen nicht überleben werden. Auch die Scheidungsrate in Deutschland liegt bei knapp 50 %. Etwa 200.000 Ehen werden hier jährlich geschieden. Noch erschreckender: Von den Paaren, die zum zweiten Mal heiraten, werden es 60 Prozent nicht schaffen. Bei zu vielen Paaren heißt es inzwischen leider: »Bis dass der Scheidungsrichter uns scheidet.«

Jedes Paar, das heute heiratet, ist gefährdet. Mehr als 200.000 neu geschlossene Ehen (in den USA) werden jedes Jahr noch vor dem zweiten Hochzeitstag geschieden. Bei Paaren, die zum zweiten Mal verheiratet sind, liegt diese Zahl sogar noch höher. Wenn sie ihr Brautkleid ausgezogen und ihren Anzug wieder in den Schrank gehängt haben, meinen Ehepaare oft, sie seien auf dem besten Weg zu einer glücklichen Ehe. Aber eine Untersuchung von frisch verheirateten Paaren zeigte, dass 49 Prozent ernsthafte Eheprobleme haben. Die Hälfte hegte bereits Zweifel, ob ihre Ehe bestehen bleiben würde.[1]

Wie kann das sein? Eheberater wissen heute besser als je zuvor, wie eine Ehe gelingen kann. Trotzdem gehen weiterhin viel zu viele Ehen in die Brüche. Vielleicht liegt es mit daran, dass viele Paare – im Gegensatz zu Ihnen und zu Ihrem Partner – die fantastischen Mittel, die eigentlich allen zur Verfügung stehen, einfach nicht nutzen. Weniger als einem Fünftel aller Ehen, die in Amerika geschlossen werden, geht eine intensive Vorbereitung auf diese Ehe durch Kurse oder Beratungsgespräche voraus.[2] Menschen, die zum zweiten Mal heiraten, meinen zu oft, sie hätten aus ihren Fehlern gelernt, und glauben naiv, sie wären beim zweiten Mal reifer und klüger.

Wir vermuten, dass Sie an Ihre zweite Ehe anders herangehen wollen. Dieses Buch stellt Ihnen eine Alternative vor.

Was führt zu einer intakten zweiten Ehe?

Im Laufe der letzten zwei Jahrzehnte wurde untersucht, was zu einer glücklichen Ehe nötig ist. Beispielsweise haben glücklich verheiratete Ehepaare:
- vernünftige Erwartungen an die Ehe;
- eine realistische Vorstellung von Liebe;
- eine positive Einstellung und Perspektive zum Leben;
- Verständnis für ihre geschlechtsspezifischen Unterschiede;
- die Fähigkeit, Entscheidungen zu treffen und Meinungsverschiedenheiten zu klären;

- eine gemeinsame geistliche Grundlage und ein gemeinsames geistliches Ziel.

Wer mit Kindern aus einer ersten Ehe zum zweiten Mal heiratet, muss noch ein paar weitere Voraussetzungen mitbringen:
- das Wissen, wie man eine Stieffamilie gründet;
- die Fähigkeit, richtig mit Stiefkindern umzugehen.

Die Bereiche, in denen man Voraussetzungen für eine glückliche zweite Ehe schaffen kann, werden in den neun Fragen, die wir in diesem Buch stellen, angesprochen. Jedes Paar sollte sich dieser Punkte bewusst sein, vor (und nach) der Hochzeit. Nehmen Sie sich die Zeit, diese Punkte durchzuarbeiten. Das wäre eine gute Vorsorge gegen Scheidung – besonders wenn Sie zum zweiten Mal heiraten.

Eine persönliche Anmerkung zur Wiederheirat

Kurz nachdem unser Buch *Saving Your Marriage Before It Starts* 1995 in Amerika erschien, wurden wir nach Ratschlägen für Paare gefragt, von denen einer der Partner oder beide schon verheiratet gewesen waren und die erste Ehe entweder durch den Tod des Ehepartners oder durch Scheidung ein Ende fand. Diese Paare, die an der Schwelle zu einer zweiten Ehe standen, wussten, dass auf sie – im Vergleich zu Paaren, die zum ersten Mal heiraten – ganz besondere Fragen und Kämpfe warteten. Immerhin hatten einige Kinder, die sie mit in die neue Ehe bringen würden. Andere schleppten schweren Ballast aus einer früheren Ehe mit sich herum: Entweder trauerten sie noch um den verstorbenen Partner, oder sie litten unter den Verletzungen der früheren Beziehung. Wieder andere gingen geradezu ängstlich in die zweite Ehe und wollten sicherstellen, dass sie alles taten, um das zweite Mal Erfolg zu haben.

Auf Drängen dieser Betroffenen setzten wir uns mit den Bedürfnissen von Menschen, die zum zweiten Mal heiraten, auseinander. Was wir dabei herausfanden, veranlasste uns, unser Buch zu überarbeiten und zu erweitern und auch die Fragen der Paare, die zum zweiten Mal heiraten, anzusprechen. Das Ergebnis dieser Bemühungen ist das Buch, das Sie jetzt in Händen halten. 75 Prozent der Menschen, die sich scheiden lassen, heiraten wieder. Ein zweites Mal zu heiraten ist fast genauso üblich wie das erste Mal zu heiraten, aber über 60 Prozent der zweiten Ehen enden vor dem Scheidungsrichter. Was noch schlimmer ist: Bei zweiten Ehen mit Kindern ist die Scheidungsrate doppelt so hoch wie bei zweiten Ehen ohne Kinder.

Doch eine andere Erkenntnis machte uns wirklich traurig: *Viele Paare, die zum zweiten Mal verheiratet sind, kommen bereits in den ersten Monaten zu dem Schluss, dass ihre neue Ehe zum Scheitern verurteilt sei, während Untersuchungen klar zeigen, dass die geschätzte Zeit, die man braucht, um sich der Situation als Stieffamilie anzupassen, zwischen zwei und sieben Jahre beträgt.*

Wir sagen ohne Beschönigung: Paare, die zum zweiten Mal heiraten, haben einen steinigen Weg vor sich. Erfahrungen sind in Ehefragen leider nicht die beste Voraussetzung für einen Erfolg. Das heißt nicht, dass Sie unbedingt große Schwierigkeiten haben werden. Im Gegenteil: Wir sind überzeugt, wenn Sie dieses Buch und die begleitenden Übungen für Männer und Frauen durcharbeiten – und sich damit Zeit für eine richtige Vorbereitung nehmen –, kann Ihre zweite Ehe überaus glücklich werden.

Schluss mit Vermutungen

Dieses Buch basiert auf der Tatsache, dass eine Ehe kein Glücksspiel sein muss. Als Psychologe (Les) und Ehe- und Familientherapeutin (Leslie), die Hunderte von Paaren, die das erste oder auch das zweite Mal verheiratet sind, beraten, haben wir gelernt, dass weniger ein geheimnisvolles Wunder dahinter steckt als vielmehr bestimmte Fähigkeiten, wenn zwei Menschen »glücklich bis zu ihrem Tod zusammenleben«. Auch wenn das Eheleben immer seine Schwierigkeiten haben wird, wird sich Ihre Beziehung auf Dauer spürbar verbessern, wenn Sie gewisse Fähigkeiten beherrschen.

Viele Paare schieben die Schuld für Zerwürfnisse und Unzufriedenheit in der Ehe zu Unrecht auf Schwiegereltern, Geldfragen und sexuelle Probleme. Die Reibungspunkte in der Ehe entstehen jedoch gewöhnlich aus schlechter Kommunikation, aus der Verschiedenheit der Geschlechter und geistlicher Schwäche, um nur ein paar Krisenherde zu nennen. Dieses Buch spricht viele mögliche Ehekonflikte an. Ob Sie nun eine feste Beziehung haben und erst daran denken zu heiraten, oder ob Sie bereits verheiratet sind: Dieses Buch will Ihnen helfen, die Fähigkeiten einzuüben, die Sie für ein dauerhaftes und glückliches gemeinsames Leben brauchen – *bevor* Sie unglücklich werden.

Wir haben zu diesem Buch Übungen zusammengestellt, für Männer und Frauen getrennt. Die 26 Selbsttests werden Ihnen und Ihrem Partner helfen, das in die Tat umzusetzen, was Sie in diesem Buch lesen. Als zusätzliche Hilfe haben wir an das Ende jedes Kapitels Fragen gestellt, die sich für Paare oder Kleingruppen als Gesprächshilfe eignen.

Dieses Buch liegt uns sehr am Herzen. Wir treten leidenschaftlich dafür ein, einer neuen Generation von Ehepaaren, die zum zweiten Mal heiraten, die Chance zu geben, die Grundlagen für eine Ehe, die ein Leben lang hält, zu lernen. Wenn Sie sich darauf einlassen, werden Sie eine Nähe entdecken, wie zwei Menschen sie nicht tiefer und radikaler erfahren und genießen können.

LES UND LESLIE PARROTT

Frage 1:

Sind Sie so weit,
dass Sie wieder heiraten könnten?

Wer den Anfang eines Weges auswählt, wählt den Ort aus, wohin er führt.　　　　　　　　　　　*HARRY EMERSON FOSDICK*

»Das wird eine ziemlich große Herausforderung«, bemerkte meine Freundin, während wir ein Dutzend Kleinkinder zu einem Wettrennen zusammentrommelten. Es war der dritte Geburtstag des kleinen Nick, und seine Freunde wollten wissen, wer am schnellsten laufen konnte.

Sobald sie in einer halbwegs geordneten Reihe aufgestellt waren, rief ich: »Auf die Plätze! Fertig! Los!« Sie schossen los wie die Raketen. Na ja, so ähnlich. Die meisten wenigstens. Einige Kinder standen einfach da und hatten vergessen, dass es hier um ein Wettrennen ging. Es fiel ihnen erst wieder ein, als sie die anderen laufen sahen.

Sind Sie sich auch schon einmal wie diese Kinder vorgekommen? Haben Sie schon einmal loslaufen wollen, aber als der Startschuss ertönte, wurde Ihnen bewusst, dass Sie eigentlich nicht bereit sind? Dieses erste Kapitel ist eine Art Versicherungspolice gegen diese Erfahrung für jeden, der zum zweiten Mal heiratet. Wenn Sie bereits zum zweiten Mal verheiratet sind, kann Ihnen dieses Kapitel ebenfalls weiterhelfen, denn wir gehen einigen konkreten Herausforderungen auf den Grund, vor denen Sie bereits stehen oder bald stehen werden. Wie dem auch sei, ob Sie daran denken, ein zweites Mal zu heiraten, oder schon zum zweiten Mal verheiratet sind: In diesem Kapitel wollen wir Ihnen helfen abzuwägen, ob Sie bereit für eine zweite Ehe sind. Beginnen wir mit einem kleinen Selbsttest.

13

Nehmen Sie sich einen kurzen Augenblick Zeit und beantworten Sie folgende sechs Fragen so ehrlich wie möglich. Entscheiden Sie, ob diese Aussage für Sie zutrifft oder nicht.

Wahr oder falsch	Ich will wieder heiraten, weil ich mich dann nicht mehr so einsam fühle.
Wahr oder falsch	Es ist meinen Kindern gegenüber unfair, wenn sie keine vollständige Familie mit Mutter und Vater haben.
Wahr oder falsch	Eine neue Ehe wird mir helfen, über Verletzungen aus meiner Vergangenheit hinwegzukommen.
Wahr oder falsch	Ich wäre finanziell besser gestellt, wenn ich wieder heirate.
Wahr oder falsch	Ich fühle mich von Freunden und/oder meiner Familie unter Druck gesetzt, wieder zu heiraten.
Wahr oder falsch	Ich will wieder heiraten, weil ich ein Kind (oder mehr) bekommen will.

Wenn eine dieser Aussagen auf Sie zutrifft, haben Sie guten Grund, dieses Kapitel zu lesen. Warum? Weil jede dieser Aussagen einen fatalen Irrtum darstellt. Wir wissen zum Beispiel, dass jemand, der eine Ehe eingeht, um seine finanzielle Situation zu verbessern oder um Kinder zu bekommen, aus den falschen Gründen wieder heiratet. Dasselbe gilt für jemanden, der zum zweiten Mal heiratet, damit er sich nicht mehr so einsam fühlt oder um über Leid aus seiner Vergangenheit hinwegzukommen. Seien wir ehrlich: Eine zweite Ehe kann durchaus etwas von diesen Dingen bewirken. Sie kann dazu beitragen, dass Sie sich weniger einsam fühlen. Sie kann auch vielleicht Ihr Bankkonto ausgleichen. Aber darum geht es nicht. Es geht um die Motivation.

Ein paar Gründe,
aus denen man nicht wieder heiraten sollte

Fragen Sie beliebig viele Menschen, warum sie heiraten – zum ersten oder zum zweiten Mal –, und Sie bekommen fast immer die gleiche Antwort: »Weil wir verliebt sind.« Aber wenn wir ein wenig an der Oberfläche kratzen, stellen wir fest, dass die Motive für eine Eheschließung weitaus komplexer sind. Eine Kombination aus vielen komplizierten Situationen und Bedürfnissen motiviert die meisten Menschen zu heiraten, wobei einige Motive besser und andere weniger geeignet sind. Einige Gründe zu heiraten, verbessern sogar Ihre Chancen, dass Ihre Ehe gelingt, während andere sie verschlechtern – besonders wenn Sie zum zweiten Mal heiraten.

Werfen wir zunächst einen kurzen Blick auf sehr schlechte Gründe, aus denen Menschen zum zweiten Mal heiraten. Danach betrachten wir den wichtigsten guten Grund zu heiraten, der die Wahrscheinlichkeit, dass die Ehe beim zweiten Mal gelingt, erhöht.

Liebe auf den ersten Blick

Liebe auf den ersten Blick klingt nach einem romantischen Grund für eine Ehe, aber sie ist keine gute Voraussetzung für eine glückliche Ehe. Dies gilt besonders für eine zweite Ehe, die sich angeblich »magisch« von der ersten unterscheidet. Freilich können am Anfang einer Beziehung starke Gefühle auftreten, und man fühlt sich zueinander hingezogen. Diese Gefühle gibt es. Aber diese Gefühle allein bilden nur eine schwache Grundlage für eine dauerhafte Beziehung. Man denke nur an die vielen Hollywood-Ehen, die nach nur einem oder zwei katastrophalen Jahren wieder zerbrechen.

Sich über etwas hinwegtrösten

Der Wunsch, sich über etwas hinwegzutrösten, trägt auch nicht zum Gelingen einer Ehe bei. Es ist erwiesen, dass Menschen sich eher verlieben, wenn sie erst kürzlich von jemandem abgelehnt wurden, den sie früher liebten. Es ist seit Jahren bekannt, dass Menschen nach einer Scheidung unter einem geringen Selbstwertgefühl leiden und bei der Wahl eines Partners wesentlich unkritischer sind, solange sie versuchen, mit ihrem Verlust fertig zu werden.[3] Zu heiraten, um sich über etwas hinwegzutrösten, ist nicht ratsam, da die Heirat als Reaktion auf einen früheren Partner geschieht und nicht auf echter Liebe zum neuen Partner basiert.

Protest

Protest bringt manche dazu, bei einer zweiten Heirat eine Fehlentscheidung zu treffen. Es einem geschiedenen Gatten heimzahlen zu wollen, indem man beispielsweise jemanden heiratet, von dem man weiß, dass der Ex ihn nicht mag, ist durchaus verbreitet, dafür aber immer kostspielig. Die Einmischung eines früheren Partners kann sogar die verliebten Gefühle zwischen den Partnern verstärken, da das neue Paar dadurch einen gemeinsamen Feind hat. Aber genauso wie in dem Fall, in dem man heiratet, um sich über jemanden hinwegzutrösten, ist die Heirat eine Reaktion auf jemand anderen und nicht auf den eigenen Partner.

Einsamkeit

Einsamkeit kann einen Menschen manchmal zu einer überstürzten Heirat treiben. Das trifft besonders bei Geschiedenen und Verwitweten zu.[4] Das Problem ist, dass Einsame letztendlich auch in der Ehe einsam sind, wenn die Beziehung keine andere Grundlage hat. Mit anderen Worten: Die Beziehung und nicht die Institution Ehe kann Einsamkeit vertreiben.

Pflichtgefühl

Pflichtgefühl ist manchmal ein Ersatz für Liebe, wenn Menschen daran denken, wieder zu heiraten. Manche heiraten, weil einer von ihnen

Schuldgefühle nach dem Scheitern seiner ersten Ehe hat. Andere heiraten, weil sie denken, ihre Kinder bräuchten einen Vater oder eine Mutter. Einige heiraten sogar als eine Art Feldzug, wie die Frau, die einen Witwer heiratet, um ihm zu helfen, seine Trauer zu überwinden. Solche Ehen funktionieren selten. Der bemitleidete Partner verabscheut es irgendwann, ein Wohltätigkeitsobjekt zu sein.

Unreife Liebe sagt: »Ich liebe dich, weil ich dich brauche.«
Reife Liebe sagt: »Ich brauche dich, weil ich dich liebe.«
ERICH FROMM

Finanzielle Verbesserung

Die Hoffnung auf finanzielle Verbesserung ist manchmal ein Grund, wieder zu heiraten, besonders für junge geschiedene Mütter, die in erster Linie an eine neue Ehe denken, weil der Kampf, sich um ihre kleinen Kinder zu kümmern und sie zu versorgen, ihnen an die Substanz geht.[5] Manche Männer heiraten, um ihre berufliche Situation zu verbessern. Jemand, der hauptsächlich aus wirtschaftlichen Erwägungen eine Ehe eingeht, ist jedoch wahrscheinlich kein Kandidat für eine gute Ehe.

Sexuelle Anziehungskraft

Sexuelle Anziehungskraft und Schuldgefühle wegen einer sexuellen Beziehung sind weit verbreitete, aber schwache Gründe für eine Wiederheirat. Sex ist kein ausreichender Grund zu heiraten und führt selten zu lebenslangem Glück. Im Gegenteil: Die sexuelle Anziehung zwischen zwei Menschen macht die Partner oft blind für andere Voraussetzungen, die in einer Beziehung wichtig sind.

Flucht

Flucht ist das vielleicht zerstörerischste Motiv für eine Wiederheirat. Die Soziologie hat dafür inzwischen einen Namen: serielle

Monogamie. Einige Menschen heiraten mit der Hoffnung, dass ein neuer Partner oder eine neue Situation besser sein werde. Das ist eine furchtbare Grundlage für eine Ehe. Damit kann eine ganze Reihe von gescheiterten Beziehungen beginnen. Diese Menschen glauben, eine neue Beziehung könne nicht schlimmer werden als ihre derzeitige, oder ihre Situation könne unmöglich noch schlechter werden, als sie jetzt ist – und fast immer stellen sie mit ihrer neuen Heirat fest, dass dies doch möglich ist.

Druck von außen

Druck von Eltern, Gleichaltrigen oder der Umgebung drängt manchen Geschiedenen oder Verwitweten in eine neue Ehe. Untersuchungen zeigen, dass dies besonders für Frauen zutrifft. Je mehr man als Paar identifiziert wird, umso schwerer ist es, eine Beziehung abzubrechen. Wie Sie jedoch bestimmt wissen, ist es wesentlich einfacher, eine Verlobung zu lösen, als sich später scheiden zu lassen oder unglücklich verheiratet zu sein.

Das waren ein paar Gründe, aus denen man *nicht* wieder heiraten sollte. Nach dieser Aufzählung haben Sie jetzt vielleicht den Eindruck, es gäbe fast keinen guten Grund zu heiraten. Das stimmt nicht. Ein guter Freund von uns, Dr. Neil Clark Warren, drückt es so aus: Die Leute müssen sich aus all den richtigen Gründen verlieben. Wir sehen das ganz genauso. Es gibt einige richtige Gründe, wieder zu heiraten, und es gibt insbesondere einen, der wirklich zählt. Aber bevor wir diesen Grund verraten, wollen wir Ihnen Mut machen, Übung 1 auf der beiliegenden CD-ROM (es gibt einen Übungsteil für Männer und einen für Frauen) durchzuarbeiten. Wie bei den meisten Übungen brauchen Sie nur ein paar Minuten, um sie durchzuarbeiten.

Wer heiratet, um vor etwas zu fliehen, findet normalerweise etwas anderes.
CLAIRE HUCHET BISHOP

Das wichtigste Motiv, wieder zu heiraten

Eine kürzlich gescheiterte Beziehung, Protest, Flucht, Einsamkeit, Pflichtgefühl, Sex, Druck von außen und all die anderen möglichen Gründe sind also nicht unbedingt Voraussetzungen für eine glückliche zweite Ehe. Im Gegenteil: Falls Sie einen dieser Gründe bei sich als Hauptmotiv entdecken, sollten Sie schleunigst die Notbremse ziehen. Wenn Sie den Hochzeitstermin verschieben, gewinnen Sie Zeit, um zu klären, warum Sie überhaupt noch einmal heiraten wollen. Übrigens ist es keine Schande, eine Verlobung zu lösen, weil Sie Ihre Motive neu überdenken wollen. Ungefähr jedes vierte verlobte Paar trennt sich genau aus diesem Grund für eine gewisse Zeit.[6] Wir haben es getan.

Warum wollen Sie wieder heiraten?

Gehen Sie zu Übung 1 (CD-ROM).

Gründe, warum wir etwas tun, spielen eine tragende Rolle in zwischenmenschlichen Beziehungen. Trotzdem wird diese Tatsache oft übersehen. Die Übung *Warum wollen Sie wieder heiraten?* soll Ihnen helfen, die Gründe – die guten und die falschen Gründe – zu erkennen, die Sie vielleicht zu einer zweiten Ehe veranlassen. Mit dieser Erkenntnis sind Sie auf dem besten Weg, einen großen Teil dessen, was Sie in diesem Buch noch erfahren werden, anzuwenden.

Wir waren sechseinhalb Jahre befreundet und fast fünf Monate verlobt, als ich (Leslie) Zweifel bekam. Können Sie sich das vorstellen? Als Les mir einen Heiratsantrag machte, sagte ich ohne nachzudenken Ja. Im wahrsten Sinne des Wortes. Wir waren schon so lange befreundet, dass ich unsere Beziehung und auch die Aussicht, dass wir letztendlich heiraten würden, als selbstverständlich hinnahm.

Der Abend in Chicago, an dem Les mich mit seinem Heiratsantrag überraschte, war herrlich romantisch. Ich sagte instinktiv Ja. Als es offiziell war und wir verlobt waren, hatte ich jedoch immer mehr das Gefühl, dass ich mich selbst eigentlich nicht wirklich entschieden hätte, ob ich heiraten wolle. Ich hatte mehr das Gefühl, es sei Les' Entscheidung und nicht unsere, er habe den Zeitpunkt festgelegt, nicht wir. Meine Zweifel waren so stark, dass ich die Verlobung löste, wenigstens für eine bestimmte Zeit, und einen Seelsorger zu Rate zog. Einen oder zwei Monate später stand ich genauso hinter der Entscheidung zu heiraten, wie er. Das war 1984, und seitdem hat keiner von uns diese Entscheidung je wieder in Zweifel gezogen.

Ein Grund für unsere glückliche Ehe ist vielleicht, dass wir nicht aus einem Defizit heraus geheiratet haben, sondern aus einem Motiv, das bei Untersuchungen als das wichtigste bewertet wurde: *Gemeinschaft*.[7] Einen anderen Menschen zu lieben und von ihm geliebt zu werden, ist vielleicht die einzige wirklich befriedigende Erfahrung auf der Welt. Viele Vorzüge einer Gemeinschaft kann man natürlich auch ohne Ehe genießen, aber die Ehe bietet den äußeren Rahmen, der uns dieses Phänomen am tiefsten erleben lässt. Sie bietet eine äußere Form, eine Institution, die zwei Menschen helfen kann, gemeinsam durch das Leben zu gehen. Sie stellt einen Bund dar, in dem Seelenverwandte sich versprechen, einander in guten und in schlechten Zeiten, in Krankheit und in Gesundheit zu lieben – als Gefährten bis zum Tod aneinander festzuhalten.

Wir beten dafür, dass Sie und Ihr Partner aus den richtigen Gründen heiraten, dass Ihre Motive für Ihre Ehe rein sind. Wenn das der Fall ist, sollten wir uns mit der Frage beschäftigen, ob Sie bereit sind, wieder zu heiraten.

Voraussetzungen für eine zweite Ehe

Eine zweite Heirat – manchmal auch »Wiederheirat« genannt – bedeutet längst nicht mehr, dass man schnell und unauffällig in aller Stille zum Standesamt fährt. »Dieses Mal habe ich mir fest vorgenommen, bei meiner Hochzeit wirklich *Spaß* zu haben«, sagte Deborah. »Anfangs waren wir besorgt, dass wir einiges vielleicht übertreiben würden oder anderes zu kurz käme. Dann haben wir es einfach durchgezogen. Wir wollten ein Fest feiern, und das haben wir auch getan.«

Deborah ist da kein Einzelfall. Viele Frauen, die zum zweiten Mal heiraten, denken wie sie. Es trifft zwar nicht auf alle Paare zu, aber viele verwenden sehr viel Zeit, Energie und Geld darauf, ihre zweite Hochzeit so vorzubereiten, wie sie das bei ihrer ersten Hochzeit gern getan hätten, es aber nicht durchsetzen konnten. Eine solche Vorbereitung ist vielleicht nicht schlecht, aber lassen Sie sich davon nicht täuschen, zu glauben, dadurch wären Sie bereit, wieder zu heiraten. Vielleicht haben Sie einen schönen Diamantring. Vielleicht halten Sie zwei Flugtickets für romantische Flitterwochen in der Hand. Vielleicht haben Sie von einem Künstler entworfene Einladungskarten an hundert Verwandte und Freunde verschickt. Vielleicht haben Sie Ihre Hochzeit bis ins kleinste Detail geplant. Aber die Tatsache bleibt trotzdem bestehen: *Eine gute Vorbereitung auf Ihre Hochzeit bedeutet nicht zwangsläufig eine gute Vorbereitung auf Ihre Ehe.*

Paare, deren Ehe mindestens ein Vierteljahrhundert hält, werden immer nach dem Geheimnis gefragt. Aber es ist überhaupt kein Geheimnis. Ich bin eine Frau, die vergeben kann. Vor langer Zeit habe ich meinem Mann vergeben, dass er nicht Paul Newman ist.   ERMA BOMBECK

Es ist verständlich, dass einige Paare mehr Zeit mit ihren Hochzeitsvorbereitungen als mit der Vorbereitung ihrer Ehe verbringen. Hochzeitspläne sind viel greifbarer. Sobald der Partyservice bestellt ist, kann man das von der Liste streichen. Beziehungsfähigkeit lässt sich nicht so klar umreißen und als erledigt abhaken. In den letzten Jahren wurden jedoch große Anstrengungen unternommen, um die Merkmale herauszuarbeiten, die zeigen, ob ein Paar bereit für eine Ehe ist oder nicht – egal ob für eine erste oder eine zweite Ehe. Falls Sie beim ersten Mal auf diese Dinge nicht geachtet haben, sollten Sie sie einüben, bevor Sie zum zweiten Mal heiraten. Sie können diese Eigenschaften als eine Art Checkliste betrachten – eine Checkliste, die in zwei Bereiche unterteilt ist: persönliche Eignung und Beziehungsfähigkeit.

Persönliche Eignung für eine Wiederheirat

Gehen Sie zu einem beliebigen Eheberater, und fragen Sie ihn, welche Voraussetzungen man unbedingt erfüllen sollte, wenn man zum zweiten Mal heiraten will. Sie werden einiges zu hören bekommen! Die Liste wäre, vorsichtig ausgedrückt, sehr lang. Aber wenn wir alle Antworten auf ein Minimum reduzieren wollten, würden wahrscheinlich mindestens zwei Voraussetzungen übrig bleiben: ein gesundes Selbstbewusstsein und Loslösung von Ihrer früheren Ehe.

Das *Selbstbewusstsein* bezieht sich auf Ihr geistiges und emotionales Wohlbefinden und beruht auf zwei Voraussetzungen: Sie müssen wissen, wer Sie sind, und Sie müssen den Menschen mögen, der Sie sind. Unzählige Untersuchungen zeigen, dass ein schwaches Selbstbewusstsein uns empfänglich macht für eine Fehlentscheidung in Bezug auf unsere Ehe (und auch für persönliche Probleme wie Depressionen), während ein gesundes Selbstbewusstsein (sowohl bei Ihnen als auch bei Ihrem Partner) die Voraussetzung für eine rundum funktionierende Ehe darstellt – eine Ehe, die nicht nur lange hält, sondern auch Erfüllung bringt. Wenn sich beispielsweise Konflikte ergeben, haben zwei Menschen mit einem gesunden Selbstbewusstsein die inneren Ressourcen, die nötig sind, um sie zu lösen. Menschen mit einem schwachen Selbstbewusstsein leugnen oft, dass es einen Konflikt überhaupt gibt, oder reagieren auf jeden Kompromissvorschlag abwehrend. Sie haben nicht die emotionalen Reserven, um schwere Zeiten, die unausweichlich kommen werden, zu bestehen. Den Preis dafür bezahlt die Ehe.

Wir fragten unseren Freund Neil Clark Warren, warum er so viel Wert auf das Selbstbewusstsein lege. Er zögerte keine Minute.

»Eine Ehe kann nur so gesund sein, wie der Schwächste in dieser Partnerschaft«, antwortete er. Wie Recht er hat! Emotionale Unausgeglichenheit ist wirklich sehr gefährlich für eine Ehe. Wir wiederholen deshalb die Aufforderung unseres Freundes Neil: Werden Sie seelisch gesund, bevor Sie wieder heiraten.

Bei der *Loslösung* geht es um Ihre Beziehung zu Ihrem früheren Partner. Ihre Beziehung zu ihm beeinflusst Ihre Fähigkeit, eine Beziehung zu Ihrem zweiten Partner aufzubauen, mehr als Sie vielleicht wahrhaben wollen. Auf bewusster und auf unbewusster Ebene haben Sie bei Ihrem ersten Partner gelernt, zu vertrauen oder nicht zu vertrauen, Nähe zuzulassen oder distanziert zu bleiben, Ihre Gefühle zu zeigen oder sie unter Verschluss zu halten.

Viel von Ihrer persönlichen Bereitschaft, eine neue Ehe einzugehen, hängt von Ihrer Beziehung zu Ihrem früheren Partner ab, ob er nun gestorben ist oder ob Sie geschieden sind. Was haben Sie aus Ihrer ersten Ehe gelernt, das Ihnen in Ihrer zweiten Ehe helfen könnte? Leiden Sie noch an Wunden, die Ihnen Ihr erster Gatte zugefügt hat? Bevor Sie eine neue Ehe eingehen, müssen Sie sorgfältig das Gepäck unter die Lupe nehmen, das Sie mitbringen.

Beziehungsfähigkeit für eine Wiederheirat

Die persönlichen Fähigkeiten Selbstbewusstsein und Loslösung von früheren Beziehungen sind erst die halbe Miete, um zu bestimmen, ob Sie für eine neue Ehe bereit sind. Bei der zweiten Komponente geht es nicht um Ihre persönlichen Eigenschaften, sondern um die Beziehungsfähigkeit, die Sie und Ihr Partner haben. Erneut picken wir aus einer langen Liste die wichtigsten, lebensnotwendigen Elemente heraus. Wenn Sie und Ihr Partner so weit sind, dass Sie wieder heiraten können, zeichnet sich Ihre Beziehung durch Dauerhaftigkeit, Stabilität und Ähnlichkeit aus.

Die *Dauerhaftigkeit* hat damit zu tun, wie lang Sie einander schon kennen und miteinander befreundet sind. Untersuchungen bei der Auswahl des Lebenspartners unterstreichen: Paare, die überstürzt eine Ehe eingehen, sind einem großen Risiko ausgesetzt. Eine Untersuchung an der Kansas State University zeigt, dass zwischen der Dauer, die man vor der Hochzeit miteinander befreundet war, und der Zufriedenheit in einer Ehe ein starker Zusammenhang besteht. Es wurde festgestellt, dass »Paare, die mehr als zwei Jahre befreundet waren, bei der Frage nach einer befriedigenden Ehe durchgehend gut abschnitten, während die Antworten von Paaren, die nur kürzer befreundet waren, ein weites Spektrum, von sehr hoch bis sehr niedrig, abdeckten.«[8] Je länger Sie miteinander befreundet sind, umso besser eignen Sie sich für eine zweite Ehe.

Wenn Sie weniger als zwei Jahre befreundet sind, bedeutet das nicht, dass Sie deshalb automatisch mit einer unbefriedigenden Ehe rechnen müssen. Es heißt nur, dass das Risiko größer ist, dass dies geschehen kann. Warum wollen Sie also dieses Risiko eingehen? Wir verstehen, dass die Zeit, die Sie bisher zusammen verbracht haben, vielleicht die romantischsten Monate waren, die Sie sich je erträumen könnten. Und wir verstehen auch, dass eine schnelle Heirat vielleicht finanzielle Vorteile bringt, oder vielleicht »gut für die Kinder« sein mag. Aber es besteht kein Grund, die Sache zu überstürzen. Lassen Sie sich Zeit, und Sie erhöhen Ihre Chancen, eine glückliche, dauerhafte Ehe zu führen.

Stabilität wird definiert als Beständigkeit, Zuverlässigkeit, Verlässlichkeit und Unerschütterlichkeit. Wenn diese Begriffe Ihre Beziehung charakterisieren, ist das ein gutes Zeichen. Viel zu viele unbeständige Paare schlittern zum Traualtar, als käme es nur darauf an, dort anzukommen. Aber darum geht es nicht. Es geht darum, in einer stabilen und beständigen Verfassung dort anzukommen. Warum? Weil auch hier gilt: Dies erhöht die Wahrscheinlichkeit, in einer zweiten Ehe Erfüllung zu finden. Paare, deren Beziehung von Konflikten, Turbulenzen und jenen sprichwörtlichen Hochs und Tiefs – mit einem Wort: Instabilität – geprägt ist, haben wesentlich schlechtere Chancen, eine glückliche Ehe zu führen.

Stabilität in den Jahren, in denen man befreundet ist, zeigt, dass ein Paar dabei ist, Verhandlungs- und Kompromissbereitschaft einzuüben. Sie lernen die feine Kunst der Kommunikation. Kurz gesagt: Stabile Paare beweisen schon in den Jahren, in denen sie befreundet sind, dass sie in den turbulenten und trügerischen Gewässern navigieren können, die unausweichlich kommen werden, wenn man mit dem Schiff »Wiederheirat« unterwegs ist. Diese Paare lösen Konflikte und kentern nicht. Sie manövrieren ihr Schiff auf einem festen Kurs, der ihnen Glück bringen wird.

Bei *Ähnlichkeit* geht es nicht darum, alles ganz genauso zu fühlen und zu tun. Das wäre Einförmigkeit. Ähnlichkeit hat mehr mit Einigkeit als mit Einförmigkeit zu tun. Es geht hierbei darum, gemeinsame Werte, Glaubensüberzeugungen und Einstellungen zu haben. Warum ist Ähnlichkeit in Ihrer Ehe wichtig? Weil die glücklichsten Ehepaare vieles gemeinsam haben. Sie mögen uns hierin vielleicht widersprechen, aber es ist eine Tatsache. Ähnlichkeiten – besonders in den Bereichen, die den einzelnen Partnern wichtig sind – sind der Klebstoff, der sie zusammenhält. Je ähnlicher sich zwei Menschen sind, umso größer ist die Wahrscheinlichkeit, dass ihre Beziehung überlebt und gelingt. So einfach ist das. Nach einer sorgfältigen Auswertung zahlreicher Untersuchungen bei Ehepaaren kamen Fachleute zu dem Schluss: Glückliche Ehen sind von Ähnlichkeit geprägt und sind damit weniger anfällig für eheliche Instabilität und Scheidung.[9]

Kommen wir zu der Frage, wie diese Gemeinsamkeiten genau aussehen. Rollenerwartungen an den Ehemann und die Ehefrau gehören eindeutig zu dieser Liste. Ebenso wie gemeinsame Werte in geistlichen Fragen, Geld, Familie und auch Politik. Andere Ähnlichkeiten, die in Betracht gezogen werden sollten, sind der Wunsch nach Kindern, Energiereserven, Zuverlässigkeit, Sinn für Humor, Sauberkeit, Ziele, Interessen, Gewohnheiten und Talente.[10] Die Liste ist praktisch endlos.

Es ist sehr wichtig, sicherzustellen, dass derjenige, den Sie heiraten wollen, eine ähnliche Einstellung hat. Ein Paar muss gemeinsame Ziele und Werte haben. Je mehr Sie gemeinsam haben, umso weniger gibt es, über das Sie streiten müssen.

BARBARA FRIEDMAN

Bedeutet diese Betonung der Einheit, dass Sie jemanden, der ganz anders ist als Sie, nicht heiraten sollten? Nicht unbedingt. Aber wenn Sie sich in vielen wichtigen Dingen ähneln, kann das die Bereiche, in denen Sie sich überhaupt nicht ähnlich sind, ausgleichen und diesen Verschiedenheiten entgegenwirken. Wirtschaftliche, religiöse, politische, intellektuelle, emotionale Gemeinsamkeiten sowie ähnliche Bildung und Rasse bieten eine gemeinsame Operationsbasis und machen das Leben entscheidend einfacher, wenn man hier einen ähnlichen Standpunkt vertritt. Warum? Weil jede Verschiedenheit Zeit, Energie und Arbeit erfordert, wenn man eine gemeinsame Mitte finden will, falls es eine solche gibt. Je verschiedener Sie sind, umso mehr Winkel und Ecken werden Sie in Ihrer Beziehung entdecken, in denen Abneigung und Frustration Raum gewinnen können. Und umso anstrengender wird Ihre zweite Ehe werden.

Wenn Sie über Ihre Beziehungsfähigkeit als Paar nachdenken, sollten Sie sich Zeit nehmen und die Langlebigkeit und Stabilität Ihrer Beziehung und Ihre persönlichen Unterschiede unter die Lupe nehmen. Die Zeit, die Sie heute darauf verwenden, kann Ihnen in der Zukunft viel Leid ersparen. Und Sie werden in der Gegenwart mehr Erfüllung finden, wenn Sie sowohl Ihre persönliche Eignung als auch Ihre Beziehungsfähigkeit für eine lebenslange Liebe in einer zweiten Ehe entdecken.

Nun wollen wir auf Ihre konkrete Situation eingehen, in der Sie sich fragen, ob Sie so weit sind, dass Sie eine neue Ehe eingehen sollten. Wir geben einige Ratschläge, die auf den Partner zugeschnitten sind, der eine Scheidung hinter sich hat, und Tipps, die speziell für den Partner gedacht sind, der verwitwet ist. Wir geben auch den Menschen, die noch nicht verheiratet waren, aber jemanden aus einer dieser zwei Kategorien heiraten wollen, ein paar Richtlinien an die Hand. Gehen Sie direkt zu dem Abschnitt, der Ihrer persönlichen Situation entspricht.

Wenn Sie geschieden sind

Es gibt einen Mythos über Scheidung: Scheidung sei eine vorübergehende Krise, deren zerstörerischste Wirkung zu dem Zeitpunkt, wenn die Beziehung auseinander geht, zuschlage. Tatsache ist jedoch, dass eine Scheidung einen Schmerz auslöst, der ein Leben lang anhält. Dieser Schmerz wird immer wieder neu erlebt. Er wird nicht einmal dadurch ganz ausgelöscht, dass man sich neu verliebt und ein zweites Mal heiratet. Das heißt natürlich nicht, dass eine zweite Ehe nicht helfen könnte, den Schmerz zu lindern, aber eines müssen Sie wissen: Durch eine neue Heirat wird der tiefsitzende Schmerz, den die Scheidung angerichtet hat, nicht vollständig ausgelöscht.

Vielleicht wussten Sie das schon. Was Sie aber vielleicht nicht wissen: Weil Sie geschieden sind, gehen Sie höchstwahrscheinlich mit vielen Schuldgefühlen im Gepäck in eine zweite Ehe, seien sie nun gerechtfertigt oder nicht, real oder eingebildet. Jeder Geschiedene, den wir kennen, hat Schuldgefühle, weil seine erste Ehe gescheitert ist – ob nun er selbst oder sein Partner die Scheidung eingereicht hat. Für beide Seiten gilt: Scheidung erzeugt Schuldgefühle. Diese Schuldgefühle nehmen Sie unausweichlich als Ballast mit in Ihre neue Ehe.

Aus diesem Grund möchten wir Ihnen Mut machen, diesen Schuldgefühlen mit Ihrem neuen Partner und, wenn nötig, mit einem Therapeuten oder vertrauenswürdigen Seelsorger auf den Grund zu gehen. Warum? Weil Schuldgefühle in die schmalen Haarrisse unserer Beziehung eindringen und dauerhaften Schaden anrichten, ohne dass man dies sofort erkennen kann. Schuldgefühle können, wenn wir es zulassen, Liebe demontieren. Sie hindern uns, authentisch und echt zu sein.

Renée ist ein gutes Beispiel dafür. Sie ging, ohne von den Schuldgefühlen, die sie mit sich herumschleppte, etwas zu ahnen, eine zweite Ehe ein. Drei Jahre später stand sie kurz vor einer zweiten Scheidung, weil sie sich plötzlich verändert hatte. Ihr Mann war wie vor den Kopf gestoßen. »Du bist nicht mehr du selbst«, sagte er. Er hatte Recht. Renée hatte die letzten drei Jahre ihrer Ehe nach besten Kräften versucht, ihm alles recht zu machen. Die Schuldgefühle, die sie aus ihrer ersten Ehe in die neue Beziehung mitbrachte, hatten sie dazu getrieben, für ihn alles zu tun, was sie für ihren ersten Mann nicht getan hatte. Das konnte sie nicht länger durchhalten. Nach drei Jahren war sie ausgebrannt.

Fragebogen:
Sind Sie so weit, dass Sie wieder heiraten könnten?

Gehen Sie zu Übung 2 (CD-ROM).

Sie haben sich nun mit einigen wichtigen Voraussetzungen für eine glückliche zweite Ehe auseinander gesetzt. Wenden Sie diese Punkte jetzt auf Ihre eigene Situation an. Der *Fragebogen: Sind Sie so weit, dass Sie wieder heiraten könnten?* soll Ihnen helfen, Ihre persönliche Eignung für eine neue Ehe einzuschätzen. Aber die Fragen helfen Ihnen nur, wenn Sie sie ehrlich beantworten. Am besten vergleichen Sie anschließend Ihre Ergebnisse mit denen Ihres Partners.

So weit können Schuldgefühle einen Menschen bringen. Sie können Sie zu Verhaltensweisen veranlassen, mit denen Sie eine Schuld wieder gutmachen wollen, während von Ihnen nur verlangt wird, Sie selbst zu sein. Wenn Sie also als geschiedene Frau oder geschiedener Mann in eine zweite Ehe gehen, sollten Sie einen kritischen Blick auf die Schuldgefühle werfen, die Sie mit sich herumschleppen. Machen Sie sich unbedingt klar, zu welchem Verhalten sie Sie vielleicht treiben können. Vielleicht bringen Sie Geldschulden mit in Ihre zweite Ehe, die Ihnen Schuldgefühle vermitteln. Diese Schulden können Sie zu einem Workaholic machen. Vielleicht quälen Sie Schuldgefühle, weil Sie nicht die Mutter/der Vater sind, der Sie gern sein möchten. Oder Schuldgefühle wegen mangelnder körperlicher Leidenschaft. Was es auch ist: Erkennen Sie diesen wunden Punkt und gehen Sie der Sache auf den Grund. Damit können Sie Ihre Schuldgefühle deutlich verringern, bevor diese Ihre Beziehung zerstören können.

Wenn Sie verwitwet sind

Linda und Michael, beide Mitte Vierzig, kamen zu uns in die Beratung, bevor sie heiraten wollten. Eines Tages wollte Linda allein mit uns sprechen. Sie brachte ihr Tagebuch mit in die Praxis und sagte: »Ich möchte Ihnen vorlesen, was ich heute Morgen geschrieben habe.« Sie räusperte sich und setzte ihre Lesebrille auf. »Mittwoch, 8.30 Uhr. Ich bin durch das Klingeln des Telefons aufgewacht. Ich nahm den Hörer nicht ab. Ich wurde zu einem Tag vor vier Jahren zurückgeworfen, an dem ich in genau einer solchen Situation ans Telefon ging. Damals rief mich meine 13-jährige Tochter Ines an, um mir zu sagen, dass Richard zusammengebrochen sei, als er ihr an jenem Morgen beim Fußballtraining in der Schule zuschaute. Er wurde ins Krankenhaus gebracht. Ich raste los, um an seiner Seite zu sein, aber es war zu spät. Ines wartete auf dem Parkplatz auf mich. Sie schluchzte. Ich war wie betäubt. An Tagen wie heute bin ich es immer noch. Wie kann Richard einfach tot sein? Wenn er noch hier wäre, würden wir heute Silberhochzeit feiern.«

An dieser Stelle klappte Linda ihr Tagebuch zu, wischte sich die Tränen ab, die in ihren Augen glänzten, und fragte: »Soll ich wirklich wieder heiraten?« Wir saßen eine Weile still da. Dann fuhr sie fort: »Was ich damit sagen will: Ich liebe Michael. Ich liebe ihn wirklich. Aber würde Richard wollen, dass ich das tue?«

Diese Frage ist keinem fremd, der mit einer Witwe oder einem Witwer, der wieder heiraten will, länger spricht. Genauso wie

Geschiedene bringen Menschen, deren Ehepartner starb, viele Schuldgefühle mit in eine zweite Ehe. »Ist das ihm gegenüber fair?« »Wäre sie mit diesem Menschen einverstanden?« »Und wie ist es mit unserem Geschlechtsleben? Etwas in mir fühlt sich einfach unwohl dabei.« Diese Bemerkungen und Fragen hören wir oft. Es kann gut sein, dass Sie sich das Gleiche fragen. Wir werden sie nicht für Sie beantworten. Das können nur Sie selbst. Aber wir können Ihnen sagen, dass wir viele Leute kennen, die eine zweite Ehe gewagt haben, nachdem ihr erster Partner gestorben war. Sie führten eine wunderschöne zweite Ehe, die dem Rest ihres Lebens Erfüllung brachte.

Wenn Sie mit Schuldgefühlen und Trauer und anderen beunruhigenden Gefühlen kämpfen, weil Sie Ihren ersten Partner durch Umstände verloren, die außer Ihrer Kontrolle standen, sollten Sie dies mit einem objektiven Therapeuten verarbeiten. Normalerweise genügen ein paar Gespräche, in denen Sie Ihre Gefühle aussprechen und Klarheit für Ihre Zukunft gewinnen können. Mit dieser Klarheit können Sie unnötigen Ballast über Bord werfen, dabei aber Ihre Erinnerungen und Ihre Wertschätzung für den Partner, den Sie verloren haben, bewahren. So können Sie daran gehen, sich eine neue Zukunft aufzubauen.

Wenn Sie jemanden heiraten, der schon einmal verheiratet war

Wenn Sie zu dieser Kategorie gehören, möchten wir Ihnen dringend nahe legen, dass Sie sich die Zeit nehmen, dieses Buch mit Ihrem Partner zu lesen. Es sagt sehr viel über Ihren Charakter und Ihren Wunsch nach einer stabilen Ehe aus. Da Sie zum ersten Mal heiraten und zwar jemanden, der in gewisser Weise bereits weiß, wie der Hase läuft, warten auf Sie einige besondere Herausforderungen.

So werden Sie bald feststellen, dass Sie zwei Menschen geheiratet haben: Ihren neuen Partner und dessen früheren Partner. Der frühere Partner ist vielleicht gestorben oder er lebt tausend Kilometer entfernt, aber er wird trotzdem da sein. Er ist zum Beispiel bei früheren Geburtstagen oder Jubiläen da. Er ist da, wenn Ihr Partner sich an etwas erinnert, das der andere immer tat oder sagte. Glauben Sie uns: Ein früherer Partner wandelt, auch wenn er noch so weit fort ist, immer noch durch die Räume Ihres neuen Hauses. Gehen Sie also mit offenen Augen in diese Ehe. Sprechen Sie darüber. Lassen Sie Ihren Partner wissen, dass es in Ordnung ist, darüber zu reden. Kehren Sie diese Tatsache nicht unter den Teppich. Aber achten Sie auch darauf, was Ihnen Unbehagen vermittelt und was nicht.

Sie können dem Geist des früheren Partners Ihres Gatten überall begegnen – in der Küche, im Urlaub und so weiter –, aber erlauben Sie uns, einen Bereich anzusprechen, der sehr persönlich ist: Ihr Liebesleben. Es ist nicht ungewöhnlich, dass jemand in Ihrer Situation neugierig ist, wie Ihr Partner sich in diesem Bereich früher verhalten hat. Das kann eine schwierige Frage sein, die jahrelang an Ihnen nagt, wenn Sie sie nicht ansprechen. Vergraben Sie Ihre Unruhe und Ihre Fragen zu diesem Thema nicht in Ihrem Inneren. Befolgen Sie unseren Rat: Falls dies ein Problem für Sie ist, sprechen Sie darüber, wenn Sie beide entspannt und gemütlich zusammensitzen. Kommunikation ist die Lebensader jeder gesunden Ehe. Praktizieren Sie sie deshalb auch bei diesem sensiblen Thema. Gehen Sie langsam vor, und hören Sie einander zu. Je mehr Sie darüber sprechen, umso ungezwungener können Sie miteinander Ihr eigenes Liebesleben entwickeln. Falls Sie Fragen und Unruhe wegen des früheren Partners weiterhin quälen, raten wir Ihnen, einen kompetenten Therapeuten aufzusuchen.

Wenn Sie Kinder in eine zweite Ehe mitbringen

Der Experte für Stieffamilien, Ron L. Deal, vergleicht eine Wiederheirat mit Kindern mit dem Versuch, ein 3-D-Puzzle zusammenzubauen, ohne eine Vorlage zu haben, die einem zeigen könnte, wie das fertige Kunstwerk aussehen soll. Es wird kompliziert. Aber das haben Sie schon gewusst, nicht wahr?

In Kapitel 8 haben wir noch viel mehr zu diesem Thema zu sagen, aber in diesem Kapitel, in dem Sie herausfinden sollen, ob Sie überhaupt so weit sind, dass Sie eine zweite Ehe eingehen sollten, wollen wir Sie einfach fragen: Sind Ihre Kinder darauf vorbereitet, dass Sie wieder heiraten? Da Sie verliebt sind und sich auf eine Zukunft mit einem neuen Partner freuen, müssen Sie vielleicht besonders darauf achten, dass Ihre Kinder sich einbezogen fühlen und Teil dieser wichtigen Entscheidung sind, die sich auf ihr ganzes Leben auswirkt – ob sie nun Kleinkinder oder schon volljährig sind.

Wenn eine Mutter oder ein Vater wieder heiratet, müssen die Kinder wissen, dass ihre Gedanken und Gefühle ernst genommen werden. Fragen Sie sie einfach, was sie empfinden. Natürlich müssen Sie auch bereit sein, ihnen zuzuhören. Was Ihre Kinder auch vorbringen, es ist sehr wichtig, dass Sie ihnen zeigen, dass Sie Verständnis dafür haben. Wiederholen Sie mit Ihren eigenen Worten, was Ihre Kinder Ihnen zu verstehen geben. Sie könnten etwa sagen: »Es klingt so, als seist du wirklich unsicher, wie unsere Zukunft wohl aussehen mag.« Versuchen Sie nicht, die Kinder umzustimmen oder Probleme zu lösen. Ein herzliches, mitfühlendes Gespräch zeigt Ihren Kindern, dass Sie ihre Gefühle ernst nehmen. Machen Sie sich bewusst, dass sie vielleicht besonders starke Gefühle für ihren anderen leiblichen Elternteil hegen. Vielleicht versuchen sie sogar, Ihnen Schuldgefühle einzureden, weil Sie wieder heiraten. In einer solchen Situation ist es besonders wichtig, die Kinder nicht zu verurteilen. Wenn ein Kind vollkommen gegen Ihre Wiederheirat ist, kann es ratsam sein, miteinander zu einer Familienberatung zu gehen, wo man Ihnen helfen kann, die Fragen objektiver anzugehen.

Ein abschließender Gedanke

Wie Ihre persönliche Situation auch aussehen mag, ob Sie geschieden, verwitwet oder keines von beidem sind, wir möchten

Ihnen gern noch einen Gedanken mit auf den Weg geben. Vielleicht sollten wir ihn besser als Frage formulieren: Wie sehen Sie Ihre Chancen für eine glückliche zweite Ehe? Nehmen Sie sich bitte einen Augenblick Zeit und beantworten Sie diese Frage für sich selbst. Würden Sie sagen, Ihre Chancen stehen gut, dieses Mal eine glückliche Ehe zu führen?

Natürlich würden Sie das sagen. Sie würden nicht heiraten, wenn Sie das nicht glauben würden. Sie wissen, dass die Statistik für eine gute zweite Ehe nicht für Sie spricht. Aber Sie glauben nicht, dass Sie zu der Mehrheit gehören, die es nicht schafft. Die wirkliche Frage lautet deshalb: Leiden Sie einfach unter der Illusion der Liebe?

Ein sehr kleines Maß an Hoffnung genügt, um Liebe zu gebären.
STENDHAL

Eine neuere Studie in den USA fand heraus, dass die meisten Paare ihre Chancen auf eine glückliche Ehe übermäßig optimistisch einschätzen. Obwohl sie die statistische Scheidungsrate kennen, unterschätzen Paare dramatisch die Möglichkeit einer künftigen Scheidung. Im Durchschnitt geben sie die Wahrscheinlichkeit, dass sie sich scheiden lassen könnten, mit ungefähr zehn Prozent an, was weit unter der statistischen Scheidungsrate von 50 bis 60 Prozent liegt. Interessanterweise schätzen dieselben Paare die Wahrscheinlichkeit, dass andere sich scheiden lassen könnten, wesentlich höher ein. Die Forscher fanden es ziemlich erstaunlich, dass »so viele Leute meinen, es wäre völlig unwahrscheinlich, dass ihre eigene Ehe in einer Scheidung endet, während die Hälfte oder über die Hälfte aller anderen Ehen geschieden werden.« Sie stellten außerdem fest, dass ihre Umfrageergebnisse die Einstellung unterstützen, dass »es in Bezug auf die Ehe anscheinend viel mehr positive Illusionen gibt als in Bezug auf jeden anderen Aspekt des Lebens.«[11] Deshalb richten wir im nächsten Kapitel unseren Blick auf die Mythen, die sich um eine zweite Heirat ranken.

Denkanstöße:

– Es ist kein Geheimnis, dass viele Paare (auch die Paare, die zum zweiten Mal heiraten) mehr Zeit darauf verwenden, ihre Hochzeit vorzubereiten, als darauf, sich auf ihre Ehe vorzubereiten. Da Sie dieses Buch lesen, versuchen Sie offensichtlich, nicht in diese Falle zu gehen. Warum? Was erwarten oder erhoffen Sie sich von dieser Vorbereitung auf Ihre Ehe?

– Betrachten Sie noch einmal die Liste mit den Gründen, aus denen Menschen nicht wieder heiraten sollten (finanzielle Vorteile, Flucht vor Einsamkeit und so weiter). Welcher Grund trifft am ehesten auf Sie zu? Warum?

– Wir haben darauf hingewiesen, dass Menschen sich aus den richtigen Gründen verlieben sollten. Was bedeutet das für Sie? Aus welchen Gründen haben Sie sich verliebt?

– An der Loslösung vom früheren Ehepartner kann man erkennen, ob jemand bereit ist, wieder zu heiraten. Stimmen Sie dem zu? Wenn ja, wie würden Sie Ihre Unabhängigkeit auf einer Skala von Eins (völlige Abhängigkeit) bis Zehn (völlige Unabhängigkeit) einstufen? Welchen konkreten Schritt könnten Sie jetzt tun, damit Sie auf dieser Skala weiter nach oben kommen?

– In Bezug auf »Beziehungsfähigkeit« für eine Wiederheirat sagten wir, dass Ähnlichkeiten entscheidend seien. Worin bestehen die wichtigsten Ähnlichkeiten zwischen Ihnen und Ihrem Partner? Welche Verschiedenheit birgt in sich das größte Potenzial, Probleme zu verursachen?

– Ob nun Sie (oder Ihr Partner) geschieden oder verwitwet sind: Welche konkreten Herausforderungen kommen auf Grund dieser Ausgangssituation auf Sie zu? Mit anderen Worten: Welche Herausforderung ist in Ihrer neuen Ehe für Sie besonders groß im Vergleich zu den Herausforderungen, vor denen Ihr Partner steht?

Haben Sie sich ehrlich mit den Mythen auseinander gesetzt, die sich um eine Wiederheirat ranken?

Märchen haben uns vergiftet.   ANAIS NIN

»Das ist für mich das zweite Mal«, gestand Jan. Er wollte der Frau, mit der er seit mehreren Monaten befreundet war, einen Heiratsantrag machen. Aber vorher wollte er eine Beratung von uns. Wir bestärkten ihn darin, dass es gut sei, objektive Hilfe zu suchen, bevor er eine so wichtige Entscheidung treffe. Dann stellte er die Frage, die ihn am meisten beschäftigte: »Wie kann ich dieselben Fehler und Probleme vermeiden, die meine erste Ehe kaputtgemacht haben?«

Seine Frage überraschte uns nicht. Wir haben sie schon unzählige Male gehört. Allerdings erstaunte uns Jans Ernsthaftigkeit. Die meisten stellen diese Frage recht oberflächlich, so als wüssten sie die Antwort schon. Und diese Antwort lautet in den meisten Fällen: »Ich werde nicht dieselben Probleme haben, weil ich dieses Mal einen anderen Menschen heirate.« Anders jedoch Jan. Er wusste, dass dies eine Illusion ist. Ein Mythos. Es ist leider einer der häufigsten Irrtümer, denen Menschen, die zum zweiten Mal heiraten, erliegen. Jan ließ sich offensichtlich nicht davon blenden. Sie anscheinend auch nicht. Sie würden dieses Buch nicht lesen, wenn Sie nicht wenigstens eine Ahnung hätten, dass eine zweite Ehe mit genauso vielen, wenn nicht sogar noch mehr Irrtümern behaftet ist wie eine erste Ehe. Wahrscheinlich kennen Sie Paare, die zum zweiten Mal geheiratet haben und das Märchen von »sie lebten glücklich bis zu ihrem

Tod« für bare Münze nahmen, aber später einen schalen Geschmack im Mund hatten. Warum? Weil sie genauso wie diejenigen, die zum ersten Mal heiraten, erwarteten, dass ihre Beziehung ein Märchen wäre.

> *»Und sie lebten glücklich bis zu ihrem Tod« ist einer der tragischsten Sätze in der Weltliteratur. Er ist tragisch, weil er falsch ist. Es ist ein Mythos, der Generationen dazu geführt hat, etwas von der Ehe zu erwarten, das nicht möglich ist.*
>
> JOSHUA LIEVMAN

Der Glaube an eine Ehe, die »glücklich bis zum Tod« verläuft, ist einer der am weitesten verbreiteten und zerstörerischsten Ehemythen – auch für Ehen, deren Partner zum zweiten Mal heiraten. Aber das ist nur die Spitze des Eisberges, was Mythen über die Ehe betrifft. Jede schwierige Ehe plagt sich mit vielfältigen falschen Vorstellungen, wie die Ehe aussehen sollte.[12] In diesem Kapitel betrachten wir die häufigsten und schädlichsten Vorstellungen für Paare, bei denen einer oder beide Partner zum zweiten Mal heiraten:

1. »Wir erwarten genau das Gleiche von der Ehe.«
2. »Alles Gute in unserer Beziehung wird besser werden.«
3. »Alles Negative in meinem Leben wird verschwinden.«
4. »Wenn man zum zweiten Mal heiratet, gewöhnt man sich schneller an das Eheleben.«
5. »Mein Partner wird mich zu einem ganzen Menschen machen.«

Ziel dieses Kapitels ist es, die Ehe von diesen Mythen zu befreien. Zu lange schon ist die Ehe mit unrealistischen Erwartungen und törichten Annahmen beladen. Wenn diese fünf Mythen als unwahr entlarvt sind, können Paare sich in der realen Welt der Ehe zurechtfinden – mit ihrer Freude und Traurigkeit, mit ihrer Leidenschaft und ihrem Schmerz.

Mythos Nr. 1: »Wir erwarten genau das Gleiche von der Ehe.«

Was wir erwarten, geschieht nur selten; womit wir am wenigsten rechnen, passiert normalerweise – besonders in der Ehe. Wenn wir sagen: »Ja, ich will«, ist dieser Satz mit einer Vielzahl bewusster und unbewusster Erwartungen beladen, die nicht immer erfüllt werden.

James und Emily, ein Paar Anfang Vierzig und seit zwei Jahren verheiratet, hatten beide ein sehr deutliches Bild davon, wie ihr gemeinsames Leben aussehen sollte, aber sie hatten nie über ihre Vorstellungen gesprochen. Wie die meisten Frischverheirateten nahmen sie einfach an, der andere habe das gleiche Bild von der Ehe wie sie. Weit gefehlt.

Emily, die eine Scheidung hinter sich hatte und zwei Kinder mit in diese Ehe gebracht hatte, drückte es so aus: »Ich hatte erwartet, dass das Eheleben mehr Stabilität und Ruhe in unser Leben bringen würde. Für mich hieß das, miteinander im Garten zu arbeiten und zu Hause bei den Kindern zu sein.«

James, bis dahin Junggeselle, hatte ein völlig anderes Bild: »Unsere Ehe sollte aufregend und spontan sein, keine langweilige, immer gleiche Routine wie bei so vielen Paaren, die ich kenne. Für mich bedeutete das, gemeinsam im Fitnessstudio zu trainieren und Wochenendtouren mit dem Motorrad.«

Schon in ihrer Kindheit machten sich James und Emily unbewusst Vorstellungen, wie das Eheleben aussehen sollte. Ihre Eltern lebten ihnen vor, wie es aussehen kann. Sie lasen Bücher, in denen Liebesbeziehungen beschrieben wurden. Sie sahen Fernsehsendungen und Spielfilme, in denen Szenen aus der Ehe dargestellt werden. Jahrelang hatten sie sich in ihrer Fantasie ausgemalt, wie das Leben aussehen würde, wenn sie eines Tages im Hafen der Ehe landen. Nicht nur das, Emily hatte nach einer schmerzlichen Scheidung dieses Bild für sich neu entworfen. Mit wenig Mühe hatte sich jeder ein Bild davon gemacht, wie das Leben als Ehepaar sein würde und sein sollte.

Bewusst und unbewusst malten James und Emily Pinselstriche auf ihre geistige Ehe-Leinwand. Aber nie kam es ihnen in den Sinn, dass der andere vielleicht eine ganz andere Farbpalette benutzte. Sie *gingen einfach davon aus*, dass ihr lebenslanger Partner mit ergänzenden Farben und in einem ähnlichen Stil arbeiten würde.

Das erste Ehejahr brachte jedoch scharfe und unerwartete Kontraste zutage. Was Emily als Sicherheit betrachtete, fand James langweilig. Sie hatten in vielem einen ähnlichen Geschmack und ähnliche Wertvorstellungen, aber mit unterschiedlicher Intensität. Emily malte vorsichtig in zartem Pastell, James mit kräftigen Grundfarben.

Die meisten widersprüchlichen Erwartungen, mit denen zwei Menschen eine Ehe eingehen, fallen in zwei Hauptkategorien: unausgesprochene Regeln und unbewusstes Rollenverhalten. Wenn ein Paar beides ans Licht bringt, kann ihm das jahrelange zermürbende Reibungen in einer neuen Ehe ersparen.

Unausgesprochene Regeln

Jeder lebt nach einem Regelwerk, das nur selten ausgesprochen wird, aber als bekannt vorausgesetzt wird. Diese unausgesprochenen Regeln treten sehr deutlich zutage, wenn unser Partner sie »bricht«. Das wurde bei Mark und Sharon schmerzlich bewusst, als sie ihr erstes Silvester als Ehepaar feierten.

»Wohin willst du Silvester gehen?«, fragte Mark Sharon.

»Wie meinst du das? Wir bleiben doch immer zu Hause und bestellen Essen beim Chinesen«, erwiderte sie.

Da erst dämmerte es ihr: So hatten sie und ihr erster Mann immer Silvester gefeiert. Und ihre Eltern machten es genauso. Es war eine Tradition, die sie genoss und von der sie erwartet hatte, dass sie sie in ihrer Ehe mit Mark weiterführen würde. Sie hatte jedoch nie mit ihm darüber gesprochen; sie hatte es einfach vorausgesetzt. Mark dagegen malte sich aus, das neue Jahr mit einer fröhlichen Nacht in der Stadt einzuläuten. Sharon folgte einer unausgesprochenen Regel, von deren Existenz sie überhaupt keine Ahnung hatte, bis Mark sie brechen wollte. *Mein erster Mann hat diese Tradition nie in Frage gestellt. Warum sollte es also Mark tun?*, argumentierte Sharon. Diese Situation löste die erste große Auseinandersetzung bei diesem Paar aus. Sie hätte leicht vermieden werden können, wenn sie sich etwas Zeit genommen und über ihre unausgesprochenen Regeln geredet hätten.

Wenn wir unsere unausgesprochenen Regeln rechtzeitig unter die Lupe nehmen, können wir verhindern, dass aus kleinen Problemen große Konflikte werden. Diese Regeln spielen in der zweiten Ehe eine genauso entscheidende Rolle wie in der ersten. Hier ein paar Regeln, die wir von Paaren häufig gehört haben:

- Störe den anderen nicht bei seiner Arbeit.
- Bitte nur um Hilfe, wenn du wirklich nicht mehr weiter weißt.
- Spiele deine Erfolge herunter.
- Sprich in der Öffentlichkeit nicht über Geld.
- Ziehe nie Aufmerksamkeit auf dich.
- Biete nie freiwillig deine Hilfe an.
- Arbeite nicht zu lang oder zu viel.
- Werde nicht krank.
- Erhebe nie deine Stimme.
- Sprich nicht über deinen Körper.
- Sei nie unpünktlich.
- Räume die Küche auf, bevor du ins Bett gehst.
- Sprich nicht über deine Gefühle.
- Fahre nicht zu schnell.
- Bestelle in einem Restaurant nie eine Nachspeise.
- Nimm nichts zu ernst.
- Kaufe keine teuren Geschenke.

Ihre persönlichen zehn Gebote

Gehen Sie zu Übung 3 (CD-ROM).

Bewegen Sie sich auf einem ehelichen Minenfeld voller unausgesprochener Regeln? Die Übung *Ihre persönlichen zehn Gebote* kann Ihnen helfen, sich Ihre unausgesprochenen Regeln bewusst zu machen und damit unnötigen Zündstoff zu entschärfen. Überlegen Sie sich, ob Sie diese Regeln akzeptieren, über Bord werfen oder ändern wollen.

Unbewusstes Rollenverhalten

Der zweite Bereich, in dem oft entgegengesetzte Erwartungen aufeinander prallen, betrifft die unbewussten Rollen, die Sie und Ihr Partner – fast unfreiwillig – spielen. Genauso wie Schauspieler sich an ein Drehbuch halten, tun dies auch Ehepaare. Ohne es zu wissen, schlüpfen Mann und Frau am Anfang ihrer Ehe in eine Rolle, die sich aus ihrer persönlichen Veranlagung, ihrem Familienhintergrund, ihren Erwartungen an die Ehe und – bei denjenigen, die zum zweiten Mal heiraten – daraus, wie sie ihren ersten Ehepartner sahen, ergibt.

Martin (zum ersten Mal verheiratet) und Jenny (zum zweiten Mal verheiratet) wurden auf ihre unbewussten Rollen gestoßen, als sie nach der Hochzeitsreise anfingen, ihre Wohnung einzurichten. Ehe sie sich versahen, stritten sie. »Wo willst du diesen Tisch haben?«, fragte Martin. »Ich weiß nicht. Wo findest du sieht er am besten aus?«, erwiderte Jenny. »Sag mir einfach, wo ich ihn hinstellen soll!«, knurrte Martin genervt. Dieses Szenario wiederholte sich immer wieder. Jeder wartete darauf, dass der andere die Führung übernähme, aber keiner tat es.

Unbewusst schlüpften Jenny und Martin in die Rollen, die sie in ihrer Herkunftsfamilie beobachtet hatten. Bei Jenny war es außerdem eine Rolle, in der sie in ihrer ersten Ehe bestärkt worden war. Jennys Vater, ein handwerklich begabter Mann mit dem Blick eines Innenarchitekten, besaß jedes erdenkliche Werkzeug und machte alles im Haus selbst. Und ihr erster Mann war genauso gewesen.

Martins Vater dagegen war ein viel beschäftigter leitender Angestellter, der kaum eine Glühbirne auswechseln konnte; bei ihnen zu Hause organisierte seine Mutter alles. Da er im Gegensatz zu Jenny noch nicht verheiratet gewesen war, nahm er seine Eltern als Vorbild für die Rollen einer Ehefrau und eines Ehemannes. So schlüpften Jenny und Martin in die »zugewiesenen« Rollen von Ehemann und Ehefrau und wunderten sich, warum der andere seine Rolle nicht richtig spielte.

Natürlich gibt es eine endlose Reihe von unbewussten Rollen, in die ein Mann und eine Frau in der Ehe schlüpfen können. Zu den häufigsten gehören:

- Planer/in
- Steuermann/-frau
- Einkäufer/in
- Geheimniskrämer/in
- Koch/Köchin
- Komödiant/in
- Geschenkekäufer/in
- Putzfrau/-mann

Wenn Sie wie die meisten Paare sind, versuchen Sie, sich an ein Drehbuch zu halten, das von den Rollenmodellen, mit denen Sie aufgewachsen sind, geschrieben wurde – oder an das Drehbuch, das Sie in einer früheren Ehe geschrieben haben. Oft brauchen Sie sich diese natürliche Neigung nur bewusst machen, um ein enttäuschendes Drama zu vermeiden. Sobald Sie sich der Rollen bewusst sind, in die jeder automatisch schlüpfen will, können Sie darüber sprechen, wie Sie gemeinsam ein neues Drehbuch schreiben.

Auf Grund ihrer vorgegebenen Rollen schafften Martin und Jenny es ein Jahr lang nicht, ein einziges Bild aufzuhängen! Erst in der Eheberatung wurde ihnen klar, aus welchem Grund sie in dieser

Bredouille saßen, und konnten die Entscheidung treffen, dass sie die Rollen, in die sie unbewusst geschlüpft waren, ändern wollten. Jenny drückte es so aus: »Seit wir unser eigenes Drehbuch schreiben, habe ich das Gefühl, wir bauen *selbst* unsere Ehe auf und sind nicht einfach Marionetten.«

Zu viele Menschen verpassen den Silberschein, weil sie auf Gold warten. MAURICE SEITTER

Die Erwartungen, die Sie in Ihre Partnerschaft mitbringen, kann Ihre Ehe gelingen oder misslingen lassen. Verpassen Sie nicht die kostbaren Momente Ihrer Ehe, nur weil Ihre Idealvorstellungen mit denen Ihres Partners nicht übereinstimmen. Erliegen Sie nicht dem Mythos, dass Sie und Ihr Partner automatisch mit denselben Erwartungen in die Ehe gegangen sind. Vergessen Sie nicht: Je offener Sie über Ihre unterschiedlichen Erwartungen sprechen, umso größer ist die Wahrscheinlichkeit, dass Sie eine Vision von der Ehe schaffen, mit der Sie sich beide identifizieren können – und die für Sie beide einmalig ist.

Machen Sie sich Ihre Rollen bewusst

Gehen Sie zu Übung 4 (CD-ROM).

Erwarten Sie, dass Ihre Ehe nach einem bestimmten Drehbuch abläuft? Stellen Sie fest, dass einer von Ihnen seine Rolle nicht richtig spielt? Machen Sie sich bewusst, welche Rollen Sie spielen. Arbeiten Sie die Übung *Machen Sie sich Ihre Rollen bewusst* durch. Das kann Ihnen helfen, Ihre Rollen neu zu überdenken und zu vermeiden, dass sich Ihre Ehe zu einem unerfreulichen Drama entwickelt.

Mythos Nr. 2: »Alles Gute in unserer Beziehung wird besser werden.«

Man braucht nur das Radio einzuschalten, dann hört man in fast jedem Lied den weit verbreiteten, aber zerstörerischen Mythos, dass alles Gute in einer Beziehung besser werden würde. Die Wahrheit ist jedoch, dass nicht *alles* besser wird. Viele Dinge verbessern sich in Beziehungen, aber einige Dinge werden schwieriger. In jeder glücklichen Ehe gibt es unweigerlich auch Verluste. Wenn Sie sich entscheiden zu heiraten, machen Sie unausweichlich einen Trauerprozess durch.

Für Leute, die zum ersten Mal heiraten, bedeutet die Ehe manchmal, einen sorglosen Lebensstil aufzugeben und sich mit neuen Einschränkungen abzufinden. Sie bringt unvermutete Unannehmlichkeiten mit sich. Eine zweite Ehe kann bedeuten, dass man versucht, eine Familie zusammenzuschmieden, über die Probleme mit einem schwierigen früheren Ehepartner hinwegzukommen, mit mehr als nur einer angeheirateten Verwandtschaft klarzukommen und so weiter.

Mike Mason vergleicht die Ehe mit einem Baum, der mitten in unserem Wohnzimmer wächst. »Er ist etwas, das einfach da ist, und er ist riesengroß, und alles ist um ihn herum aufgebaut, und wohin man auch gehen will – zum Kühlschrank, ins Bett, ins Badezimmer oder hinaus vor die Tür –, man muss den Baum einbeziehen. Man kann nicht durch ihn hindurchgehen; man muss respektvoll um ihn herumgehen ... Er ist schön, einzigartig, exotisch. Aber seien wir ehrlich: Manchmal ist er auch sehr unbequem.«[13] Die Ehe hat viele angenehme, aber auch viele ermüdende Seiten. Aber der bei weitem dramatischste Verlust, mit dem man sich abfinden muss, ist das idealisierte Bild, das Sie von Ihrem Partner haben. Von diesem Mythos konnten wir uns in unserer Ehe am schwersten befreien. Jeder von uns hatte sich ein Bild von dem anderen gemacht. Schließlich zwang uns das Eheleben, der Wahrheit ins Gesicht zu blicken und mit der Tatsache fertig zu werden, dass wir nicht den Menschen geheiratet hatten, den wir uns ausgemalt hatten. Und – wir warnen Sie! – den werden auch Sie nicht heiraten.

Dieser Glaube verwirrt viele Paare, die zum zweiten Mal heiraten. Man glaubt: *Dieses Mal kenne ich den Menschen, den ich heirate.* Sie kennen ihn auch. Aber nicht so gut wie Sie meinen. Das werden Sie nie. Warum? Weil Sie auf irgendeiner Ebene immer noch an diesem Mythos festhalten.

Jede Ehe beginnt mit gefühlsbetonten Flitterwochen, einer Zeit tiefer und leidenschaftlicher Verliebtheit. Aber diese Verliebtheit wird unausweichlich vergehen. Dr. Scott Peck schreibt dazu: »Ganz gleich, in wen wir uns verlieben, früher oder später hört diese Verliebtheit auf, wenn die Beziehung lang genug dauert.« Er meint damit nicht, dass wir aufhören, unseren Partner zu lieben. Er meint, dass das Gefühl ekstatischer Liebe, das die Erfahrung des Verliebtseins charakterisiert, bei jedem Paar irgendwann vergeht. »Die Flitterwochen gehen immer zu Ende«, erklärt er. »Die Blüte des Verliebtseins verblüht unweigerlich.«[14]

Es ist eine Illusion, dass die anfängliche Verliebtheit einer Beziehung ewig halten würde. Diese Wahrheit zu schlucken mag schwer sein (für uns war es so). Aber wenn Sie den Mythos, man bliebe ewig verliebt, über Bord werfen, hilft Ihnen das mehr als alles andere, eine lebenslange glückliche Ehe zu führen.

Kurz zusammengefasst: Jeder von uns macht sich ein idealisiertes Bild von dem Menschen, den wir heiraten. Dieses Bild wird durch die eifrigen Bemühungen unseres Partners, sich von seiner besten Seite zu zeigen, gesät[15], aber es schlägt Wurzeln in dem fruchtbaren Boden unserer romantischen Fantasien. Wir *wollen* unseren Partner von seiner besten Seite sehen. Wir stellen uns zum Beispiel nie vor, dass er dick wird oder im Umgang mit den Kindern aus unserer ersten Ehe gereizt reagiert. Wir suchen uns das aus, was wir bewundernswert finden, und blenden jeden Makel aus. Wir sehen ihn zuvorkommender, attraktiver, intelligenter, begabter, als er wirklich ist. Aber nicht lange.

Es ist eine unverrückbare Tatsache, dass diese Phase irgendwann vergehen wird. Einige Fachleute schätzen die »Halbwertszeit« des Verliebtseins auf ungefähr drei Monate. Danach ist man nur noch halb so verliebt wie am Anfang der Beziehung. Andere glauben, das Verliebtsein bleibe zwei oder drei Jahre auf dem Höhepunkt, bevor es anfängt zu verblassen. Welche Theorie nun auch stimmt: Sie können sicher sein, dass der Zauber des Verliebtseins irgendwann nachlassen wird. Tatsache ist, dass wir ein Bild heiraten und erst später den echten Menschen entdecken.

Liebe reißt Masken nieder, von denen wir fürchten, dass wir nicht ohne sie leben könnten, aber gleichzeitig wissen, dass wir nicht mit ihnen leben können. JAMES BALDWIN

Wir kennen einen Anwalt, der viele Scheidungsfälle bearbeitet. Er erzählte uns, dass sich die meisten Paare trennen, weil sie sich weigern, die Tatsache zu akzeptieren, dass sie mit einem *Menschen* verheiratet sind.

In jeder Ehe weicht beiderseitige Hoffnung einer beiderseitigen Desillusionierung, sobald man begreift, dass der Partner nicht der perfekte Mensch ist, den man zu heiraten glaubte. Das kann er auch nicht sein. Kein Mensch kann unsere idealisierten Träume erfüllen. Eine Enttäuschung ist vorprogrammiert. Aber hinter den dunklen Wolken der Enttäuschung wartet Sonnenschein. Sobald Sie sich bewusst machen, dass Ihre Ehe keine Quelle ständiger Verliebtheit ist, können Sie die flüchtigen romantischen Augenblicke als das schätzen, was sie sind: eine ganz besondere Erfahrung.

Hier kommt die gute Nachricht: Wenn der Zauber gelüftet ist, können wir eine tiefere Nähe erfahren.

Mythos Nr. 3: »Alles Negative in meinem Leben wird verschwinden.«

Dieser Mythos wird seit Ewigkeiten von Generation zu Generation weitergegeben, und sein weit verbreiteter Reiz wird durch Märchen wie »Aschenputtel« verkörpert. In diesem Märchen wird die arme Stieftochter, die als Dienstmagd niedrigste Arbeiten für ihre böse Stieffamilie tun muss, von einem gut aussehenden und galanten

Märchenprinzen gerettet. Sie verlieben sich ineinander und »leben glücklich und zufrieden bis zu ihrem Tod«. Es spielt keine Rolle, dass Aschenputtel nur Küchenarbeit gewohnt ist und keine Ahnung hat, wie sie sich im Pomp und im strengen Zeremoniell am Königshof benehmen soll. Es spielt keine Rolle, dass der Märchenprinz in einer völlig anderen Gesellschaft aufgewachsen ist und deren Ausbildung, Geschmack und Benehmen übernommen hat. Es spielt keine Rolle, dass die beiden keine Ahnung haben, wie der andere sich die Rolle als Ehefrau und Ehemann vorstellt. Alles, was sie gemeinsam haben, ist ein Glaspantoffel und ein Fuß, an den er passt!

Idealisieren Sie Ihren Partner, oder sehen Sie ihn so, wie er ist?

Gehen Sie zu Übung 5 (CD-ROM).

Wenn wir erst einmal akzeptieren, dass Liebe nicht viel mit der Ekstase des Verliebtseins zu tun hat, wenn wir erst einmal die Idealvorstellungen, die wir von unserer Partnerschaft haben, aufgeben, gewinnen wir neue Kraft und entdecken die wahre Schönheit der Ehe. Die Übung *Idealisieren Sie Ihren Partner oder sehen Sie ihn so, wie er ist?* kann Ihnen helfen, die ersten Schritte in diese Richtung zu tun.

»Natürlich funktioniert Liebe so nicht«, sagen Sie. »So etwas gibt es nur im Märchen.« Das stimmt. Aber tief in unserem Herzen sehnen wir uns danach, dass ein Märchenprinz oder ein Aschenputtel alles Schlechte in unserem Leben zurechtbiegt und alles Böse vertreibt – besonders, wenn es unsere zweite Ehe ist.

Viele Menschen heiraten, um vor unangenehmen Dingen zu fliehen oder um materielle Sicherheit zu finden. Aber egal wie herrlich die Einrichtung der Ehe auch ist, sie gibt keine Garantie. Die Ehe macht persönliches Leid nicht ungeschehen, sie garantiert keine finanzielle Sicherheit und sie vertreibt nicht die Einsamkeit. Warum? Weil Menschen vor allem heiraten, um ihr eigenes Wohlergehen zu verbessern, und nicht, um sich der Bedürfnisse ihres Partners anzunehmen. Die schlechten Eigenschaften und Gefühle, die Sie mit sich herumschleppten, bevor Sie verheiratet waren, bleiben Ihnen auch nach der Hochzeitsfeier. Eine Heiratsurkunde ist kein Glaspantoffel mit Zauberkraft.

Die Ehe ist in Wirklichkeit einfach eine Lebensform. Wenn wir nicht verheiratet sind, erwarten wir ja auch nicht, dass das Leben nur aus Sonnenschein und roten Rosen bestünde. Aber von der Ehe erwarten wir das anscheinend. Der Psychiater John Levy, der viele Ehepaare berät, schreibt: »Menschen, die alles enttäuschend finden, sind überrascht und verletzt, wenn die Ehe hier keine Ausnahme bildet. Die meisten Klagen über ... die Ehe kommen nicht, weil sie schlimmer wäre als der Rest des Lebens, sondern weil sie nicht entscheidend besser ist.«[16]

Eine Ehe kann nicht im Handumdrehen alle unsere Verletzungen heilen, aber sie *kann* im Laufe der Zeit zu einem starken Heilmittel werden. Wenn Sie Geduld haben, kann die Ehe Ihnen sogar helfen, starke Anfechtungen zu überwinden.

Als drei Psychologen in Colorado in der Zeitschrift *Rocky Mountain News* eine Umfrage durchführten, waren sie überrascht von der »hohen Zahl der Menschen, die eine traumatische Kindheit hinter sich hatten [die als Kinder missbraucht worden waren oder Kinder von alkoholkranken oder geschiedenen Eltern waren] und durch eine gute Ehe Heilung fanden.« Einer der Fachleute drückte es so aus: »Eine gute Ehe überwindet Dinge, die wir als nicht wieder gutzumachenden Schaden oder irreparable Tragödien betrachten.« Mit anderen Worten: Es hat eine große Verschiebung stattgefunden weg von der Ehetherapie hin zu der *Ehe als Therapie*.

Man heiratet nicht einen Menschen, sondern drei: Den Menschen, wie er in deiner Vorstellung existiert, den Menschen, der er wirklich ist, und den Menschen, zu dem er in eurer Ehe wird.
RICHARD NEEDHAM

Wir alle heiraten, wenigstens unbewusst, in der Hoffnung, dass unsere Wunden geheilt werden. Selbst wenn wir keine traumatischen Erfahrungen durchmachen mussten, tragen wir Verletzungen und unerfüllte Bedürfnisse mit uns herum. Wir leiden alle unter Gefühlen des Selbstzweifels, der Wertlosigkeit und Unzulänglichkeit. Egal, wie sehr sich unsere Eltern um uns gekümmert haben, haben wir nie genug Aufmerksamkeit und Liebe bekommen. Deshalb erwarten wir von unserer Ehe, dass unser Partner uns zeigt, dass wir etwas wert sind, und dass er unsere Verletzungen heilt – besonders wenn wir aus unserer ersten Ehe Narben davongetragen haben.

Der Psychotherapeut Harvell Hendrix glaubt, dass in einer intakten Ehe Unbewältigtes aus der Kindheit verarbeitet werden kann. Der Heilungsprozess beginnt damit, dass unsere ungelösten Kindheitsprobleme allmählich aufgedeckt und auch eingestanden werden. Die Heilung setzt sich im Laufe der Jahre fort, wenn wir unserem Partner erlauben, uns zu lieben, und selbst immer mehr lernen, ihn zu lieben.

Prinz Charles und Prinzessin Diana hatten höchstwahrscheinlich unerfüllte Erwartungen an ihre Märchenehe. Nur wenige hätten gedacht, dass sie so schmerzlich enden würde. Der Erzbischof von Canterbury Robert Runcie muss jedoch eine Vorahnung gehabt haben. Er hielt bei ihrer Hochzeit eine erstaunliche Rede. Darin sagte er: »Vor uns haben wir den Stoff, aus dem Märchen gemacht werden: der Prinz und die Prinzessin an ihrem Hochzeitstag. Aber Märchen enden normalerweise an dieser Stelle mit dem lapidaren Satz: ›Und sie lebten glücklich bis zu ihrem Tod.‹ Im Märchen ist die Ehe der Spannungsabfall nach der romantischen Verliebtheit vor der Hochzeit. Die christliche Sichtweise ist jedoch anders: Unser Glaube betrachtet den Hochzeitstag nicht als Ziel, sondern als Startpunkt, an dem das Abenteuer beginnt.«

Zu schade, dass Charles und Diana Runcies Botschaft nicht befolgt haben. Zu schade, dass wir uns ebenfalls mit Mythen und Märchen zufrieden geben, wo wir doch ein Leben voller Abenteuer führen könnten.

Gehen Sie Unerledigtem auf den Grund

Gehen Sie zu Übung 6 (CD-ROM).

Die Ehe ist kein Allheilmittel für alle Probleme. Aber sie kann mit der Zeit zu einem Heilmittel werden und psychisches und geistliches Wachstum fördern. Die Übung *Gehen Sie Unerledigtem auf den Grund* will Ihnen helfen, Ihren Heilungsprozess gemeinsam zu beginnen.

Mythos Nr. 4: »Wenn man zum zweiten Mal heiratet, gewöhnt man sich schneller an das Eheleben.«

Vielleicht sind Sie wie die meisten Menschen, die zum zweiten Mal heiraten, optimistisch. Sie sind voll Hoffnung. Sie glauben nicht nur an die Ehe, Sie meinen auch, weil Sie diesen Weg schon einmal gegangen sind, könnten Sie sich schneller darauf einstellen. Immerhin haben Sie die Flitterwochen schon einmal erlebt und wissen aus Erfahrung, dass es nur eine vorübergehende Phase ist. Außerdem sind Sie inzwischen reifer geworden. Im Laufe der Jahre sind Sie sich Ihrer Stärken und Schwächen stärker bewusst geworden als damals, als Sie das erste Mal heirateten. Sie stehen sich jetzt vielleicht auch finanziell besser, oder wenigstens haben Sie gelernt, besser mit Ihrem Geld umzugehen als damals, als Sie sich das erste Mal auf eine Ehe einließen. Vieles spricht dieses zweite Mal zu Ihren Gunsten. Wenn Sie jedoch erwarten, dass Ihr neues Eheleben in einem gemütlichen Fahrwasser verlaufen wird, werden Sie doppelt enttäuscht sein.

Karen, Mutter einer achtjährigen Tochter, war seit fast zwei Jahren zum zweiten Mal verheiratet, als wir sie kennen lernten. »Ich warte immer noch darauf, dass unsere Familie zusammenwächst und wir alle glücklich sein können, aber das passiert einfach nicht.«

Sie erzählte uns, wie viel sie aus ihrer früheren Ehe gelernt habe, die abrupt geendet hatte. »Ich habe dieses Ende nie kommen sehen, aber seit mein Mann uns verlassen hat, habe ich viel an mir gearbeitet. Ich bin jetzt ein stärkerer Mensch.« Dann traten Karen Tränen in die Augen, und sie zog ein Taschentuch heraus. »Deshalb bin ich auch so verwirrt und frustriert. Ich dachte, das Leben würde inzwischen normal sein.«

Das war ein Irrtum. Das Leben in einer neuen Familie ist *nicht* normal. Wenigstens viele Jahre lang nicht. Wenn Sie keine Kinder in die Ehe bringen, vereinfacht das natürlich die Sache. Aber sobald Kinder im Spiel sind, können Sie damit rechnen, dass Sie ziemlich lang brauchen werden, bis sich alle an die neue Situation gewöhnt haben. Das ist so schwierig, dass wir diesen Problemen ein ganzes Kapitel widmen.

Aber auch ohne Kinder haben Sie einen weiteren Faktor, der die Gewöhnungsphase kompliziert und in die Länge zieht: *Ballast.* Das sprichwörtliche Gepäck, das Sie aus Ihrer früheren Ehe in Ihre neue Ehe bringen, muss ausgepackt werden. Das kostet Zeit.

Manche nennen ihn den »unsichtbaren Partner« in der neuen Ehe. Er oder sie kann viele Kilometer entfernt wohnen, aber gelegentlich hat man den Eindruck, der ehemalige Ehepartner sitze mitten in Ihrem Wohnzimmer. Warum? Weil die Scheidung nicht alle Verbindungen zwischen zwei Menschen vollständig trennt. Auch wenn Ihr früherer Partner gestorben ist, müssen Sie sich in Ihrer neuen Ehe mit seiner oder ihrer Gegenwart auseinander setzen. Unter Garantie. Das ist der Preis, den wir für sinnvolle menschliche Beziehungen zahlen. Immerhin haben Sie einmal Ihr ganzes Sein für diesen Menschen eingesetzt, aber aus irgendeinem Grund ist diese Beziehung vorbei. Sie können nicht erwarten, dass das keine Narben hinterlässt. Schließlich müssen Sie zugeben, dass Sie einen Teil von sich selbst verloren haben, als diese Beziehung zu Ende war. Wenn Sie über diesen Verlust nie ausreichend getrauert haben, haben Sie nur umso mehr Ballast, mit dem Sie fertig werden müssen.

Hara Estroff Marano von der Zeitschrift *Psychology Today*

drückte es so aus: »Wer daran denkt, wieder zu heiraten, oder gerade zum zweiten Mal geheiratet hat, muss lernen, wirklich um das zu trauern, was er mit einer früheren Ehe verloren hat – das Gute der früheren Beziehung genauso wie die negativen Seiten zu sehen.« Ihre weiteren Ausführungen verraten viel Einsicht: »Wenn Paare den einzelnen Bereichen der früheren Beziehung gemeinsam auf den Grund gehen, kann das dazu beitragen, dass sie ein starkes Fundament für die neue Beziehung aufbauen. Wer sich diese Mühe nicht macht, öffnet damit die Tür, durch die der ganze Ballast aus der früheren Beziehung die neue Beziehung bombardieren kann.«[17]

Gehen Sie also nicht naiv in eine zweite Ehe. Machen Sie sich klar: Egal, in welcher Situation Sie sich befinden, es gibt keine Abkürzung, über die Sie schnell eine ganz »normale« Ehe aufbauen könnten.

Mythos Nr. 5: »Mein Partner wird mich zu einem ganzen Menschen machen.«

Das alte Sprichwort »Gegensätze ziehen sich an« basiert auf dem Phänomen, dass sich viele zu Menschen hingezogen fühlen, die sie ergänzen – die in Dingen gut sind, in denen sie selbst schlecht sind, die sie also in gewisser Weise vervollständigen.

Im Buch der Sprüche heißt es: »Ein Messer wetzt das andere, und ein Mann den anderen« (Sprüche 27,17). Unsere Unvollkommenheit und unsere Unterschiede geben Eisen seine Schärfe. Gott hat die Ehe eingerichtet, um damit unser Wesen zu verbessern und zu läutern. Die Ehe fordert uns zu neuen Höhen heraus und hält uns an, das Beste aus uns herauszuholen, aber weder die Ehe noch unser Partner wird uns wie durch Zauberhand zu einem heilen Menschen machen.

Dieser Mythos beginnt normalerweise mit dem Glauben, dass glückliche Paare »füreinander bestimmt« oder »füreinander geschaffen« wären. Wir haben schon viele Menschen beraten, die meinten, sobald sie Schwierigkeiten in ihrer Ehe hatten, sie hätten die falsche Person geheiratet. Wenn Sie nur *den* Richtigen oder *die* Richtige geheiratet hätten, würde alles wunderbar klappen. Also wirklich! Es ist doch lächerlich zu glauben, eine gute Ehe hänge davon ab, aus über vier Milliarden Menschen auf dieser Erde den einen zu finden, der genau richtig für Sie ist. Die Tatsache, dass es nicht »*den* Richtigen« oder »*die* Richtige« gibt, bedeutet natürlich nicht, dass Sie sich Ihren künftigen Partner genau anschauen sollten. Aber wenn Sie verheiratet sind und sich beklagen, weil Ihr Ehepartner Sie nicht von einem Tag auf den anderen »vollständig« macht, heißt das nicht unbedingt, dass Sie den Falschen geheiratet haben.

Paare, die den Mythos, dass ihr Partner sie vervollständigen werde, glauben, werden von ihrem Partner auf eine absolut ungesunde Weise abhängig. Solche Paare haben eine *verstrickte* Beziehung. In dieser Beziehung verlassen sich beide darauf, dass der Partner ihnen ständig Unterstützung, Sicherheit und Ganzheit schenkt. Menschen in verstrickten Beziehungen leiden im Allgemeinen unter einem niedrigen Selbstwertgefühl und lassen sich oft leicht durch ihren Partner bestimmen.

Eine Ehe gelingt nicht deshalb, weil man den »einzig richtigen« Partner gefunden hat, sondern weil beide Partner sich auf den wirklichen Menschen, den sie geheiratet haben und unweigerlich kennen lernen werden, einstellen können. JOHN FISHER

Eheglück entsteht nicht nur dadurch, dass man den richtigen Partner findet, sondern dadurch, dass man der richtige Partner ist. BARNETT BRICKNER

Abhängige Partner wünschen sich Glück, nicht persönliches Wachstum. Sie sind nicht daran interessiert, etwas für die Beziehung zu tun, sondern daran, dass ihr Partner alles für sie tut. Sie glauben die Lüge, dass sie einfach durch Heirat mühelos vervollständigt werden. Diejenigen, die auch noch Kinder in die zweite Ehe bringen, glauben vielleicht sogar, dass ihr neuer Partner auch bei ihren Kindern das Bild vervollständigt – dass die neue Mama oder der neue Papa ihre Kinder vervollständigen wird (mehr dazu in einem späteren Kapitel).

Das Gegenteil von einer verstrickten Ehe ist eine Beziehung, die durch starke Eigenständigkeit geprägt ist. Die Ehepartner versuchen – losgelöst von einander – ihr Gefühl von Ganzheit zu erlangen, indem sie sich auf niemanden verlassen, nicht einmal auf ihren Ehepartner. Das ist besonders bei Menschen, die zum zweiten Mal heiraten, eine verführerische Strategie. Diese Menschen versuchen ebenfalls vergeblich ihre Minderwertigkeitsgefühle zu kompensieren.

Wenn ich mich an einen anderen Menschen binde, weil ich nicht auf meinen eigenen zwei Füßen stehen kann, ist er oder sie vielleicht ein Lebensretter, aber das ist keine Liebesbeziehung.

ERICH FROMM

Ein Gefühl von Ganzheit kann weder in einer verstrickten noch in einer losgelösten Beziehung je erreicht werden. Beide bergen große Tücken und Gefahren in sich. Ganzheit findet man hingegen in einer Beziehung *gegenseitiger Abhängigkeit*, in der zwei Menschen mit Selbstachtung und Würde die Verpflichtung eingehen, für ihr eigenes Wachstum und auch für das Wachstum ihres Partners etwas zu tun.

Diese Beziehungen werden auch als A-förmige (abhängige), H-förmige (unabhängige) und M-förmige (gegenseitig abhängige) Beziehungen bezeichnet.[18]

A H M

A-förmige Beziehungen werden durch den Großbuchstaben A symbolisiert. Die beiden Partner haben eine starke Identität als Paar, aber eine sehr geringe individuelle Selbstachtung. Sie sehen sich als Einheit und nicht als getrennte Individuen. Wie die langen

Linien des Buchstaben A lehnen sie sich einander an. Die Beziehung ist so aufgebaut, dass der andere umfällt, wenn einer loslässt. Dasselbe passiert, wenn bei einem Partner die Abhängigkeit übertrieben ausgeprägt ist.

H-förmige Beziehungen sind wie der Großbuchstabe H aufgebaut. Die Partner stehen praktisch allein. Jeder genügt sich selbst und lässt sich kaum vom anderen beeinflussen. Es besteht nur wenig oder überhaupt keine Identität als Paar und nur wenig emotionale Bindung. Wenn einer loslässt, spürt der andere kaum etwas davon.

M-förmige Beziehungen beruhen auf gegenseitiger Abhängigkeit. Jeder Partner hat ein hohes Selbstwertgefühl und hat sich verpflichtet, dem anderen zum Wachstum zu verhelfen. Sie könnten jeder allein auf sich gestellt leben, aber sie *entscheiden sich*, zusammen zu sein. Zu der Beziehung gehört gegenseitige Abhängigkeit und emotionale Unterstützung. M-förmige Beziehungen zeigen eine sinnvolle Paaridentität. Wenn der eine loslässt, spürt der andere einen Verlust, verliert aber nicht das Gleichgewicht.

Wie die einzelnen Saiten einer Laute, deren Zusammenklingen herrliche Musik hervorbringt, liegt in einer Ehe, die die Individualität ihrer Partner stehen lässt, Schönheit. In einer Ehe, die von gegenseitiger Abhängigkeit geprägt ist, verdoppelt sich die Freude und halbiert sich der Schmerz.

Beurteilen Sie Ihr Bild von sich selbst

Gehen Sie zu Übung 7 (CD-ROM).

Louis K. Anspacher sagte: »Die Ehe ist die Beziehung zwischen Mann und Frau, bei der die Unabhängigkeit gleich ist, die Abhängigkeit und die Verpflichtung gegenseitig sind.« Die Übung *Beurteilen Sie Ihr Bild von sich selbst* soll Ihnen helfen, eine Beziehung aufzubauen, die von gegenseitiger Abhängigkeit und Erfüllung geprägt ist.

Ein abschließender Gedanke zu Ehe-Mythen

Dieses Kapitel sollte Ihnen helfen, fünf weit verbreitete und schädliche Ehe-Mythen zu durchschauen: (1) »Wir erwarten genau das Gleiche von der Ehe«, (2) »Alles Gute in unserer Beziehung wird besser werden«, (3) »Alles Negative in meinem Leben wird verschwinden«, (4) »Wenn man zum zweiten Mal heiratet, gewöhnt man sich schneller an das Eheleben«, (5) »Mein Partner wird mich vervollständigen.« Wenn Sie jetzt entmutigt sind, weil Sie solche Aussagen für wahr gehalten haben, können wir nur sagen: Verlieren Sie nicht den Mut. Jeder glaubt zu einem gewissen Grad diese Irrtümer, wenn er eine Ehe eingeht. Und jede glückliche Ehe arbeitet geduldig daran, diese Mythen zu entlarven und abzubauen.

Die Bande der Ehe sind wie alle anderen Bande; sie wachsen nur langsam.   *PETER DE VRIES*

Zu biblischer Zeit dauerte die besondere Zeit für ein frisch verheiratetes Paar ein ganzes Jahr. »Wenn jemand sich kurz vorher eine Frau genommen hat, soll er nicht mit dem Heer ausziehen, und man soll ihm nichts auferlegen. Er soll frei in seinem Hause sein ein Jahr lang, dass er fröhlich sei mit seiner Frau, die er genommen hat.« (5. Mose 24,5)

Der Anfang einer Ehe war eine Zeit des Lernens und des Sich-Aneinander-Gewöhnens. So ist es immer noch. Gönnen Sie sich denselben Luxus.

Denkanstöße:

– Sprechen Sie mit Ihrem Partner über die Erwartungen, die Sie an Ihr gemeinsames Leben haben. Welche unausgesprochenen Wertvorstellungen oder Erwartungen bringen Sie beide mit in Ihre Partnerschaft? Inwiefern prägt eine frühere Ehe Ihre Erwartungen an Ihre neue Ehe?

- Welche drei wichtigen Dinge haben Sie aufgegeben oder werden Sie aufgeben müssen, wenn Sie heiraten? Trauern Sie um diesen Verlust? Was gewinnen Sie dadurch?
- Wie bauen Paare, die miteinander befreundet sind, Fassaden auf? Was haben Sie, bewusst oder unbewusst, getan, um bei Ihrem Partner einen unrealistisch positiven Eindruck zu hinterlassen? Wann setzte die Desillusionierung ein?
- Wie wichtig ist es, »sich selbst zu lieben«, damit Sie Ihren Partner lieben können? Besteht hier ein Zusammenhang?
- Was halten Sie von dem Gedanken, die Ehe könne ein therapeutisches Heilmittel sein? In welchen Bereichen Ihres Lebens haben Sie das Gefühl, Heilung zu brauchen? Wie könnte Ihr Partner Ihnen in diesen Bereichen helfen?
- Ab welchem Punkt wird Abhängigkeit in einer Beziehung ungesund? Wie steht es mit Unabhängigkeit in einer Beziehung? Woher wissen Sie, ob Sie in der Ehe gegenseitige Abhängigkeit erleben?
- War Ihre erste Ehe eine A-förmige, eine H-förmige oder eine M-förmige Beziehung? Was haben Sie konkret aus der Form Ihrer ersten Ehe gelernt, was Sie nun auf Ihre neue Ehe anwenden können? Wie sieht Ihre jetzige Beziehung aus? Ist es eine A-förmige, eine H-förmige oder eine M-förmige Beziehung?

Können Sie Ihren Liebesstil beschreiben?

Liebe muss man lernen, und immer und immer wieder; das hört nie auf.   *KATHERINE ANNE PORTER*

Auf die Frage »Was macht eine gute Ehe aus?«, antworten fast neunzig Prozent der Bevölkerung: »Verliebt sein.«[19] Als bei einer Umfrage über tausend Studenten die wichtigsten Merkmale der Liebe als Grundlage für die Ehe aufzählen sollten, wurde kein einziges Kriterium von mindestens der Hälfte der Befragten genannt. Mit anderen Worten: Wir können uns nicht darauf einigen, was Liebe ist. Genauer ausgedrückt: Wir *wissen* nicht, was Liebe ist. Ein Befragter drückte es so aus: »Die Liebe ist wie ein Blitz. Man weiß vielleicht nicht, was er ist, aber wenn er einen trifft, weiß man es.«

Vor fünfhundert Jahren sagte Chaucer: »Die Liebe ist blind.« Vielleicht hatte er Recht, aber für alle, die zum zweiten Mal heiraten, gibt es genügend Gründe, endlich die Augen aufzumachen und der Liebe offen ins Gesicht zu blicken. In diesem Kapitel stellen wir drei entscheidende Fragen: (1) Was ist Liebe? (2) Wie gibt und empfängt man Liebe? und (3) Wie kann man dafür sorgen, dass die Liebe ein Leben lang hält? Um diese Fragen zu beantworten, erforschen wir die Anatomie der Liebe, ihre Bestandteile und ihre Zusammensetzung. Danach sehen wir uns die einzigartigen Liebesstile an, die jeder Mensch in eine Ehe bringt. Dann erforschen wir die Klippen, die jedes Ehepaar umschiffen muss, wenn seine Liebe überdauern soll. Zum Schluss stellen wir einen detaillierten Plan vor, wie man dafür sorgen kann, dass die Liebe ein Leben lang hält.

Anatomie der Liebe

»Was ist Liebe?«, fragt Shakespeare in *Zwölfte Nacht.* Die Frage hallt seit Jahrhunderten wider, und es gibt immer noch keine endgültige Antwort. Ist Liebe der *sich selbst suchende* Wunsch, den William Blake in seinem Gedicht so beschreibt: »Die Liebe sucht nur, sich selbst zu gefallen«? Oder ist Liebe die *sich selbst aufopfernde* Einstellung, die der Apostel Paulus beschreibt: »Die Liebe erträgt alles, sie glaubt alles, sie hofft alles, sie duldet alles«?

Was die Liebe auch ist, es ist nicht leicht, sie zu beschreiben, denn Liebe ist eine seltsame Mischung aus Gegensätzen. Sie umfasst Zuneigung und Ärger, Aufregung und Langeweile, Stabilität und Veränderung, Einschränkung und Freiheit. Das extremste Paradoxon der Liebe ist, dass zwei Menschen eins werden und trotzdem zwei bleiben.

Wir haben festgestellt, dass das paradoxe Wesen der Liebe einige Paare zweifeln lässt, ob sie wirklich verliebt sind. Wir begegnen jedes Jahr vielen verlobten und verheirateten Paaren, die in dieser Bredouille sitzen. Stefan und Sabine sind dafür ein Beispiel. Drei Monate vor ihrem Hochzeitstermin löste Stefan die Verlobung, weil er nicht sicher war, ob er Sabine wirklich liebte. Amors Pfeile verfehlten offenbar ihr Ziel, und er gab auf.

»Ich mag Sabine sehr«, gestand Stefan. »Aber ich bin nicht sicher, ob ich jemals in sie verliebt war. Ich weiß nicht einmal, was Liebe ist.« Wie viele andere, die an der Schwelle zu einer lebenslangen Liebe stehen, war Stefan unsicher und verwirrt. »Wie soll ich wissen, ob es wahre Liebe ist oder nur ein vorübergehendes Gefühl?«, fragte er.

Linda, ein anderes Beispiel, stellte ihre Liebe zu Christian in Frage. Sie waren fast vier Jahre verheiratet, und der Zauber der Liebe war, wenigstens scheinbar, verpufft. Für Christian war es die zweite Ehe. Seine erste Frau hatte er durch Krebs verloren. Als Linda einwilligte, ihn zu heiraten, wusste sie, dass sie damit von einem Tag auf den anderen die Mutter seiner zwei Kinder würde. Allerdings wusste sie nicht, wie sie sich nach vier Jahren Ehe fühlen würde.

»Am Anfang wollte ich ein eigenes Baby haben, aber Christian bestand darauf, noch zu warten«, erzählte sie uns. »Jetzt, da er dazu bereit ist, frage ich mich, ob es richtig ist. Ich meine, wie kann ich ein Kind mit Christian bekommen, wenn ich nicht einmal weiß, ob ich ihn überhaupt noch liebe?« Nach einem kurzen Schweigen fügte sie hinzu: »Ehrlich gesagt ist es eher so, als wären wir zwei Freunde, die miteinander einen Haushalt managen, als zwei Verliebte, die die Nähe des anderen genießen. Sieht so die Liebe in einer Ehe aus?«

Stefan, der kurz vor der Heirat stand, und Linda, die in ein weiteres Ehejahr mit ihrem Mann ging, machten sich beide Sorgen, dass die Liebe ihnen aus den Händen geglitten sei, oder dass sie die Liebe vielleicht überhaupt nie wirklich in Händen gehalten hatten. Beide rangen mit derselben Frage: »Was ist Liebe?«

Definition von Liebe

Gehen Sie zu Übung 8 (CD-ROM).

Jeder hat seine eigene Definition von Liebe, auch wenn wir sie nie in Worte gefasst haben. Die Übung *Definieren Sie, was Liebe ist* soll Ihnen und Ihrem Partner helfen, deutlicher zu definieren, was jeder von Ihnen meint, wenn Sie sagen: »Ich liebe dich.«

Definieren Sie, was Liebe ist

Vor ein paar Jahren war es noch viel schwerer, diese Frage zu beantworten. Den größten Teil der Menschheitsgeschichte war Liebe der Bereich von Dichtern, Philosophen und Weisen. Sozialwissenschaftler wollten damit nichts zu tun haben, weil sie glaubten, Liebe sei zu mysteriös und zu wenig greifbar für wissenschaftliche Zwecke.[20]

Zum Glück wurde das Studium der Liebe in den letzten Jahren akzeptabler und ist nicht länger ein Tabu. Heute werden jedes Jahr Hunderte von Untersuchungen und Fachartikeln über Liebe veröffentlicht. Von diesen wissenschaftlichen Errungenschaften lässt sich vieles lernen.

Robert Sternberg, Psychologe an der Universität Yale, hat in diesem neuen Forschungsbereich wertvolle Pionierarbeit geleistet. Er entwickelte das »Dreiecksmodell« der Liebe, eine Sichtweise, die zurzeit die Liebe am besten umfasst.[21] In seinem Modell ist die Liebe ein Dreieck mit den drei Seiten: *Leidenschaft, Vertrautheit* und *Hingabe*.

Leidenschaft

Die *motivierende* Seite des Dreiecks ist die Leidenschaft, das aufgeregte Kribbeln, wenn wir uns verlieben. Die Leidenschaft ist sinnlich und sexuell, durch körperliche Erregung und einen starken Wunsch nach körperlicher Zuneigung charakterisiert. Das Hohelied der Liebe feiert beispielsweise die körperliche Liebe zwischen Mann und Frau in einer von Leidenschaft erfüllten Dichtung: »Komm und küss mich, küss mich immer wieder! Ich genieße deine Liebe mehr als den besten Wein! « (Hohelied 1,2)

Aber Leidenschaft kann auch besitzergreifend sein und eine Faszination nähren, die an Besessenheit grenzt. Sie treibt Paare dazu, sich auf extreme Weise nur miteinander zu beschäftigen. Das kann so weit gehen, dass sie es nicht ertragen können, vom anderen getrennt zu sein. In diesem Stadium werden andere Beziehungen nicht einmal in Erwägung gezogen.

Der beste Beweis für Liebe ist Vertrauen.   JOYCE BROTHERS

Sternberg erklärt, dass Paare anfangs eine schnell wachsende körperliche Anziehungskraft erleben, aber nach einer Weile wird die Ekstase der Leidenschaft ein Teil des vollständigeren Bildes. Reine Leidenschaft sucht sich selbst, solange sie nicht mit Vertrautheit gepaart ist.

Vertrautheit

Die *emotionale* Seite des Liebesdreiecks ist Vertrautheit. Liebe ohne Vertrautheit ist nur eine hormonelle Illusion. Man kann einen anderen Menschen nicht über längere Zeit begehren, ohne diesen Menschen wirklich zu *kennen*.

Vertrautheit birgt in sich, dass zwei Menschen »beste Freunde« oder »Seelenverwandte« sind. Wir alle wünschen uns jemanden, der uns besser kennt als jeder andere – und uns trotzdem annimmt. Wir wünschen uns jemanden, der nichts vor uns zurückhält, jemanden, der uns seine persönlichsten Geheimnisse anvertraut. Vertrautheit stillt die tiefste Sehnsucht unseres Herzens nach Nähe und Angenommensein.

Menschen, die eine befriedigende intime Beziehung aufgebaut haben, wissen, welche Kraft und welcher Trost darin steckt. Aber sie wissen auch, dass es nicht leicht ist, die emotionalen Risiken einzugehen, die Vertrautheit erst entstehen lassen. Wenn sie nicht sorgsam gepflegt wird, verwelkt die Vertrautheit. Neil Clark Warren betrachtet mangelnde Vertrautheit als den größten Feind der Ehe. Er glaubt nicht, dass zwei Menschen miteinander verschmelzen können und »ein Fleisch« werden – wie es die Bibel ausdrückt – wenn sie einander nicht zutiefst kennen. »Ohne Vertrautheit«, sagt er, »werden sie isoliert und allein sein. Auch wenn sie unter demselben Dach leben.«[22]

Die Erfüllung von Liebe ist abhängig von Nähe, Austausch, Kommunikation, Ehrlichkeit und Unterstützung. Da ein Herz im Tausch gegen ein anderes gegeben wird, findet man in der Ehe den tiefsten und radikalsten Ausdruck von Vertrautheit.

Hingabe

Die *kognitive* und willentliche Seite des Liebesdreiecks ist Hingabe. Hingabe ist auf eine Zukunft gerichtet, die man nicht vorhersehen kann, und auf das Versprechen, für den anderen da zu sein – bis zum Tod.

Wenn wir nicht an die Einhaltung unserer Versprechen gebunden wären – meint die Philosophin Hannah Arendt –, wären wir verdammt, hilflos in der Dunkelheit des einsamen Herzens herumzuirren.

Hingabe erzeugt eine kleine Insel der Gewissheit in den Wasserstrudeln der Ungewissheit. Wie der Ankerplatz der Ehe sichert Hingabe die Liebe zu unserem Partner, wenn die Leidenschaft auf Sparflamme brennt und wenn turbulente Zeiten kommen.

Die Hingabe sagt: »Ich liebe dich, weil du du bist, nicht dafür, was du tust oder wie ich mich fühle.« Der Therapeut Paul Tournier beschreibt das Eheversprechen als ein Geschenk – absolut, eindeutig, rückhaltlos als persönliche und unveränderliche Hingabe.[23] Die Langlebigkeit der Liebe und die Stabilität einer Ehe hängen stark von der Tiefe der Hingabe ab.

Leidenschaft, Vertrautheit und Hingabe sind die heißen, warmen und stabilen Aggregatzustände der Liebe. Die Mischungen sind veränderlich, weil der Grad der Vertrautheit, Leidenschaft und Hingabe sich von Zeit zu Zeit und von Mensch zu Mensch ändert. Um die Veränderlichkeit der Liebe zu veranschaulichen, betrachten wir das Liebesdreieck: Es verändert sich in seiner Größe und Form, je nachdem, wie die drei Komponenten der Liebe zunehmen oder abnehmen. Die Fläche des Dreiecks stellt das Maß an Liebe dar. Ein großes Maß an Vertrautheit, Leidenschaft und Hingabe ergibt ein großes Dreieck. Je größer das Dreieck ist, umso größer ist die Liebe.

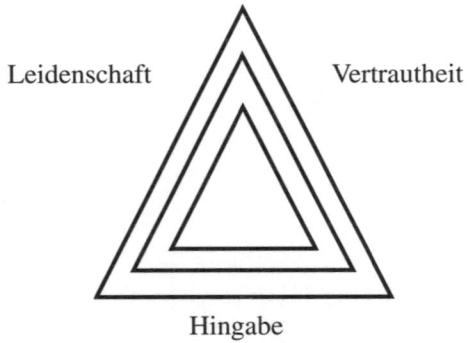

Leidenschaft   Vertrautheit

Hingabe

Mit Sternbergs Hilfe sind wir der Entdeckung, was Liebe ist, näher gekommen, aber eine drängende Frage bleibt trotzdem: Wie gibt und empfängt man Liebe? Um dies zu beantworten, werden wir zuerst Liebesstile untersuchen und dann die Stadien der Liebe betrachten.

Liebesstile

Oft gehen wir einfach davon aus, dass Liebe für unseren Partner das Gleiche bedeutet wie für uns. Aber tatsächlich meinen zwei Menschen selten das Gleiche, wenn sie sagen: »Ich liebe dich.« In der Eheberatung hören wir – manchmal klagend, manchmal verzweifelt – immer wieder: »Ich liebe sie einfach nicht mehr«, oder: »Ich liebe ihn, aber ich bin nicht *in ihn verliebt*.« Das bedeutet normalerweise, dass eine bestimmte Eigenschaft, die ein Mensch in der Liebe sucht, fehlt oder sich verändert hat.

Rückblickend bereue ich eines: Zu oft habe ich geliebt, es aber nicht gesagt.   *DAVID GRAYSON*

Nehmen wir als Beispiel John und Monika, die nach nur fünfzehn Monaten Ehe zu uns in die Beratung kamen. Beim ersten Beratungsgespräch mit ihnen, das sehr spannungsgeladen war, beklagten sie sich, dass sie »nicht mehr ineinander verliebt« seien.

»Du sagst mir fast nie, dass du mich liebst«, sagte Monika. Sie hatte Mühe, die Tränen zurückzuhalten, als sie ihren Mann anschaute.

»Natürlich liebe ich dich«, erwiderte John. »Aber ich muss dir doch nicht sagen, dass ich dich liebe – ich *tue* Dinge, die dir zeigen sollten, dass ich dich liebe. Meine Taten sprechen lauter als meine Worte das je könnten.«

Waren Monika und John nicht mehr verliebt? Doch. Ihre Liebesstile waren einfach verschieden und erzeugten eine unerträgliche Spannung. Es ist nicht selten, dass ein Partner, wie in unserem

Beispiel John, liebevolle Gefühle für seinen Partner hegt, während dieser sich trotzdem ungeliebt fühlt. Aber ihre Liebe ist nicht ausgetrocknet. Sie hat lediglich eine Form angenommen, die die Bedürfnisse des einen Partners nicht befriedigt.

Im Laufe des Gesprächs fanden wir heraus, dass zu den »liebevollen Dingen«, die John für Monika tat, gehörte, dass er regelmäßig einen Gehaltsscheck nach Hause brachte, kaputte Geräte reparierte und Streitigkeiten vermied.

»Das macht jeder gute Ehemann«, erklärte Monika. »Sie haben nichts mit dem zu tun, was *ich* Liebe nenne.« Monika verstand unter Liebe liebevolle Worte, Geschenke machen, einander berühren und zärtlich zueinander sein – alles Dinge, die bei John ein gewisses Unbehagen erzeugten, da sie nicht zu seiner Vorstellung von wahrer Liebe passten. In Johns Augen waren Monikas Wünsche nur die »oberflächliche Zuckerwatte« von Liebe.

Beide gingen davon aus, dass ihr Partner so geliebt werden wollte, wie sie liebten, und beide fühlten sich deshalb ungeliebt. Keiner war sich bewusst, dass sein Partner einen anderen Liebesstil hatte, ganz zu schweigen davon, dass er auf den Stil des anderen eingegangen wäre.

Als Elizabeth Barett Browning in einem ihrer berühmtesten Sonette fragte: »Wie liebe ich dich?«, hätte sie sich wahrscheinlich nie vorstellen können, dass die Antwort auf ihre Frage eines Tages mit wissenschaftlicher Genauigkeit erforscht würde. Aber genau das versuchen Wissenschaftler wie Robert Sternberg. Sein Dreiecksmodell beschreibt nicht nur die einzelnen Bestandteile der Liebe; es erklärt auch, dass Partner wie John und Monika Liebe unterschiedlich geben und empfangen.

Sternbergs Dreieck kann je nach dem verschiedenen Maß an Leidenschaft, Vertrautheit und Hingabe in der Beziehung eine andere Form annehmen. Ein Dreieck mit drei gleich langen Seiten stellt eine, wie Sternberg sie nennt, *vollendete* Liebe dar, in der alle drei Komponenten gleich groß sind. Aber wenn eine Seite des Dreiecks länger wird als die anderen, entsteht eine neue Art unausgeglichener Liebesstile, entweder *romantisch, töricht* oder *kameradschaftlich.*

Romantische Liebe, die auf einer Kombination aus Vertrautheit und Leidenschaft gegründet ist, ist körperliche Anziehungskraft gemischt mit einer tiefen Zuneigung. Aber die Hingabe gerät bei der romantischen Liebe ins Hintertreffen.

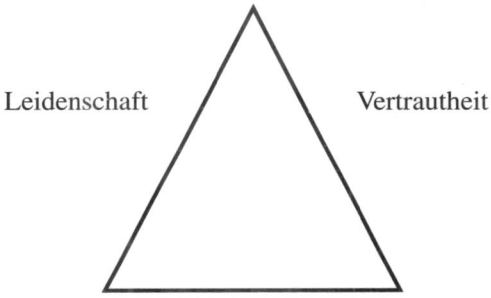

Leidenschaft   Vertrautheit

Törichte Liebe entsteht aus einer Kombination aus Leidenschaft und Hingabe. Aber in diesem Fall kommt die Vertrautheit viel zu kurz. Sie ist deshalb töricht, weil man sich zu einer Hingabe verpflichtet, die nur auf der Grundlage von Leidenschaft geschieht, aber das stabilisierende Element, sich wirklich in der Tiefe zu kennen, fehlt.

Leidenschaft

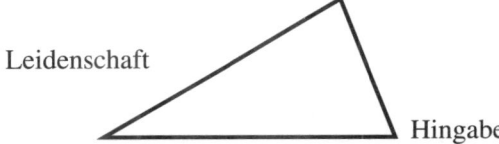

Hingabe

Kameradschaftliche Liebe ergibt sich aus einer Kombination aus Vertrautheit und Hingabe, wobei die Leidenschaft in den Hintergrund tritt. Es ist im Wesentlichen eine lang anhaltende, hingebungsvolle Freundschaft. Dies tritt in der Ehe auf, wenn die körperliche Anziehungskraft weniger wichtig wird als die Sicherheit, sich gegenseitig gut zu kennen.

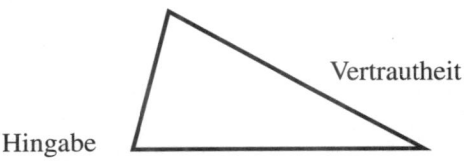

Vertrautheit

Hingabe

Manchmal sind unglückliche Ehen ausschließlich auf romantischer, törichter oder kameradschaftlicher Liebe aufgebaut. Aber zu einer glücklichen Ehe gehört mehr – auch wenn ein romantischer, törichter oder kameradschaftlicher Liebesstil vorübergehend vorherrschend sein kann.

Vollendete Liebe entsteht nur durch eine ausgewogene Kombination der drei Komponenten der Liebe: Leidenschaft, Vertrautheit und Hingabe. Vollendete Liebe strebt jede Ehe an. Die meisten Ehen erreichen dieses Ziel, wenigstens für eine gewisse Zeit. Diese vollendete Liebe zu erhalten ist jedoch eine Hürde, an der viele Ehen scheitern. Vollendete Liebe zu erreichen ist so ähnlich wie bei einem Abmagerungsprogramm sein Zielgewicht zu erreichen – das Ziel zu erreichen ist oft leichter, als es beizubehalten. Wenn man vollendete Liebe erreicht, ist das keine Garantie dafür, dass sie für immer bestehen bleibt. Das wird sie nicht.

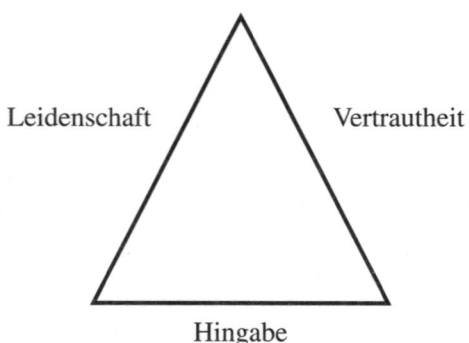

Ehepartner bleiben nicht ein für alle Mal bei der vollendeten Liebe stehen, denn der Liebesstil in der Ehe verändert sich. Manchmal werden für den einen Ehepartner einige Elemente stärker als andere, und ein Liebesstil gewinnt die Oberhand, der nicht dem Stil des Partners entspricht. In Johns und Monikas Fall schätzte John in diesem Stadium ihrer Beziehung die kameradschaftliche Liebe, während Monika sich nach romantischer Liebe sehnte. Er brauchte ein tieferes Gefühl der Zusammengehörigkeit und Sicherheit, aber seine Frau wünschte sich mehr Sinnlichkeit. Beide erfüllten die Bedürfnisse nach Vertrautheit ihres Partners, aber es fehlte an Leidenschaft und Hingabe. Sie waren vorübergehend nicht im Einklang.

Wenn wir jetzt zu unseren Beispielen am Anfang dieses Kapitels zurückgehen, können wir das Problem bei Stefan und Sabine verstehen. Stefan löste seine Verlobung mit Sabine, weil er an einem romantischen Liebesstil festhielt, und in Bezug auf eine lebenslange Hingabe unsicher war. Die Bereiche Vertrautheit und Leidenschaft waren bestens ausgebildet, aber Stefan fürchtete, seine starken Gefühle, die ihn zu Sabine hinzogen, könnten vorübergehen. In einem schmerzlichen Beratungsgespräch beschlossen er und Sabine, verlobt zu bleiben, aber ihre Hochzeit zu verschieben. Vier Monate später, nachdem Stefan Zeit gehabt hatte, in seinem Liebesstil auch seine Hingabe besser zu integrieren, setzten sie einen neuen Hochzeitstermin fest und heirateten noch im selben Jahr.

Linda und Christian, die seit vier Jahren verheiratet waren, litten ebenfalls darunter, dass ihre Liebesstile nicht übereinstimmten. Christians Liebe war stark von Leidenschaft, Vertrautheit und Hingabe geprägt. Aber Linda hatte dieses leidenschaftliche Gefühl verloren. Ihr kameradschaftlicher Liebesstil ließ sie zweifeln, ob sie Christian wirklich liebte und ob es ratsam sei, ein Kind mit ihm zu bekommen. Nach einem längst überfälligen romantischen Urlaub zu zweit – die Kinder blieben bei den Großeltern – glich sich Lindas Liebesstil erneut dem ihres Mannes an.

So sieht der Liebestanz nun einmal aus. Tagein tagaus schlurfen wir schwerfällig dahin, stolpern und treten dem anderen sogar auf die Füße. Aber das schmälert nicht die hinreißenden Augenblicke, in denen zwei Partner schließlich denselben Rhythmus an Leidenschaft, Vertrautheit und Hingabe erleben.

Anne Morrow Lindbergh schrieb in ihrem wunderbaren Buch *Muscheln in meiner Hand* über den Tanz der Liebe:

»Wenn wir jemanden lieben, dann lieben wir ihn nicht die ganze Zeit in jedem Moment genau auf dieselbe Weise. Das ist ein Ding der Unmöglichkeit. Es ist sogar eine Lüge, wenn man das vorgeben würde. Aber trotzdem verlangen die meisten von uns genau das. Wir haben so wenig Glauben an die Ebbe und Flut des Lebens, der Liebe, von Beziehungen. Wir springen hinein, wenn die Flut kommt, und weichen vor der Ebbe entsetzt zurück. Wir haben Angst, sie würde nie zurückkommen. Wir bestehen auf Beständigkeit, auf Dauer, auf Kontinuität; dabei liegt die einzige Kontinuität, die im Leben wie in der Liebe möglich ist, in der Vergänglichkeit – in der Freiheit.«

Die Stadien der Liebe

Wer frisch verliebt ist und von morgens bis abends mit liebevollen Gedanken erfüllt ist, kann einfach nicht glauben, dass er mit seinem Partner irgendwann nicht mehr in Einklang stehen könnte, dass die Gefühle, die beide so stark empfinden, je verblassen könnten. Keine Braut und kein Bräutigam möchten hören, dass die Flamme ihrer Liebe mit der Zeit niedriger brennen wird. Aber in gewissem Sinn wird das geschehen. Die leidenschaftliche Liebe, die am Anfang einer Ehe steht, kann eine Ehe nicht durchtragen. Frischvermählte, die wahre Liebe mit Leidenschaft gleichsetzen, werden um eine Enttäuschung nicht herumkommen.

Die junge Liebe ist eine Flamme; sehr hübsch, sehr heiß und brennend, aber trotzdem nur ein flackernder Schein. Die Liebe des älteren und disziplinierten Herzens gleicht Kohlen, tief glühend und nicht auszulöschen. HENRY WARD BEECHER

Die Liebe, die Sie jetzt für Ihren Partner empfinden, wird im Laufe eines gemeinsamen Lebens zahlreiche Veränderungen durchmachen. Wenn Sie diese Tatsache akzeptieren, kann Ihnen das helfen, Ihre Liebe zu erhalten. Aber was noch wichtiger ist: Wenn Sie die veränderliche Natur der Liebe akzeptieren, können Sie sich entspannen und ihre vielfältigen Formen genießen. Mit der Zeit werden Sie erkennen, wie die vielen Formen der Liebe Ihre Beziehung stärken und vertiefen und Ihr Leben mit ihrer einmaligen Schönheit und ihrem seltenen Charakter bereichern kann.

Jede Ehe wird mit belastenden Situationen konfrontiert, die ein Paar auf die Probe stellen: sich aneinander gewöhnen, eine neue Arbeitsstelle, die Geburt des ersten Kindes und weiterer Kinder, wenn die Kinder zur Schule kommen und von zu Hause ausziehen, schwere Krankheiten und Ruhestand. Fügt man dieser Liste noch die typischen Belastungen hinzu, die mit einer Wiederheirat verbunden sind – wie Stiefkinder zu erziehen oder mit einem oder zwei ehemaligen Ehepartnern fertig zu werden –, dann wird die Zerreißprobe, der die Beziehung ausgesetzt ist, noch viel härter. Diese Lebenseinschnitte und Herausforderungen wirbeln auch die glücklichsten Ehen auf. Wenn Veränderungen nicht erwartet und nicht eingeplant werden, gerät die Liebe aus dem Gleichgewicht. Aber wenn die Ehe gut ist und man mit Veränderungen rechnet, wird man sich allmählich akklimatisieren, und die Liebe sucht sich einen neuen Weg, um Erfüllung zu finden.

Die Ehe ist eine Reise durch vorhersehbare Phasen oder Stadien der Liebe. Diese Stadien – Verliebtsein, Machtkämpfe, Kooperation, Gegenseitigkeit und gemeinsame Kreativität – sind Phasen, die jede Ehe durchläuft. Jedes Stadium hat seine eigenen Herausforderungen und Möglichkeiten, und jede baut auf der anderen auf und bringt in unserem Liebesleben schließlich das volle Potenzial zum Vorschein.

Stadium Eins: Verliebtsein

Das erste Stadium der Liebe in der Ehe ist von Romantik geprägt; es ist eine Zeit, in der Paare fast vergessen, dass sie einzelne Individuen mit einer eigenen Identität sind. In diesem Stadium der Verzückung freut sich das Paar ausnahmslos aneinander. In dem Bestreben, ihre tiefsten Bedürfnisse nach Nähe zu stillen, erleben beide eine Art mystische Einheit und feiern die Ekstase, dass sie glücklich sind und zusammengehören.

Stadium Zwei: Machtkämpfe

Dieses sehr spannungsgeladene Stadium beginnt, wenn Eigenheiten erkennbar werden und Unterschiede nicht mehr zu übersehen sind. Zwei unabhängige Menschen, die ihr gemeinsames Leben gestalten wollen, geraten früher oder später in Machtkämpfe und müssen lernen, sich auf die Art des anderen einzustellen. Die Intensität und die Wirren dieses Stadiums sind von Paar zu Paar verschieden, aber fast jedes Paar gerät in diesen Kampf. Paare, die zum zweiten Mal verheiratet sind, sind dafür besonders empfänglich. Nach erfolgreichem Durchlaufen dieser Phase kann jedoch jeder Partner sagen: »Also gut. Ich gebe zu, dass meine Verliebtheit in einen perfekten Partner eine Illusion ist. Ich bin aber trotzdem fasziniert von dem Geheimnis, wer du bist, und ich will weiterhin in dich verliebt sein und mit dir gemeinsam zu einer reiferen Liebe wachsen.«

Stadium Drei: Kooperation

Dieses Stadium ist für Paare, die auf Kurs geblieben sind und die gefährlichen Klippen der Machtkämpfe erfolgreich umschifft haben, wie Durchatmen an der frischen Luft. Jetzt kehrt ein Gefühl der Akzeptanz und eine Bereitschaft, sich zu ändern, in die Beziehung ein. Bei Paaren mit Kindern aus einer früheren Ehe wird diese Kooperation besonders sichtbar, wenn es um Erziehungsfragen geht. Eine neue Tiefe entwickelt sich, wenn gesündere Formen des Zusammenseins Gestalt annehmen. Paare in diesem Stadium begreifen, dass es bei der Liebe nicht so sehr darum geht, *äußerlich* aufeinander zu schauen, sondern mehr darum, *innerlich* auf sich selbst zu sehen und die Verantwortung für die eigenen persönlichen Probleme zu übernehmen. In diesem Stadium geben Paare die Illusion auf, dass ihr Partner sie glücklich machen müsste. Sie definieren neu, was Liebe ist, indem sie mit Ängsten und Abwehrmechanismen, Projektionen und Verletzungen richtig umgehen.

Stadium Vier: Gegenseitigkeit

In Stadium Drei setzt zwar eine entscheidende Veränderung ein, aber es ist trotzdem eine Zeit, in der alte Probleme und Ängste wieder auftauchen, besonders in stressigen Zeiten. Aber wenn die Liebe wächst, treten Paare schließlich – fast unerwartet – in ein neues Stadium, in dem Gegenseitigkeit die Grundlage des Zusammenseins bildet. Es ist ein Stadium, in dem man sich miteinander eins fühlt, in dem jeder das sichere Gefühl hat, zum anderen zu gehören. Gerade wenn Paare sich fragen, ob sie jemals alten, ungesunden Verhaltensweisen entfliehen können, entdecken sie eine neue Realität – und sind überrascht, wie schön Vertrautheit sein kann.

Stadium Fünf: Gemeinsame Kreativität

In Stadium Vier ist die Vertrautheit, nach der sich jedes Paar sehnt und die jedes Paar erreichen will, erfahrbare Realität geworden. Aber wenn die Partner älter werden, in den Ruhestand gehen und dem Ende ihres Lebens gemeinsam entgegenblicken, entwickeln sie eine deutlichere Energie für gemeinsame Kreativität. Der Rhythmus der Vertrautheit kommt zu einer neuen und letzten Blüte. Die Liebe ist überströmend. Paare sind sich ihrer selbst und ihrer Liebe sicher und haben eine überfließende Energie, mit der sie in der Welt handeln. Diese tiefe und friedliche Liebesphase geht über alle früheren Stadien hinaus und führt zu einer stärkeren und tieferen Liebe als jede vorherige Phase. In ihrer gemeinsamen Kreativität werden sich Paare bewusst, dass sie nicht nur füreinander geschaffen sind; sie sind gleichzeitig zu einem Engagement für andere Menschen berufen. So baut das Paar in seiner gemeinsamen Kreativität ein Netz aus sinnvollen Beziehungen auf, die ihre Ehe unterstützen und deren Freuden vertiefen. In diesem letzten Stadium können Partner sagen: »Wir haben eine große Wegstrecke in dieser Ehe zurückgelegt. Sie war zum Verzweifeln, zum Jubeln, schrecklich, wunderbar, erstickend, befreiend. Sie ist unsere einmalige, intimste Quelle für Konflikte und Freude. Aber sie hat uns immer noch so viel zu bieten.«

Wenn du auf dein Leben zurückblickst, wirst du feststellen, dass die Augenblicke, in denen du wirklich lebst, die Augenblicke sind, in denen du etwas aus Liebe tust.

HENRY DRUMMOND

Im Laufe eines Lebens verändert sich die Liebe. Aber sie wird dadurch nicht weniger intim, weniger bedeutungsvoll oder weniger wichtig. Denn in dem Maß, wie die Leidenschaft abnimmt, wird der frei gewordene Raum durch ein tieferes, bleibendes Gefühl von Vertrautheit, Fürsorge und gemeinsamer Kreativität ersetzt. Wenn die Flamme schwächer brennt, tauchen rot glühende Kohlen auf.

Liebe dauert ein Leben lang

»Es gibt kaum ein Unternehmen, das mit so unglaublichen Hoffnungen und Erwartungen begonnen wird und doch so regelmäßig scheitert wie die Liebe«, sagt Erich Fromm. Der Titel seines Klassikers *Die Kunst des Liebens* ist Programm. Lebenslange Liebe geschieht nicht zufällig, sondern ist eine Kunst, die gelernt, eingeübt und verbessert werden muss.

Ihr Liebesstil verändert sich

Gehen Sie zu Übung 9 (CD-ROM).

Wenn sie verstehen, dass Liebe nicht immer zu gleichen Teilen aus denselben Komponenten besteht, können Paare sich besser darauf vorbereiten, dass sich ihr Liebesstil im Laufe ihres Lebens verändern wird. Die Übung *Ihr Liebesstil verändert sich* hilft Ihnen und Ihrem Partner sich darauf einzustellen, wie sich Ihre Liebe vielleicht entwickeln wird.

Jede glückliche Ehe ist das Ergebnis davon, dass zwei Menschen gewissenhaft und gekonnt daran arbeiten, ihre Liebe zu pflegen. Wenn sie Leidenschaft, Vertrautheit und Hingabe kombinieren, können sie eine blühende, gesunde Ehe führen.

Nun geben wir Ihnen ein paar Tipps, wie Sie Ihrer Ehe etwas Gutes tun können.

Pflegen Sie Leidenschaft

»Was ist nur aus unserem Verliebtsein und unserer Leidenschaft geworden?«, jammerte Michaela, deren Don Juan plötzlich am liebsten auf der Couch vor dem Fernseher hockte. Bevor sie heirateten, gab es bei Michaela und Thomas romantische Picknicks und leidenschaftliche Küsse. Manchmal nutzten sie sogar das Warten an der Ampel zu einem liebevollen Kuss. Ab und zu überraschte Thomas Michaela mit einem Blumenstrauß. Und Michaela verwöhnte Thomas oft mit seinem Lieblingseis.

»Er war unglaublich romantisch«, erzählte Michaela wehmütig. »Aber jetzt kommt er nach Hause, schnappt sich die Fernbedienung und zappt von einem Fernsehprogramm zum nächsten. Manchmal habe ich den Eindruck, der Fernseher interessiere ihn mehr als ich.«

Dass leidenschaftliches Verliebtsein verschwindet, ist eine häufige Klage, egal ob Paare ein Jahr oder 25 Jahre verheiratet sind. Man bekommt den Eindruck, sobald der Reis, mit denen die Frischvermählten beworfen wurden, weggekehrt ist und das letzte Stück vom Hochzeitskuchen in der Gefriertruhe verstaut ist, ist auch die Leidenschaft des Paares wie weggefegt oder auf Eis gelegt.

Es ist unrealistisch zu erwarten, dass die Höhenflüge der Leidenschaft ewig dauern. Aber die Ehe verlangt auf keinen Fall, dass die Leidenschaft begraben wird. Die Liebe wird mit der Zeit weniger aufregend. Aus dem gleichen Grund, aus dem eine schnelle Schlittenfahrt beim zweiten Mal weniger aufregend ist als beim ersten Mal. Aber jedes länger glücklich verheiratete Ehepaar wird Ihnen bestätigen: Die Aufregung nimmt vielleicht ab, aber das wahre Vergnügen kann immer noch zunehmen.

Wenn Liebe und Können zusammenarbeiten, kann man ein Meisterwerk erwarten. JOHN RUSKIN

Die Wissenschaft bestätigt das. Eine Untersuchung von Schulabgängern und Paaren, die seit über 20 Jahren verheiratet waren, fand heraus, dass beide Gruppen eine romantischere, leidenschaftlichere Vorstellung von Liebe hatten als Paare, die weniger als 5 Jahre verheiratet waren.[24] Die Wissenschaftler schlossen daraus, dass die jungen Leute ihre romantische Vorstellung von Liebe noch nicht aufgegeben hatten, und dass die älteren Paare als Ergebnis ihrer langen Investitionen, mit denen sie ihre Ehe gepflegt hatten, eine »Boomerang-Leidenschaft« erlebten.

Was ist das Geheimnis dieser verliebten älteren Paare? Wie entzünden sie die manchmal flackernde Flamme der Leidenschaft immer wieder aufs Neue? Wir stellen drei Strategien von glücklich verheirateten Paaren vor.

Bedeutungsvolle Berührungen. Sexualtherapeuten wissen schon lange, was glückliche Paare sehr früh in ihrer Ehe lernen sollten: Zuneigung in der Form von Berührungen ist nicht nur eine Voraussetzung, um sich körperlich zu lieben. Es ist eine Sprache, die viel mehr sagt als Worte. Sheldon Van Auken verdeutlicht in seinem Buch *Eine harte Gnade*, das er über seine Ehe mit Davy schreibt, wie tief gehend Berührungen sind. »Davy kroch neben mich und kauerte sich zusammen. Ich legte den Arm um sie, und sie schmiegte sich an mich. Keiner von uns sprach ein Wort, nicht einmal ein Flüstern. Wir waren zusammen, wir waren uns nahe, wir waren von einer großen Schönheit überwältigt. Ich weiß, dass wir beide das Gefühl hatten, eins zu sein: Wir mussten nicht sprechen.« Eine bedeutungsvolle Berührung ist die Sprache der Leidenschaft.

Sorgen Sie für Erlebnisse, die Sie beide genießen. Verheiratet zu sein bedeutet nicht, dass der Spaß aufhören muss. Glücklich verheiratete Paare bringen ihren Partner mit schönen Erlebnissen in Verbindung. Ein romantisches Essen zu zweit, Theaterbesuche und Urlaube sind für sie auch weiterhin wichtig. Die Leidenschaft rutscht in den Keller, wenn ein Ehepartner anfängt, den anderen hauptsächlich nur noch mit herumliegender schmutziger Wäsche, barsch hingeworfenen Befehlen, Weinen und Nörgeln zu assoziieren. Leidenschaft kann nur überleben und gedeihen, wenn Paare sich weiterhin »verabreden«, auch nach der Hochzeit.

Machen Sie Ihrem Partner täglich Komplimente. Das wichtigste Element romantischer Leidenschaft ist für Ehemänner wie auch für Ehefrauen das Gefühl, etwas Besonderes zu sein. Sie wollen nicht nur sexuell attraktiv für ihren Partner sein. Sie wollen auch wissen, dass sie geschätzt werden. Komplimente vermitteln ein gutes Gefühl – dem, der sie macht, genauso wie dem, der sie bekommt. Man könnte also sagen: »Überhäufe den Menschen, den du liebst, mit Komplimenten.«

Was Leidenschaft in der Ehe betrifft, lässt sich sagen, dass die Intensität der anfänglichen Leidenschaft nur der Anfang ist. Wir verdeutlichen das gern mit einem Beispiel: Ein Flugzeug, das von der Westküste der USA zur Ostküste fliegt, verbraucht 80 Prozent seines Treibstoffs für den Start. Eine unglaublich große Menge an Energie ist nötig, um das Flugzeug zu starten und auf die richtige Flughöhe zu bringen. Der Start ist jedoch erst der Anfang. Der wichtige Teil der Reise ist der Flug, und er benötigt eine andere Art von Energie, eine Energie mit gleichmäßigerer, ruhigerer Kraft. Wenn Sie eine tief verwurzelte Leidenschaft pflegen, können Sie Jahre unnötiger ehelicher Turbulenzen vermeiden und in unvorstellbaren Höhen schweben.

Schaffen Sie Vertrautheit

Im Idealfall sind ein Ehemann und eine Ehefrau die besten Freunde und gleichzeitig Liebende – und teilen Träume, Interessen, Ängste und Hoffnungen. Aber nach Stacey Oliker, Soziologin und Eheexpertin, klafft eine große Kluft zwischen wahrer Vertrautheit und dem realen Leben. Nur eine kleine Minderheit von Paaren erlebt echte Vertrautheit.

Wenn zwei Menschen unter dem Einfluss der gewaltsamsten, verrücktesten, trügerischsten und vergänglichsten Leidenschaft stehen, wird von ihnen verlangt, dass sie schwören, in diesem aufgeregten, unnormalen und erschöpfenden Zustand für immer zu bleiben, bis dass der Tod sie scheidet.

GEORGE BERNARD SHAW

Wie kann das sein? Stacey Oliver behauptet, dass Ehepartner versuchen, diese Lücke zu füllen, indem sie engen Freunden näher sind als ihrem Ehepartner. Viele Frauen vertrauen sich zum Beispiel eher Freundinnen oder Verwandten an, als mit ihrem Mann zu sprechen. Ähnlich fiel das Ergebnis bei den Männern aus: Auf die Frage mit wem sie am ehesten über ihre Zukunftsträume und Pläne sprechen würden, wurden viel häufiger enge Freunde genannt als die Ehefrau.[25]

Bedeutet das, dass Ehepaare keine guten Freunde haben sollten? Ganz gewiss nicht. Aber wir sollen besonderen Wert darauf legen, Vertrautheit in unseren Ehen zu pflegen. Dabei gibt es einiges zu beachten.

Verbringen Sie Zeit miteinander. Eine der größten Illusionen unserer Zeit ist die Vorstellung, die Liebe erhielte sich selbst am Leben. Tut sie nicht. Der Eheexperte David Mace sagt: »Liebe muss gehegt und gepflegt werden ... aber vor allem erfordert sie Zeit.« Untersuchungen weisen darauf hin, dass ein starker Zusammenhang zwischen Eheglück und der gemeinsam verbrachten Zeit besteht. Wir raten viel beschäftigten Ehepaaren oft, ein gemeinsames Essen oder »fernsehfreie Abende« zu Hause einzuplanen. Tiefgehende Gespräche ergeben sich nicht zwischen Tür und Angel.

Sei liebenswert, wenn du geliebt werden willst. OVID

Hören Sie aufmerksam zu. Untersuchungen zeigen, dass es einer der größten Fehler von Ehepaaren ist, dass sie einander nicht richtig zuhören. Wir neigen dazu, unseren Partner zu unterbrechen oder die Geduld zu verlieren, wenn er etwas erzählt. Aber Nähe entsteht, wenn wir geduldig zuhören – nicht nur der Geschichte, sondern auch den Gefühlen, die unser Partner uns mitteilt. Wenn Sie das lernen, wird die Vertrautheit in Ihrer Ehe aufblühen und gedeihen.

Bedingungslose Annahme. Tief gehender Austausch kann nur geschehen, wenn man keine Angst vor Ablehnung haben muss. Einige Ehepaare bewegen sich in der Nähe ihrer Ehepartner wie auf rohen Eiern, weil sie Angst haben, sie könnten etwas sagen oder tun, das den anderen aufregt. Eine frisch verheiratete Frau erzählte uns, sie habe Angst zu kochen, wenn ihr Mann zu Hause sei, denn er findet immer etwas an der Art und Weise, wie sie kocht, auszusetzen, egal, wie sie das Essen zubereitet. Nichts vertreibt Vertrautheit aus einer Beziehung schneller als Angst. Nichts schafft mehr Vertrauen als das Wissen, dass man bedingungslos angenommen wird, auch wenn man nicht vollkommen ist.

Konzentrieren Sie sich auf Gemeinsamkeiten. Die Vertrautheit wächst, wenn sie durch gemeinsame Gefühle, Erfahrungen und Einstellungen gepflegt wird. Jedes Paar, das 50 Jahre verheiratet ist, kann Ihnen auf Anhieb sagen, worin sich die beiden Partner unterscheiden: »Er ist immer ruhelos; ich entspanne mich gern«; »er isst gern Süßes, ich mag Salziges«; »er wählt SPD, ich CDU.« Aber trotz ihrer Unterschiede hören Sie Aussagen, die ihre Gemeinsamkeiten zum Vorschein bringen. Sie beginnen normalerweise mit *wir:* »Wir lachen über dieselben Dinge«; »wir fahren gern nach Italien in den Urlaub«; »wir unterstützen ein Missionsprojekt.« Je mehr sich Paare darauf konzentrieren, was sie gemeinsam haben, umso näher kommen sie sich.

Erforschen Sie gemeinsam geistliche Bereiche. Fehlende Nähe entsteht oft durch einen Mangel an geistlicher Vitalität. Eine Untersuchung zeigte, dass geistliches Leben zu den sechs häufigsten gemeinsamen Eigenschaften starker Paare zählt. Wenn zwei Menschen eine geistliche Sehnsucht oder ein geistliches Bewusstsein miteinander teilen, werden sie zu »Seelenverwandten«. Mit anderen Worten: Geistliches Leben ist die Seele der Ehe – ohne geistliche Wurzeln haben Paare eine Leere und Oberflächlichkeit, die eine echte Nähe verhindern.

Partner, die Nähe hinten anstellen, leben in einer Ehe, die einer »leeren Hülle« gleicht. Sie koordinieren die praktischen Belange ihres Alltagslebens (wer einkaufen geht, welches Auto man kauft), aber sie leben in einem gefühlsmäßigen und geistlichen Vakuum und genießen nie die volle Schönheit der Liebe.

Nähe aufbauen

Gehen Sie zu Übung 10 (CD-ROM).

Die zufriedensten Ehepaare können ihrem Partner ins Herz sehen. Die Übung *Nähe aufbauen* hilft Ihnen und Ihrem Partner, Ihr Herz zu öffnen und Ihren Sinn für Nähe zu vertiefen.

Pflegen Sie Hingabe

In dem Musical *Anatevka* will Tevye plötzlich wissen, ob seine Frau, mit der er seit 25 Jahren verheiratet ist, ihn liebt. Er fragt sie geradeheraus: »Liebst du mich?« Ihre Ehe war arrangiert worden, und Tevye erklärt seiner Frau: »Mein Vater und meine Mutter sagten, wir würden lernen, einander zu lieben. Jetzt frage ich dich, Golde, liebst du mich?« Golde antwortet schließlich: »Ich glaube schon.« Worauf Tevye erwidert: »Nach 25 Jahren ist es schön, das zu wissen.« Das ist es auch. Während der verliebte Ansturm der Gefühle irgendwann abebbt, nimmt eine andere Form von Liebe, die in der Hingabe verankert ist, ihren Platz ein und bringt einen stabilisierenden Frieden in Ihre Ehe.

Das Härteste von allem ist zu lernen, dass man eine Quelle der Zuneigung ist und kein Brunnen; dem anderen zu zeigen, dass wir ihn lieben, nicht wenn wir uns danach fühlen, sondern wenn er sich danach fühlt.
                                                        NAN FAIRBROTHER

Damit Sie das wichtige Element, die Hingabe, in Ihrer neuen Ehe pflegen können, hier ein paar Tipps:

Erkennen Sie den hohen Wert der Hingabe. Ich kann nicht genug betonen, welch eine wichtige Rolle Hingabe spielt, wenn eine Liebe ein Leben lang halten soll. Drei Ärzte, die sechstausend Ehen und dreitausend Scheidungen untersuchten, kamen zu dem Schluss: »In einer Ehe gibt es wahrscheinlich nichts Wichtigeres als die Entschlossenheit, dass sie bestehen bleiben soll. Mit einer solchen Entschlossenheit zwingen sich Menschen, sich an Situationen anzupassen und sie zu akzeptieren. Diese Situationen gäben wahrscheinlich genügend Grund für eine Trennung, wenn nicht der Fortbestand der Ehe das vorrangige Ziel wäre.«[26] Hingabe ist der Zement, der die Steine der Ehe an ihrem Platz hält.

Gehen Sie auf die Bedürfnisse Ihres Partners ein. Für den Psychologen Abraham Maslow gehört Sicherheit zu den grundlegenden Bedürfnissen des Menschen. Man vermittelt jemandem am besten Sicherheit, indem man möglichst viele seiner täglichen Bedürfnisse befriedigt. Sobald beispielsweise ein Partner auf das Bedürfnis des anderen eingeht, sich nach der Arbeit zu entspannen oder einen Abend in der Woche fortzugehen, steigt die Sicherheit in der Beziehung. Wenn Sie sogar die kleinsten Bedürfnisse aufgreifen, können Sie damit Ihrem Partner Sicherheit schenken.

Ehren Sie das Versprechen Ihres Partners. Menschen können sich so sehr auf ihre eigene Hingabe und die Opfer, die sie für ihre Ehe bringen, konzentrieren, dass ihnen die Schönheit des Versprechens, das ihr Partner ihnen seinerseits gab, völlig entgeht. Zu uns kam ein junger Mann in die Beratung, der noch kein ganzes Jahr verheiratet war. Für ihn war das Einhalten von Verpflichtungen und Hingabe eine moralische Pflicht, die ihn um seine letzte Chance, glücklich zu sein, betrog. Da seine Ehe nicht so befriedigend war, wie er sich das wünschte, stand er kurz davor aufzugeben, obwohl seine Frau ihn über alles liebte. Erst als wir ihn darauf hinwiesen, konnte er das Geschenk, das sie ihm mit ihrer Einsatzbereitschaft machte, erkennen. Aber als er erkannte, wie treu sie war und wie sehr sie ihr Versprechen, ihn zu lieben, hielt, beschloss dieser junge Ehemann, dass er sich ebenfalls in der feinen Kunst, Versprechen zu halten, üben könnte. Das Versprechen unseres Ehepartners zu ehren ist eine gute Möglichkeit, Hingabe zu pflegen.

Ketten halten eine Ehe nicht zusammen. Es sind Fäden, Hunderte winziger Fäden, die Menschen im Laufe der Jahre gemeinsam spinnen.   ROBERT OXTON BOLT

Machen Sie Ihre Hingabe zu einem Teil Ihres Seins. In einer Szene aus Thomas Bolts Theaterstück *Ein Mann für alle Jahreszeiten* erklärt Thomas More seiner Tochter Margaret, warum er einen Eid, den er abgegeben hat, nicht brechen kann. »Wenn ein Mann ein Versprechen gibt, Meg, nimmt er sich in seine eigenen Hände wie Wasser. Falls er die Finger öffnet, um es hinauszulassen, braucht er nicht zu hoffen, dass er sich wiederfinden wird.« Als Menschen schaffen und definieren wir uns durch Hingabe. Diese Hingabe wird zu einem wichtigen Bestandteil unserer Identität. Wenn wir unserer Hingabe untreu werden, verlieren wir uns selbst und kommen in eine Identitätskrise. Sie können Ihre Hingabe an Ihren Partner verstärken, indem Sie sich entscheiden, sie zu einem wesentlichen Bestandteil Ihres Wesens zu machen und ihr oberste Priorität einzuräumen. Sogar so sehr, dass ein Bruch dieser Hingabe bedeuten würde, dass Sie selbst zerbrechen.

Jede gesunde Ehe hat ihre Wurzeln in Leidenschaft, Vertrautheit und Hingabe. Wenn Sie diese drei Elemente pflegen, können Sie die Stadien der Liebe erfolgreich durchlaufen und sorgen so dafür, dass Ihre Liebe ein Leben lang hält.

Denkanstöße:

– Wann haben Sie das erste Mal zu Ihrem Partner gesagt: »Ich liebe dich«? Rufen Sie sich dieses Erlebnis ins Gedächtnis. Was haben Sie gedacht und gefühlt?

- Welche Komponente der Liebe ist in Ihrem Liebesleben zurzeit am stärksten ausgeprägt: Leidenschaft, Intimität oder Hingabe? Warum?
- Warum ist es wichtig zu wissen, dass die Liebe im Laufe der Zeit verschiedene Formen annimmt? Inwiefern hat sich Ihr Liebesstil durch eine frühere Ehe verändert? Wenn Sie Kinder in Ihre zweite Ehe bringen, wie könnte das Ihren Liebesstil beeinflussen?
- Leidenschaft ist typischerweise die erste Komponente der Liebe, die in der Ehe verblasst. Wie können Sie sich auf das Unausweichliche vorbereiten, ohne andererseits zuzulassen, dass sie vollkommen stirbt?
- Wie schaffen und fördern Sie in Ihrer Beziehung Vertrautheit? Was können Sie noch tun, besonders wenn Sie sehr beschäftigt sind?
- Hingabe ist der Grundpfeiler dauerhafter Liebe; sie gibt Sicherheit und erlaubt uns, uns zu entspannen. Denken Sie, dass es Zeiten in der Ehe gibt, in denen die Hingabe abnimmt? Falls ja: Was können Sie dagegen unternehmen? Wann?
- Inwiefern hat sich Ihre Vorstellung von Liebe nach der Lektüre dieses Kapitels verändert?
- Können Sie, nachdem Sie dieses Kapitel gelesen haben, konkrete Dinge aufzählen, die Sie unternehmen könnten, um dafür zu sorgen, dass die Liebe länger hält?

Frage 4:

Haben Sie gelernt, was Glück heißt?

Glück ist eine Gewohnheit – üben Sie sich darin.

ELBERT HUBBARD

Wir kamen gerade von einem Vortrag auf den San-Juan-Inseln, als ein Flugzeug, das uns zur nächsten Veranstaltung bringen sollte, über uns brummte und auf einer Landebahn in unserer Nähe landete. Fünf Minuten später bestiegen wir eine wackelige Cessna mit nur drei Sitzplätzen.

Der Pilot begrüßte uns. »Hier oben wird es ein wenig laut werden«, sagte er. »Aber es ist nur ein Katzensprung nach Seattle, und in der Abendsonne ist der Flug ein herrliches Erlebnis.«

Wir sahen uns an. Unser Blick verriet uns ohne Worte, dass wir beide Angst hatten, in ein so winziges Flugzeug zu steigen. »Das ist ja großartig!«, brachte Leslie über die Lippen.

Wir legten die Sicherheitsgurte an und setzten die Kopfhörer auf, als der Pilot schon den Motor anließ. Ehe wir uns versahen, rollten wir über die grasige Startbahn. Drei Rehe flüchteten vor uns in den Wald. Wir vergaßen unsere Angst, lehnten uns nahe ans Fenster und betrachteten den schmalen Streifen Sonnenlicht, der die schneebedeckten Gipfel der *Cascade Mountains* beleuchtete. Es war wirklich herrlich.

Wir flogen über die Inseln im Puget Sound und näherten uns den Lichtern eines Flughafens. »Das Wichtigste bei der Landung ist die Haltung des Flugzeugs«, erklärte der Pilot.

»Wie meinen Sie das?«, fragte ich verständnislos.

Der Pilot erklärte: »Die Haltung hat mit dem Rumpf des Flugzeugs zu tun. Wenn die Haltung zu hoch ist, kommt das Flugzeug mit einem schweren Aufprall auf den Boden. Und wenn die Haltung zu niedrig ist, kann das Flugzeug wegen der zu hohen Lande-geschwindigkeit außer Kontrolle geraten.«

Dann sagte der Pilot etwas, das uns aufhorchen ließ: »*Es kommt darauf an, trotz der atmosphärischen Turbulenzen die richtige Haltung zu haben.*«

Ohne es zu wissen, hatte uns unser Pilot eine perfekte Beschreibung für eine glückliche Ehe gegeben: Es kommt darauf an, auch bei widrigen Umständen, die richtige Haltung zu haben.

Es ist kein Zufall, dass manche Paare Turbulenzen in ihrer Ehe erfolgreich überstehen, während andere unter ähnlichen Umständen von Enttäuschung und schließlich sogar Verzweiflung geplagt werden. Genauso wenig ist es Zufall, dass einige Paare fröhlich, selbstsicher und glücklich sind, während andere Paare niedergeschlagen, erfolglos und von Angst getrieben sind. Wissenschaftler, die den Unterschied zwischen den beiden Gruppen untersucht haben, warten mit den verschiedensten Erklärungen für glückliche Ehen auf (viel gemeinsame Zeit vor der Ehe, ähnlicher sozialer Hintergrund, unterstützende Familien, gute Kommunikation, gute Ausbildung und so weiter). Aber es läuft darauf hinaus, dass glückliche Paare sich *entscheiden,* glücklich zu sein. Trotz der Schwierigkeiten, vor die sie das Leben stellt, gewöhnen sie sich an, glücklich zu sein.

Als Paar leiten wir seit mehreren Jahren Ehe-Seminare, und wir halten uns auf dem Laufenden, welche Bücher zu diesem Thema erscheinen. Eines unserer Lieblingsbücher, das viele als Klassiker betrachten, enthält einen kursiv gedruckten Satz, der mehrmals wiederholt wird: »*Die wichtigste Eigenschaft eines heiratsfähigen Menschen ist die Gewohnheit, glücklich zu sein.*«[27]

In diesem Kapitel konzentrieren wir uns mehr auf Sie als Person und weniger auf Ihre Ehe. Denn *Ihre* Einstellung wird darüber entscheiden, ob Sie und Ihr Partner »glücklich sind bis der Tod Sie scheidet«. Zuerst wollen wir zeigen, wie Sie im wahrsten Sinne des Wortes Ihr Denken für eine glückliche Ehe programmieren können. Dann stellen wir zwei grundlegende Einstellungen heraus, die über Gelingen bzw. Scheitern einer Ehe entscheiden können. Danach entlarven wir einige der häufigsten Saboteure einer glücklichen Ehe, und wir enthüllen das überraschende Geheimnis von glücklichen Ehepaaren. Zum Schluss werden wir uns mit der Frage befassen, ob zwei Menschen wirklich »glücklich bis zu ihrem Tod« leben können.

Programmieren Sie Ihr Denken für eine glückliche Ehe

Glück in der Ehe hat nichts mit Zufall und sehr viel mit unserem Willen zu tun. Ich habe das auf die harte Tour gelernt.

In unseren ersten Ehejahren studierten Leslie und ich noch und wohnten mit mehreren Studentenpaaren in einem kleinen Apartmenthaus. Ein paar Türen weiter wohnten Bob und Jessica, die auch erst kurz verheiratet waren. Wir hatten vieles gemeinsam, bis auf eines: Sie schienen in Geld zu schwimmen.

Ihre Eckwohnung war geschmackvoll eingerichtet. Unsere Wohnung war kleiner, und wir hatten nur gebrauchte Möbel, zu denen ein hellgelber Polstersessel mit abgenutzten Armlehnen und ein ausgeblichenes rostfarbenes Sofa mit Kordüberzug gehörte. Jessica arbeitete in einem eleganten Bekleidungsgeschäft und bekam günstige Rabatte, durch die sie sich immer nach der neuesten Mode kleiden konnte. Wir trugen immer noch dieselben Sachen, die wir schon am Anfang unseres Studiums getragen hatten. Ich wünschte mir eine Stelle als Lehr- oder Forschungsassistent, während Bob solche Chancen einfach in den Schoß zu fallen schienen. Das Tüpfelchen auf dem i war, dass Bob und Jessica einen nagelneuen, leuchtend roten Sportwagen fuhren, den ihre reichen Eltern ihnen geschenkt hatten. In der Garage stand er neben unserem alten grauen Fordkombi. Sie schienen wirklich alles zu bekommen, was sie sich wünschten.

Jeder Blick, den ich auf ihr neues Auto warf, machte mich unglücklich. Ich schwitzte in unserem alten Kombi ohne Klimaanlage, während sie einen Wagen mit allen Finessen hatten. Es fing wirklich an, mich zu deprimieren. Ich erinnere mich noch, wie ich zu mir sagte: *Warum fällt anderen Leuten immer alles in den Schoß? Warum haben andere es so leicht?* Auch meine Einstellung gegenüber Leslie wurde immer negativer. Das machte alles noch schlimmer. Kleinigkeiten, die sie tat, regten mich auf, oder genauer gesagt: Ich *ließ es zu,* dass mich Kleinigkeiten an ihr ärgerten. Mein Selbstmitleid schuf ein negatives Denken, das sich allmählich sogar auf meine Ehe abfärbte.

> *Wenn man denkt, man sei glücklich, genügt das, um glücklich zu sein.* MME DE LA FAYETTE

Nachdem ich monatelang wegen unserer mageren Finanzen und unseres asketischen Lebensstils und darüber, dass andere es anscheinend so viel leichter hatten als wir, gekocht hatte, ging mir an einem Ort, an dem man es am wenigsten erwarten würde, ein Licht auf: in einem Statistikkurs. Mit Kybernetik und multiplen rückläufigen Entwicklungen beschäftigt, setzte ich mich an eine Computertastatur und begann, Daten einzugeben. Nach 45 Minuten hatte ich schließlich alle Zeilen und alle Spalten an ihrem richtigen Platz. Ich schlug mit der Handfläche auf den Bildschirm und lehnte mich auf meinem Drehstuhl zurück, um zuzusehen, wie er arbeitete. Aber nichts geschah. Totales, absolutes Schweigen. Ich wollte dem Gerät schon einen Fußtritt verpassen, als ich den Blick über die normale Augenhöhe hob und eine weiße Anzeigetafel sah, die jetzt beleuchtet war. Dort stand in einfachen Zahlen und klar verständlichen Worten die Lösung für mein statistisches Problem.

Ich konnte es nicht glauben. Ich hatte erwartet, dass das Gerät auf Hochtouren läuft und bunte Farben aufleuchten würden, während es die Variablen, die ich eingegeben hatte, analysierte. Aber der Computer hatte nur sieben hundertstel Sekunden gebraucht, um die Ergebnisse anzuzeigen.

Ich ließ mich auf meinem Stuhl zurücksinken und fühlte mich wie ein Versager. Da tauchte mein Professor, Dr. Wallis, neben mir auf. »Gibt es Probleme, Les?«, fragte er.

Ich erzählte ihm, wie lang ich gebraucht hatte, mein Problem in den Computer einzugeben, und dass der Computer nur den Bruchteil einer Sekunde brauchte, um mir die Lösung anzuzeigen. »Wie in aller Welt macht er das nur?«, fragte ich.

Dr. Wallis nahm meine Frage wörtlich und erzählte mir, dass ein Computer ein Zeichen nimmt und ihm einen positiven elektrischen Impuls gibt und es speichert. Danach ruft der Computer einfach die Informationen aus seinem Speicher ab und kombiniert sie neu. Dann sagte er: »Das funktioniert im Grunde genauso wie ein menschliches Gehirn.«

»Wie meinen Sie das?«, fragte ich.

»Unser Verstand ist ganz ähnlich wie ein Computer programmiert. Bevor wir irgendeinen Ton, ein Bild, einen Geruch, eine Berührung oder eine Intuition in unserem geistigen Computer speichern, bewerten wir es als ›positiv‹ oder ›negativ‹. Dann speichern wir das Gefühl in unserem Gehirn, und dort bleibt es dann. Aus diesem Grund können wir vielleicht den Namen eines Menschen vergessen, aber wir können uns immer daran erinnern, wie wir uns in seiner Nähe gefühlt haben.«

Da er wusste, dass ich mich mehr für Psychologie als für Kybernetik interessierte, fügte Dr. Wallis hinzu:»Im Gegensatz zu Computern entwickeln Menschen jedoch die Gewohnheit, ihren Verstand entweder hauptsächlich negativ oder hauptsächlich positiv zu programmieren.«

Da dämmerte es mir: Ich machte mich und unsere Ehe schlecht, indem ich darauf wartete, dass mir eine gute Gelegenheit in den Schoß fiele, und mich ständig darüber beklagte, dass das nicht geschah. Ohne es zu ahnen, hatte ich mir die schlechte Gewohnheit zugelegt, meine Umstände als »negativ« zu bewerten. Statt das Beste aus unserer Situation zu machen, badete ich in Selbstmitleid und ließ mich von den Umständen entmutigen.

Dieser Nachmittag im Computerlabor war ein Wendepunkt für mich. An diesem Tag beschloss ich, glücklich zu sein, egal, was käme. Nicht, dass ich immer optimistisch wäre und über allem schweben würde, aber ich weigerte mich jetzt, von den Umständen meine Stimmung – oder meine Ehe – beeinflussen zu lassen. Das alles begann mit der Erkenntnis, wie schädlich sich eine negative Einstellung auf einen Menschen – und eine Partnerschaft – auswirken kann.

Achten Sie auf Ihre Selbstgespräche

Gehen Sie zu Übung 11 (CD-ROM).
Es ist nicht immer einfach, sich für eine positive Einstellung zu entscheiden. Aber wenn man es einmal gewohnt ist, bahnt eine positive Grundhaltung den Weg zu einer Ehe, die beiden Partnern Erfüllung bringt. Die Übung *Achten Sie auf Ihre Selbstgespräche* wird Ihnen und Ihrem Partner helfen, sich anzugewöhnen, glücklich zu sein.

Die Macht negativer Gedanken

Die meisten negativ eingestellten Menschen meinen, sie könnten glücklich sein, wenn sie nur eine andere Arbeit hätten, in einem schöneren Haus wohnten oder mit einem anderen Menschen verheiratet wären. Aber Glück ist nicht von besseren Umständen abhängig. Ein Mensch mit negativer Grundeinstellung wird immer noch ein Mensch mit einer negativen Einstellung bleiben, egal, wo und mit wem er zusammenlebt.

Durch jahrelange Gewohnheit ist jeder Mensch entweder grundlegend positiv oder grundlegend negativ. Unsere Umstände ändern sich wie das Wetter, aber unsere Grundeinstellung bleibt gleich. Ein negativ eingestellter Mensch verteidigt seine Haltung mit dem Argument, er sei realistisch. Im Gegensatz dazu blickt ein positiv eingestellter Mensch über die momentane Situation hinaus und sieht, was in Zukunft alles möglich ist.

Betrachten wir beispielsweise Wolfgang und Peter, die beide seit ungefähr drei Jahren verheiratet sind. Beide haben eine gute Arbeit, wohnen in einem schönen Haus und besuchen dieselbe Gemeinde. Wolfgang ist grundsätzlich ein positiver Mensch. Er sieht alles im besten Licht, erlaubt seiner Frau, ein Mensch mit Schwächen und Stärken zu sein, und beurteilt nicht jeden nach einem perfektionistischen Maßstab. Sein Leben verläuft nicht ohne Enttäuschungen und Schwierigkeiten, aber seine Probleme hindern ihn nicht daran, glücklich verheiratet zu sein.

Peter dagegen ist grundsätzlich negativ eingestellt. Er spielt sich bei jedem Fehler oder Missgeschick in seiner Ehe als Richter auf. Seine Gespräche sind ein einziger negativer Kommentar über das Leben, und sowohl er als auch seine Frau stehen kurz davor, ihre Ehe als gescheitert zu betrachten. Natürlich war Peter am Anfang nicht so. Am Anfang hatte er, wie wir es nennen, ein »positives Vorurteil«. In den Flitterwochen wurde alles, was seine Partnerin sagte oder tat, in einem positiven Licht gesehen, und sie konnte nichts falsch machen. Aber als Schwierigkeiten in der Ehe auftraten, wie es in allen Ehen der Fall ist, schaltete Peter aufgrund seiner Enttäuschung und seiner Frustration auf eine negative Grundeinstellung um. Mit dem Ergebnis, dass er von da ab alles, was seine Frau tat, in einem negativen Licht sah. Sie konnte ab sofort nichts mehr richtig machen!

Das Leben ist für Wolfgang und Peter im Grunde gleich geblieben. Warum also die drastische Veränderung in ihrer Einstellung? Das Problem für Peter ergab sich nicht aus seinen Umständen, sondern daraus, wie er sie interpretierte – selbst die banalste Situation wurde oft im schlechtesten Licht gesehen. Während Wolfgang seiner Frau erst einmal nichts Böses unterstellte, wenn sie ihn nicht herzlich begrüßte, zog Peter sofort seine negativen Schlussfolgerungen: *Ich bin ihr völlig gleichgültig.* Wolfgangs und Peters Umstände unterschieden sich kaum voneinander – aber ihre Einstellung.

Negative Deutungen sind eine Garantie dafür, dass eine Ehe unglücklich wird. Aber wie können wir eine positive Einstellung einnehmen, wenn unser Partner etwas tut, was uns missfällt? Die Antwort lautet: *Wir müssen die Verantwortung für unsere eigenen Gefühle übernehmen.*

Ich erinnere mich, dass ich eines Tages ganz aufgeregt nach Hause kam und es nicht erwarten konnte, Les eine tolle Neuigkeit zu erzählen. Ich weiß nicht mehr, worum es ging, aber ich erinnere mich noch sehr gut an seine Reaktion: lauwarme Anteilnahme. Ich wollte, dass er meine Begeisterung teilte, aber aus irgendeinem Grund tat er das nicht. »Du hast mich geärgert«, sagte ich später zu ihm. Aber die Wahrheit war: Er hatte mich nicht geärgert. *Ich* hatte mich geärgert. Das klingt vielleicht ein bisschen seltsam, aber es stimmt. Bevor ich nachfragte, warum Les meine Begeisterung nicht teilen konnte, zog ich sofort eine negative Schlussfolgerung: *Es interessiert ihn nicht einmal, dass ich etwas Schönes erlebt habe. Er interessiert sich nur für sich selbst.* Gleichzeitig dachte Les, der an diesem Tag wegen eines Misserfolgs an der Arbeit etwas deprimiert war: *Ich interessiere sie nicht. Sie interessiert sich nur für sich selbst.*

Seit damals versuchen wir beide, uns die Einstellung »Keine Schuld, keine Vorwürfe« anzugewöhnen. Dahinter steht der Gedanke, dass wir aufhören, den anderen negativ zu beurteilen und uns in Erinnerung rufen, dass niemand einen anderen Menschen unglücklich *machen* kann. Jeder ist selbst für seine Einstellung verantwortlich.

Bei einer glücklichen Ehe zählt nicht so sehr, wie gut wir zusammenpassen, sondern wie wir mit unseren Unvereinbarkeiten umgehen.　　　　　　　　　　　　　　　　*GEORGE LEVINGER*

Viktor Frankl ist mehr als jeder andere ein gutes Beispiel dafür, dass ein Mensch sich von den äußeren Umständen nicht unterkriegen lassen muss und eine positive Haltung bewahren kann. Als 26-jähriger jüdischer Psychiater in Wien wurde er von der Gestapo verhaftet und in ein Konzentrationslager gebracht. Monat für Monat arbeitete er unter großen Kaminen, die schwarzes Kohlenmonoxid aus den Verbrennungsöfen ausstießen, in denen sein Vater, seine Mutter, seine Schwester und seine Frau verbrannt worden waren. Jeden Tag hoffte er auf ein paar Karottenstückchen oder Erbsen in der Suppenschüssel. Bei kaltem Wetter stand er eine Stunde früher auf, um seine Füße und Beine in Lumpen zu wickeln und sie vor der eisigen Kälte des osteuropäischen Winters zu schützen.

Beim Verhör stand Viktor Frankl nackt in grellem weißen Licht, während Männer in glänzenden Stiefeln hinter dem Lichtkegel auf und ab schritten. Stundenlang bombardierten sie ihn mit Fragen und Anschuldigungen und versuchten, ihn mit jeder erdenklich erlogenen Anschuldigung zu brechen. Sie hatten ihm alles genommen – seine Frau, seine Familie, seinen Beruf, seine Kleidung, seinen Ehering und alles andere, das einen materiellen Wert hatte. Aber mitten im Ansturm dieser Fragen ging Frankl ein Gedanke durch den Kopf: *Sie haben mir alles genommen, was ich habe – bis auf die Macht, meine Einstellung selbst zu bestimmen.*

Gott sei Dank müssen die wenigsten Menschen mit so vernichtenden Umständen fertig werden wie die Juden im Naziregime. Aber das gleiche Prinzip, das Viktor Frankl half, die Todeslager zu überleben – dass er seine Einstellung selbst wählte –, lässt sich auf jede schwierige Situation anwenden, wann und wo sie uns auch begegnet.

Millionen Ehepaare lassen sich das Glück rauben, weil ein Partner sich ein negatives Denken angewöhnt hat und die Schuld für seine unglückliche Ehe auf Dinge schiebt, die sein Partner tut oder unterlässt. Das ist einer der schlimmsten Fehler, die ein Mensch in einer Ehe begehen kann. In Beratungsgesprächen hören wir oft: »Ihre Bemerkungen verletzen mich«, oder: »Er macht mich so wütend!« In Wirklichkeit können Bemerkungen und Kommentare Menschen nicht verletzen oder wütend machen; Menschen können sich nur selbst wütend machen. Selbstverständlich ist Ärger eine natürliche Reaktion auf etwas, das wir nicht mögen, aber diese Reaktion kann auch als Auslöser für eine konstruktivere, positivere Reaktion dienen.

Wenn wir erkennen, wo die Steuerzentrale sitzt – in uns selbst und nicht in äußeren Ereignissen –, können wir Ereignisse, die uns ärgern, neu interpretieren und eine positive Einstellung entwickeln.

Hören Sie auf, anderen die Schuld zu geben

Gehen Sie zu Übung 12 (CD-ROM).

Selbst Verantwortung zu übernehmen und nicht die Schuld auf andere zu schieben, ist äußerst wichtig, um unangenehme Eheszenen friedlich zu lösen. Die Übung *Hören Sie auf, Schuld zuzuweisen* wird Ihnen und Ihrem Partner helfen, die Verantwortung für Ihre Einstellung zu übernehmen, und schwere Zeiten zu überwinden.

Das Geheimnis glücklicher Ehepaare

Was macht glückliche Paare glücklich? Diese Frage stellte Dr. Allen Parducci, herausragender Wissenschaftler an der Universität von Kalifornien in Los Angeles, und fand heraus, dass Geld, Erfolg, Gesundheit, Schönheit, Intelligenz oder Macht wenig mit dem »subjektiven Wohlbefinden« (fachsprachlicher Ausdruck für Glück) eines Paares zu tun haben. Vielmehr zeigten Forschungen, dass das Maß des Glücks eines Paares von der Fähigkeit der einzelnen Partner bestimmt wird, *sich an Dinge anzupassen, die außerhalb seiner Kontrolle sind.*[28] Jedes glückliche Paar hat gelernt, trotz der Bedingungen, in denen es sich befindet, die richtige Einstellung zu finden.

Können Sie sich vorstellen, wie die Weihnachtsgeschichte abgelaufen wäre, wenn Maria und Josef nicht fähig gewesen wären, sich Dingen anzupassen, die außerhalb ihrer Kontrolle standen? Als Erstes musste Josef sich drauf einstellen, dass seine Verlobte Maria plötzlich schwanger war. Nach dem alttestamentlichen Gesetz hätte er sie steinigen lassen oder in irgendeine große Stadt wie Rom, Karthago oder Ephesus schicken können. Bevor er sich jedoch von ihr trennen konnte, schickte Gott einen Engel, der Josef sagte, dass Maria vom Heiligen Geist schwanger sei und einen Sohn zur Welt bringen würde, der Jesus heißen sollte. Statt Maria fortzuschicken, heiratete Josef sie.[29]

Das erste Ehejahr ist immer schwierig, aber vor Maria und Josef standen unvergleichliche Herausforderungen. Neun Monate Schwangerschaft verlangen enorme Umstellungen von einem Ehepaar, egal wie lange es verheiratet ist – und hier handelte es sich nicht um eine normale Schwangerschaft. Sie mussten nicht nur mit der bevorstehenden Geburt fertig werden. Maria und Josef versuchten außerdem, sich ein Zuhause einzurichten, ein Geschäft zu führen und zu lernen, sieben Tage in der Woche miteinander auszukommen. Dann mussten sie auch noch ihr Geschäft schließen, um nach Bethlehem zu reisen, weil die Römer die Steuern erhöhen wollten. Das hatte ihnen gerade noch gefehlt!

Bewahre die Liebe, die du empfängst, wie einen kostbaren Schatz. Sie wird überleben, auch wenn deine Gesundheit schon längst dahin ist. OG MANDINO

Eines Morgens brachen Maria und Josef früh nach Bethlehem auf. Maria ritt auf dem Rücken eines kleinen Esels. (Kein bequemes Transportmittel. Manche Frauen können kurz vor der Entbindung kaum in einem Auto sitzen, ganz zu schweigen auf dem Rücken eines Esels!) Josef hatte einen kurzen Strick um den Arm gewickelt und hielt ihn fest, um zu verhindern, dass der Esel die hochschwangere Maria abwarf. Nachts hielten sie nicht in einer Pension oder einem Hotel an, wie Leute das heute vielleicht tun. Sie schlugen am Straßenrand ihr Lager auf, kochten mit provisorischen Mitteln, schliefen auf dem harten Boden und machten das Beste aus ihrer schwierigen Situation.

Als sie schließlich in Sichtweite der Stadt Bethlehem waren, blieb Maria stehen. Sie konnte keinen Schritt mehr weitergehen. Wir können uns vorstellen, wie sie zu ihrem Mann aufschaute und etwas sagte wie: »Josef, ich kann keinen Schritt mehr gehen. Ich setze mich jetzt hier unter diesen Olivenbaum, und ich will, dass du in die Stadt gehst und uns ein Zimmer im Bethlehem Hilton besorgst. Ich hätte gern ein Zimmer mit Blick auf die Straße, damit ich die Leute draußen beobachten kann, und ich möchte einen guten Zimmerservice und werde dort bleiben, bis das Baby geboren ist.«

Maria war weit weg von Zuhause, erschöpft, müde, ausgelaugt und am Ende ihrer Kräfte. Außerdem muss sie sich gefragt haben, was sie tun würde, falls die Wehen einsetzten und Josef nicht in der Nähe war. Immerhin stand der Geburtstermin ihres Kindes unmittelbar bevor. Ihre Angst muss immer größer geworden sein, während sie wartete, die Straße im Auge behielt und eifrig nach der vertrauten Gestalt ihres Mannes Ausschau hielt. Die dichten Menschenmassen, die über die Straße zogen, schenkten ihr keine Beachtung.

Die gute Nachricht ist ... die schlechte Nachricht kann in eine gute Nachricht verwandelt werden – wenn Sie Ihre Einstellung ändern! *ROBERT H. SCHULLER*

Schließlich kam Josef zurück. Sein gewohntes Lächeln war verschwunden, seine Schultern hingen nach unten. Sie hörte schweigend zu, als er ihr berichtete, was er erlebt hatte. »Maria, ich bin zum Hotel gegangen, aber dort ist kein Zimmer frei. Es ist völlig ausgebucht. Ich habe die ganze Hauptstraße abgeklappert, war in jedem Hotel und in jedem Gasthaus, aber es gibt in der ganzen Stadt kein einziges freies Zimmer. Zum guten Schluss konnte ich einen alten Mann überreden, dass er uns in einem Stall bei seinen Tieren schlafen lässt. Er verlangt dafür ein wahnsinniges Geld, Maria, aber er hat versprochen, dass er den Dung wegfegt und den Boden mit frischem Stroh auslegt. Und was am wichtigsten ist, Maria: Er hat versprochen, dass wir dort allein sein können. Wir müssen den Stall nicht mit jemandem teilen.«

Schweren Herzens brachen Maria und Josef zum Stall auf, dankbar, dass sie wenigstens einen Schutz vor dem kalten Wind hatten.

In dieser Nacht wurde der Sohn Gottes geboren.

Können Sie sich vorstellen, wie die Weihnachtsgeschichte ausgesehen hätte, wenn Maria und Josef nicht fähig gewesen wären, sich Dingen, die außer ihrer Kontrolle waren, anzupassen?

Jedes Ehepaar muss diese Fähigkeit entwickeln, wenn es in den Genuss einer glücklichen Ehe kommen will. Das Leben birgt zu viele unerwartete Überraschungen und unvorhersehbare Probleme. Sie stehen vielleicht nicht vor den Herausforderungen, mit denen Maria und Josef konfrontiert wurden, aber Sie werden Ihren eigenen Schwierigkeiten begegnen. Ohne die Fähigkeit, sich über Ihre Umstände hinwegzusetzen, werden Sie nie glücklich sein. Und ganz persönlich gesagt: Wir wissen nicht, wie man das machen soll, wenn man nicht in dem Wissen ruhen kann, dass Gott letztendlich alles unter Kontrolle hat. Sie haben vielleicht mehr Erfolg, Schönheit, Intelligenz, Gesundheit und Reichtum als jemand anders, aber wenn Sie nicht in jeder Situation Zufriedenheit lernen, werden Sie sicher unglücklich werden.

Saboteure einer glücklichen Ehe

Im vorigen Abschnitt haben wir Ihnen gezeigt, was glückliche Paare richtig machen. Die andere Seite der Ehe möchten wir Ihnen nicht vorenthalten: was unglückliche Paare falsch machen. Wenn Sie sich angewöhnen wollen, mit Ihrem Partner glücklich zu sein, müssen Sie Selbstmitleid, Schuldzuweisungen und Groll verbannen.

Stellen Sie sich auf Dinge ein, die Sie nicht in der Hand haben

Gehen Sie zu Übung 13 (CD-ROM).

Zu lernen, über schwierigen Situationen zu stehen, ist vielleicht das größte Geschenk, das Sie Ihrem Ehepartner machen können. Die Übung *Stellen Sie sich auf Dinge ein, die Sie nicht in der Hand haben* wird Ihnen und Ihrem Partner helfen, eine positive Einstellung zu behalten, auch wenn alles düster aussieht.

Selbstmitleid

Zu viele Ehen verpassen, ohne es zu wissen, das Glück, weil sie in Selbstmitleid aufgehen. Ob nur ein Partner oder alle beide darunter leiden, Selbstmitleid kann die Freude aus einer Beziehung rauben. Selbst Ehen, die gut starten, können dauerhaft geschädigt werden, wenn man zulässt, dass Selbstmitleid sich einschleicht.

Eines Nachmittags fuhren wir zu einem befreundeten Ehepaar, das schon aus dem Haus kam, bevor wir überhaupt aus dem Auto steigen konnten. Sie begrüßten uns nur kurz, um sofort mit einer vor Selbstmitleid triefenden Schilderung über ihre neue Pfarrstelle loszulegen.

»Unsere Gemeinde ist einfach furchtbar«, beklagte sich Jan. »Man hat sie uns vorher ganz anders beschrieben – wir dachten, die Gemeinde wäre gebildet und bestünde aus Akademikern, aber sie besteht fast nur aus Arbeitern! Der frühere Pastor hat nichts getan, um die Gemeinde intellektuell zu fördern. Die Leute wissen überhaupt nicht, was sie an uns haben.«

»Und ihr solltet euch nur einmal das Pfarrhaus ansehen!«, sagte Miriam und deutete auf das Haus hinter sich, ein gemütliches, weißes, einstöckiges Haus. »Es ist so klein, dass wir nicht wissen, wo wir unsere Sachen unterbringen sollen!«

Freude ist die ernste Angelegenheit des Himmels.

C. S. LEWIS

Der Rest des Abends verlief nicht besser. Jan und Miriam erzählten eine Geschichte nach der anderen, um uns in allen Farben zu schildern, wie furchtbar ihre Lage sei. Sobald einer von ihnen das Zimmer verließ, vertraute uns der andere an, welche Sorgen er sich um den anderen mache, und bat uns dringend, für ihre Ehe zu beten. Selbstmitleid hatte ihr ganzes Leben vergiftet.

Als wir die beiden an diesem Abend verließen, fragten wir uns, was aus einem Ehepaar werden sollte, das so tief in Selbstmitleid aufging.

Die Folgen ließen nicht lange auf sich warten. Es dauerte kein Jahr, bis Jan seine Stelle in dieser Gemeinde kündigte und die Ehe einen absoluten Tiefpunkt erreicht hatte. Er und Miriam versuchten, sich wieder zu erholen, indem sie in eine andere Stadt zogen, um dort neu anzufangen, aber Jan konnte sich als freiberuflicher Prediger nicht behaupten. Die Ehe ging in die Brüche.

Der Schmerz, den wir uns mit Selbstmitleid selbst zufügen, verletzt oft auch unsere Freunde und Angehörigen. Warum hören wir also nicht auf, uns selbst und andere zu schinden, wenn der Schmerz gar nichts bringt? Schwere Zeiten und bittere persönliche Erfahrungen gehören zum Leben jedes Paares. Selbstmitleid wegen dieser Schwierigkeiten hilft niemandem weiter. Im Gegenteil, niemand kann ein guter Ehepartner sein, wenn er Selbstmitleid mit sich herumschleppt. Selbstmitleid ist ein Luxus, den sich keine glückliche Ehe leisten kann.

Schuldzuweisungen

Schon seit damals, als Adam Eva die Schuld gab und Eva ihrerseits die Schlange beschuldigte, erfinden Ehepaare Ausreden, um die Verantwortung von sich abzuwälzen. Viele unglückliche Situationen in einer Ehe lassen sich darauf zurückführen, dass ein Partner sich angewöhnt hat, seinen Partner immer für alles verantwortlich zu machen.

Stewart wollte eine kaputte Ofenlampe reparieren und konnte seinen Schraubenzieher nicht finden. Er ging auf Christy los und warf ihr vor, ihn verlegt zu haben. »Du räumst mein Werkzeug nie wieder dorthin, wo es hingehört!«, rief er. »Du regst mich so auf!«

»Ich habe deinen dummen Schraubenzieher überhaupt nicht gehabt!«, erwiderte Christy. »Warum gibst du mir immer für alles die Schuld, was *du* falsch machst?«

Schon ist es geschehen: Der Streit ist entfacht. Stewart gab oft Christy die Schuld für alles Mögliche, weil sie eine leichte Zielscheibe war. Indem er die Verantwortung von sich abwälzte, hatte Stewart mit der angespannten Atmosphäre in seiner Ehe nichts zu tun. Christy war schuld; *sie* war das Problem. Christy wiederum goss Öl ins Feuer, indem sie sich seine falschen Beschuldigungen nicht gefallen lassen wollte. Statt ihre eigene Einstellung zu bestimmen, ließ sie ihre Reaktionen von ihrem Mann steuern.

In vielen unglücklichen Beziehungen ist einer der Sündenbock, der für die unglückliche Ehe verantwortlich gemacht wird. Der andere Partner sieht ihn oder sie als die Quelle ihrer Schwierigkeiten an. Im Grunde sagt der Partner, der dem anderen ständig die Schuld für alles gibt: »*Du* bist mein Problem.« Aber er würde kaum einen Eheberater finden, der ihm zustimmt. Fachleute wissen es besser. Für sie steht fest, dass Unglück in der Ehe nie durch einen Partner allein verursacht wird. Deshalb konzentrieren sich Therapeuten nicht darauf, *wer* falsch liegt, sondern *was* falsch läuft.

Beschuldigungen führen fast immer zu einer Ehekrise wie bei Stewart und Christy. Aber durch Beratungsgespräche lernte Stewart, dass er für seine Gefühle selbst verantwortlich ist und dass er aufhören muss, immer nur anderen die Schuld zu geben. Für die Fälle, in denen ihm das nicht so gut gelang, lernte Christy auf einen Gegenschlag zu verzichten, indem sie sich darauf konzentrierte, das Problem zu lösen, statt eine Konfrontation herbeizuführen.

Spielen wir die Situation noch einmal durch, und sehen wir uns an, wie Christy anders auf Stewarts Anklage hätte reagieren können:

Stewart: Was ist aus meinem Schraubenzieher geworden? Du nimmst ihn immer und legst ihn nicht wieder zurück.

Christy (*Er schiebt die Schuld schon wieder auf mich. Ich hätte Lust zu sagen: »Ich weiß nicht, was aus deinem dämlichen Schraubenzieher geworden ist«, aber das würde nur wieder in einem Streit enden, nach dem wir uns beide mies fühlen. Es wäre besser, wenn ich mich einfach auf das Problem konzentriere):* Wann hast du ihn denn das letzte Mal benutzt?

Stewart *(von seinem Ärger abgelenkt, denkt nach):* Ich habe ihn seit letzter Woche nicht mehr in der Hand gehabt.

Christy:	Hast du nicht gestern Abend etwas im Haus repariert?
Stewart:	Ach ja, warte mal. Ja, ich glaube, ich habe ihn gestern Abend benutzt.
Christy:	Und wo?
Stewart:	Ich weiß nicht ... im Keller.
Christy:	Dann schau doch dort einmal nach.

Stewart fand den Schraubenzieher im Keller, wo er ihn am Abend zuvor benutzt hatte. Indem Christy ihm Fragen zur Sache stellte, statt zum Gegenangriff überzugehen, konnte sie einen möglichen Streit vermeiden und eine Lösung für das Problem finden.

Schuldzuweisungen kann man in den Griff bekommen, aber wenn man ihnen weiterhin Raum gibt – wenn Paare sich angewöhnen, dieses Spiel zu spielen –, verringern sich ihre Chancen auf eine glückliche Ehe drastisch. Jedes symptomatische Problem in einer Ehe (Apathie, Reizbarkeit, Langeweile, Ärger, Depressionen etc.) lässt sich darauf zurückführen, dass man nicht die Verantwortung übernehmen will. Wenn Sie wütend sind, ist das nicht die Schuld Ihres Mannes, sondern Ihre eigene Entscheidung. Sie sind nicht deprimiert, weil Ihre Frau Sie enttäuscht hat, sondern weil Sie es zulassen, deprimiert zu sein. Die Angewohnheit, dem Partner die Schuld für alles und jedes zu geben, steht völlig im Gegensatz zu dem Grundsatz, die Verantwortung für unser eigenes Handeln zu übernehmen.

Sie können, weil sie glauben, dass sie es können.   *VIRGIL*

Groll

Niemand bleibt davor verschont, ungerecht behandelt zu werden. Wir können alle unseren Ärger rechtfertigen, wenn eine Situation oder ein Mensch (einschließlich unseres Ehepartners oder Ex-Partners) unser Leben ungebührlich schwer machen. Aber wenn wir an unserer Enttäuschung, unserem Schmerz und unserem Unmut festhalten, verstärken wir unseren Ärger nur – denn dann macht sich vernichtender Groll breit.

Groll ist wie Krebs für Beziehungen, anfangs klein und kaum zu erkennen, aber mit der Zeit wird er immer größer und vergiftet die ganze Beziehung. Wenn Sie in einer Ungerechtigkeit, die Ihnen angetan wurde, herumwühlen und sie in Ihrem Kopf immer wieder neu durchspielen, löst sie eine Flut negativer Gefühle aus, die die Verletzung immer mehr verstärken. Dann kommt eine Folge bestätigender Vorfälle, die Sie überzeugen, dass das Objekt Ihres Grolls die Quelle all Ihren Unglücks ist. Es kann Zeiten geben, in denen Sie mit anderen Anforderungen beschäftigt sind und in denen der Groll weniger stark zu Tage tritt, aber früher oder später fangen Sie wieder an zu brüten, und das Krebsgeschwür des Grolls breitet sich wie ein Waldbrand aus.

William konnte die Verletzung, die seine erste Frau ihm angetan hatte, nicht loslassen. Aus unersichtlichen Gründen hatte sie ihn und ihre zwei Kinder nach 12 Jahren Ehe verlassen. In einem Beratungsgespräch sagte er: »Ich denke immer wieder, ich sei darüber hinweg. Und dann fange ich eine ernste Beziehung an und werde an alles erinnert, womit sie mein Leben ruiniert hat.« Wir hörten uns an, wie aus William eine ganze Reihe schmerzlicher Ereignisse heraussprudelte, bis ihm schließlich die Luft ausging. »Fühlen Sie sich jetzt besser?«, fragte Les.

»Inwiefern?«

»Was Ihre jetzige Situation betrifft. Sie haben uns jetzt fast eine Stunde lang von den Verletzungen erzählt, die Sie aus Ihrer ersten Ehe mit sich herumtragen, und ich würde gern wissen, ob Sie sich irgendwie besser fühlen, nachdem Sie alles noch einmal erzählt haben.«

»Eigentlich nicht«, antwortete William.

Das wird er auch nie. Wenn wir nicht aufhören, die Schmerzen aus der Vergangenheit immer wieder neu durchzuspielen, vertiefen wir nur den Schmerz der ursprünglichen Wunde. Das ist die Gefahr des Grolls.

Groll, selbst wenn er sich nicht gegen den Ehegatten richtet, ist für eine Ehe immer schädlich.

Groll und Schuldzuweisung sabotieren manchmal zusammen

das Eheglück. Wenn Sie zum Beispiel die Schuld für Verletzungen aus der Vergangenheit auf Ihren jetzigen Partner schieben, setzen Sie damit eine Dynamik in Gang, die der Psychiater Bszormenyi-Nagy als »sich drehendes Schuldbuch« bezeichnet. In einer Phase Ihres Lebens verletzt Sie jemand oder etwas und häuft emotionale Schulden auf. Die Zeit vergeht. Sie gehen durch die Drehtür des Lebens und reichen Ihrem Partner jetzt die Rechnung. Sie haben zwei versteckte Erwartungen. Erstens: »Beweise mir, dass du nicht der Mensch bist, der mich verletzt hat.« Mit anderen Worten: »Mache bei mir gut, was in der Vergangenheit bei mir schief lief. Mache es wieder wett.« Zweitens: »Wenn du etwas tust, das mich an diese Verletzung erinnert, werde ich dich bestrafen.« Die emotionale Übertragung ist abgeschlossen.

Es ist sehr wichtig zu wissen, dass diese emotionale Übertragung oft nicht am Anfang in einer Beziehung stattfindet. Sie stellt sich ein, wenn ein Paar sich schon eine Weile kennt, wenn Sie enttäuscht sind und entdecken: Was Sie erwartet oder erhofft haben, geschieht nicht.

Wir arbeiten mit vielen Paaren, von denen ein Partner Abneigung gegenüber seinen Eltern mit sich herumschleppt – manchmal sogar dann noch, wenn sie schon jahrelang tot sind.

Jana, 31 Jahre und einmal geschieden, kam in unsere Beratungspraxis. Wir hatten uns kaum richtig begrüßt, als sie ohne Vorwarnung hasserfüllt ausrief: »Mein Vater ist der größte Heuchler der Welt! Natürlich gibt er der Kirche mehr Geld als jeder andere, aber auch nur, weil er mehr Geld *hat* als jeder andere. Aber zu Hause war er zu mir und meiner Mutter der gemeinste Kerl der Welt.«

Jana fuhr fort, ihrem Vater für jede schlechte Erfahrung, die sie je in ihrem Leben gemacht hatte, die Schuld zu geben, auch dafür, dass ihre stürmische Ehe nach drei Jahren in die Brüche ging. Ihr Groll gegenüber ihrem Vater hatte zum Scheitern ihrer Ehe beigetragen, aber statt ihren Groll als das eigentliche Problem zu erkennen, schob sie immer noch die ganze Schuld auf ihren Vater. Obwohl ihr Vater sie und ihre kleine Tochter finanziell unterstützte und ihre Ausbildung bezahlte, damit sie zu Ende studieren konnte, gab sie ihrem Vater die Schuld für ihre Bredouille.

Wir arbeiteten mehrere Wochen mit Jana. An einer Stelle sagte ich (Leslie): »Jana, ich habe den Eindruck, es fällt Ihnen leichter, Ihrem Vater die Schuld zuzuschieben und Ihren Groll gegen ihn zu pflegen, als ihm zu vergeben. Wenn Sie ihm vergeben würden, trügen Sie und nicht mehr er die Verantwortung für Ihr Tun, und das macht Ihnen Angst.«

Schließlich machte Jana einen ehrlichen Versuch, ihrem Vater zu vergeben. Sie vergab ihm in einem Gebet und übernahm die Verantwortung für ihr Handeln. Sie heiratete wieder, und obwohl keine wundersame Veränderung von heute auf morgen stattfand, ging sie nie wieder so weit, dass sie ihrem Vater die ganze Schuld für ihre Probleme gab.

Eine zweite Ehe kann nicht funktionieren, wenn Groll wie ein Krebsgeschwür um sich frisst. Genauso wie Selbstmitleid und Schuldzuweisungen nagt Groll im Innern und tötet die Fähigkeit zur Freude. Aber wenn diese Giftstoffe beseitigt sind, besteht kein Grund, warum ein Ehepaar nicht glücklich und zufrieden zusammenleben sollte ... oder doch?

Können Ehepaare wirklich glücklich und zufrieden bis zu ihrem Tod zusammenleben?

Jedes heiratswillige Paar hegt, ob die beiden es zugeben oder nicht, den Traum von einem »perfekten« gemeinsamen Leben. Viele Frischvermählte haben uns erzählt, dass sie sich an ihrem Hochzeitstag wie große »Glückspilze« vorgekommen seien, weil sie jemanden gefunden hatten, der sie verstand, der ihre Vorlieben und Abneigungen teilte und der so gut zu ihnen passte.

Aber egal wie ideal sie zusammenpassen, irgendwann erkennt jeder Ehemann und jede Ehefrau, dass sie doch nicht das perfekte Paar sind. Ihnen fällt auf, dass sie nicht immer einer Meinung sind, dass sie nicht immer dasselbe denken, fühlen und sich gleich verhalten. Sie merken, dass es viel schwieriger ist, ihre zwei Persönlichkeiten, Vorlieben und Hintergründe unter einen Hut zu bringen, als sie erwartet hatten. Ihre Seifenblase ist zerplatzt, und sie geben die Hoffnung auf ein glückliches und zufriedenes Leben auf.

Aber es gibt eine Alternative.

Eine Ehe kann nie perfekt sein, weil die Menschen nicht perfekt sind. Und weil sie nun mal Menschen sind, hat jede Braut und jeder Bräutigam seine Schwächen und seine Vorzüge. Wir sind manchmal missmutig, gereizt, egoistisch oder unlogisch. Wir sind eine Mischung aus großzügigen, altruistischen Gefühlen, kombiniert mit selbstsüchtigen Zielen, Eitelkeiten und Ambitionen. Wir vereinen Liebe und Mut mit Selbstsucht und Angst. Die Ehe ist eine Legierung aus Gold und Blech. Wenn wir mehr erwarten, werden wir enttäuscht werden.

Gott helfe dem Mann, der nicht heiraten will, bis er eine perfekte Frau findet, und Gott helfe ihm noch mehr, wenn er sie findet.
BENJAMIN TILLETT

Wie aber kann ein Paar glücklich werden? Nicht indem es sich auf Äußerlichkeiten stützt. Zu viele Paare betrachten die Ehe wie einen Lottogewinn: Sie sind Glückspilze, und sie werden jetzt interessante und aufregende Erfahrungen machen. Jetzt werden sie geliebt und bestätigt werden. Jetzt werden sie Erfüllung finden. Aber die Ehe ist kein Lotteriegewinn. Wenigstens nicht so, wie wir uns einen Lottogewinn *vorstellen*. Ein unerwarteter Geldregen würde Sie sicher glücklich machen. Aber nur für kurze Zeit. Forscher haben herausgefunden, dass ein zufälliges Ereignis (»Glück haben«), das eintritt, ohne dass wir etwas dazu beigetragen haben, kein langfristiges Glück schafft. Wir brauchen das Gefühl, etwas zu beherrschen, die Kontrolle darüber zu haben; wir brauchen das Gefühl, dass etwas Gutes geschieht, weil wir es *herbeigeführt* haben.[30]

Ein glückliches und zufriedenes Zusammenleben funktioniert

nur, wenn wir dafür *sorgen*, dass es funktioniert. Wenn wir das Rohmaterial einer Ehe nehmen – das Gute und das Schlechte, das beide Partner zusammen mitbringen – und daraus eine dauerhafte Beziehung entwerfen, erschaffen und aufbauen, ist das Ergebnis ein beständiges und sinnvolles Gefühl echter Erfüllung. Wenn Sie andererseits darauf hoffen, dass der Zauber der Ehe Sie glücklich macht, werden Sie aus der Beziehung niedergeschlagen, einsam und mit dem Gefühl, ein Versager zu sein, hervorgehen und sich Ihrer Verzweiflung hingeben.

Glücklich zu sein ist die persönliche Aufgabe jedes einzelnen Menschen. Wenn Sie trotz der widrigen Umstände die richtige Einstellung finden, wenn Sie Ihr Denken mit positiven Impulsen programmieren, und wenn Sie sich auf Dinge einstellen können, die Sie selbst nicht in der Hand haben, werden Sie entdecken, dass man nicht nur im Märchen glücklich und zufrieden bis zum Tod zusammenleben kann.

Denkanstöße:

– In den letzten Jahren sehen immer mehr Leute Glücklichsein als das Hauptziel der Ehe an. Was meinen Sie dazu? Hat sich Ihre Meinung seit Ihrer ersten Ehe geändert?

– Ein Teil Ihres Eheversprechens lautet ungefähr: »Ihren Partner in Krankheit und in Gesundheit zu lieben und zu achten«. Wie kann ein Mensch lernen, glücklich zu sein, auch wenn es nicht gut läuft? Können Sie Beispiele nennen, in denen Sie das in Ihrer ersten Ehe getan haben bzw. nicht getan haben?

– Fallen Ihnen Beispiele aus Ihrem Leben ein, in denen Sie sich nicht von schwierigen Umständen nach unten ziehen ließen, sondern sich bewusst *entschieden* haben, glücklich zu sein? Was hält Sie manchmal davon ab, diese Entscheidung zu treffen?

– In vielen Umfragen wurde bestätigt, dass Menschen, die ihre Ehe als »sehr glücklich« bezeichnen, auch das Leben als Ganzes als »sehr glücklich« bezeichnen. Was sagt das darüber aus, dass man sich angewöhnen sollte, glücklich zu sein?

– Zwar haben die Kultur, in die wir hineingeboren sind, und unser Familienhintergrund einen starken Einfluss auf unsere Einstellung, aber jeder von uns ist letztendlich dafür verantwortlich, wie wir mit unserem Leben umgehen. Wie stark stimmen Sie auf einer Skala von eins bis zehn dieser Aussage zu?

Können Sie sagen, was Sie meinen, und verstehen Sie, was Sie hören?

Es ist schrecklich, gut zu sprechen und falsch zu liegen.

SOPHOKLES

»Was sagst du dazu?« Leslie drehte sich in unserem kleinen Apartment im Kreis, um mir ihr neues Kleid zu zeigen. Wir waren noch keine Woche verheiratet.

»Es ist gut«, erwiderte ich. »Bist du fertig? Können wir gehen? Ich habe einen Bärenhunger.«

»Gut ... ich habe einen Bärenhunger? Das ist alles, was du dazu sagst?« Leslie musste diese rhetorische Frage nicht laut aussprechen. Ich konnte sie von ihrem Gesicht ablesen.

»Stimmt was nicht?«, fragte ich (mein scharfes diagnostisches Gespür befand sich noch in der Entwicklungsphase).

»Nein.«

»Gut, dann können wir ja gehen.«

»Warte, ich ziehe mich noch schnell um«, sagte Leslie.

»Warum denn? Du siehst gut aus!«

Fünf Minuten später konnte ich sie im Schlafzimmer weinen hören. *Das ist aber komisch*, dachte ich. Ich ging zur Tür und öffnete sie. Das Licht war aus. Leslie saß zusammengekauert auf der Bettkante und weinte.

»Was ist denn los?«, rief ich verwundert.

»Nichts.«

»Geht es dir gut?«

»Ja.«

»Warum weinst du dann?«

Keine Antwort.

In dem Schweigen, das sich breit machte, fragten wir uns beide, was gerade geschehen sei. Ich war verwirrt. Leslie war verletzt. Aber warum?

Dieser kleine Vorfall in unserer ersten Ehewoche war ein deutliches Anzeichen dafür, dass wir nicht dieselbe Sprache sprachen – wenigstens schien es so.

Paare berichten, dass »Pannen in der Kommunikation« das Hauptproblem in ihrer Ehe sind. Und das aus gutem Grund. Wie es um eine Ehe bestellt ist, hängt davon ab, wie gut beide Partner Botschaften senden und empfangen, wie gut sie ausdrücken können, was sie meinen, und einordnen können, was sie hören. Kommunikation kann der Vertrautheit in einer Beziehung entweder Auftrieb verleihen oder ein Bleigewicht sein, das zum Absturz führt.

Die beste Zeit, seine Kommunikationsfähigkeit zu schulen ist übrigens dann, wenn alles gut läuft – ganz am Anfang einer Ehe. Man hat untersucht, wie Paare während ihrer Verlobungszeit und nach sechs Jahren Ehe miteinander kommunizieren. Der Vergleich zeigte: Wenn man sehr früh lernt, gut miteinander zu kommunizieren, erhöht das die Chancen für eine glückliche Ehe.[31] Das bedeutet, dass jemand, der eine zweite Ehe eingeht, seine Kommunikationsfähigkeit stark unter die Lupe nehmen muss (um herauszufinden, wie gut oder wie schlecht sie ist), weil er sich vielleicht schon in seiner ersten Ehe eingefahrene Verhaltensmuster angewöhnt hat. Auf jeden Fall können ein paar einfache Prinzipien, wenn sie gründlich verstanden und regelmäßig angewendet werden, darüber entscheiden, ob Sie als Ehepaar baden gehen oder obenauf bleiben.

Dieses Kapitel soll Ihnen helfen, sich verständlicher auszudrücken und verständnisvoller zu werden. Zuerst erklären wir, wie wichtig es ist, Kommunikationstechniken zu lernen. Danach sprechen wir über häufige Gründe für Kommunikationspannen, und wir zeigen die Grundlage für erfolgreiche Kommunikation auf. Am Ende des Kapitels stellen wir ein paar effektive und erprobte Kommunikationsregeln in der Ehe vor.

Warum müssen wir lernen gut zu kommunizieren?

Immer wieder erleben wir, wie schlechte Kommunikation eine ansonsten gute Ehe nach unten zieht: Beide Partner ringen darum, dem anderen zu vermitteln, was sie in der Beziehung wollen oder brauchen, erkennen aber nicht, dass sie eine Sprache sprechen, die der andere nicht versteht.

Aufgrund dieser Enttäuschung richten beide Partner Verteidigungsmauern gegenüber dem anderen auf und nehmen eine Abwehrhaltung ein. Sie hören auf, sich einander anzuvertrauen, verbergen einen Teil von sich selbst und ziehen sich emotional aus der Beziehung zurück. Sie können nicht miteinander reden, ohne einander Schuld zuzuweisen, also hören sie auf, dem anderen zuzuhören. Vielleicht bricht der eine Partner aus der Beziehung aus, aber selbst wenn beide bleiben, leben sie als emotional Geschiedene unter einem Dach.

Es gibt keine größere Lüge als eine falsch verstandene Wahrheit.
WILLIAM JAMES

Ich kann nicht genug betonen, wie wichtig Kommunikation in der Ehe ist. In einer Umfrage, die vielen die Augen öffnete, sind fast alle Befragten (97 Prozent), die ihre Kommunikation mit ihrem Partner als ausgezeichnet einstuften, glücklich verheiratet, verglichen mit nur 56 Prozent, die ihre Kommunikation als schlecht einstuften. Man kam allgemein zu dem Schluss:»In einer Zeit zunehmend zerbrechlicher Ehen ist die Fähigkeit eines Ehepaares, miteinander zu kommunizieren, der wichtigste Faktor für eine stabile und befriedigende Ehe.«[32]

Kommunikation ist das Lebensblut jeder Ehe. Kommunikationsschwierigkeiten und eheliche Zufriedenheit passen nicht gut zusammen.[33] Zu den wichtigsten erlernbaren Fähigkeiten gehört es so zu sprechen, dass Ihr Partner zuhört, und so zuzuhören, dass Ihr Partner spricht.

Vielleicht meinen Sie, Ihre Kommunikationsfähigkeiten seien schon gut. Wie die meisten verlobten Paare, die wir beraten, sagen Sie: »Wir sind verliebt, und wir können über alles reden.« Aber wussten Sie, dass Ihr Partner nach anderen Kommunikationsregeln lebt als Sie? Jeder wächst mit einem unverwechselbaren Repertoire aus »Kommunikationsregeln« auf. Die Ehe zwingt zwei Menschen mit verschiedenen Regelwerken, sie neu auszuhandeln.

Robert und Melissa zum Beispiel waren bis über beide Ohren verliebt. Bevor sie heirateten, unterhielten sie sich bis spät in die Nacht und telefonierten stundenlang miteinander. Aber bald fanden sie heraus, dass Kommunikation nicht immer leicht ist. »Kurz vor unserer Hochzeit kam Robert zu einem unserer Familientreffen«, erzählte uns Melissa. »Dort sagte er kaum ein Wort. Wenn jemand ihn mitten in einer Geschichte oder einem Satz unterbrach, sprach Robert einfach nicht mehr weiter. Das machte mich wahnsinnig.«

»Ich habe eine Weile gebraucht, bis ich das begriff«, erklärte uns Robert. »In Melissas Familie ist es ein Zeichen für Anteilnahme, wenn man den anderen unterbricht. Es bedeutet, dass man jemandem zuhört, und das war mir fremd. In meiner Familie wartet jeder geduldig, bis er an die Reihe kommt, um auf eine vorherige Bemerkung zu antworten. Ich hab nie verstanden, warum Melissa meine Familie langweilig und steif fand.«

Nachdem sie einige neue Kommunikationsregeln gelernt und einige alte angeglichen hatten, sagte Melissa: »Es half uns beiden zu erkennen, dass es keinen ›richtigen‹ und keinen ›falschen‹ Kommunikationsstil gibt; es gibt einfach nur verschiedene Stile.«

Robert und Melissa nahmen viele mögliche Probleme sehr früh in ihrer Ehe in Angriff – bevor sie überhaupt auftraten. Das können Sie auch. Jetzt wollen wir untersuchen, wie leicht Kommunikation aus den Fugen geraten kann.

Wie steht es um Ihre Kommunikationsfähigkeit?

Gehen Sie zu Übung 14 (CD-ROM).

Kommunikationshindernisse gibt es bei jedem Ehepaar. Die Übung *Wie steht es um Ihre Kommunikationsfähigkeit?* wird Ihnen und Ihrem Partner helfen, mögliche Barrieren zu erkennen und sie zu bewältigen, bevor Sie von ihnen überwältigt werden.

Wie man nicht kommunizieren sollte

Eine Karikatur stellt einen griesgrämigen Ehemann dar, der Zeitung liest, während seine aufgebrachte Frau mit verschränkten Armen vor ihm steht. Er sagt: »Müssen wir denn ausgerechnet dann versuchen, unsere Ehe zu retten, wenn ich die Sportseite lese?« Seine Frage weist auf eine der häufigsten Klagen von unglücklichen Ehegatten hin: »Er/sie spricht nicht mit mir.«

Immer wenn eine Ehe auseinander bricht, kommen die Partner zu dem Schluss: »Wir können einfach nicht miteinander sprechen«, oder: »Wir reden einfach nicht mehr miteinander.« Sie glauben, die Tatsache, dass sie nicht mehr miteinander sprechen, wäre die Ursache für ihre Probleme. Aber das Nicht-Reden ist nicht ein *Mangel* an Kommunikation, sondern eine *Form* der Kommunikation, die ein Übermaß an negativen Botschaften aussendet. Schweigen ist ein mächtiges Kommunikationsmittel. Laurens Van der Posts Roman *The Face Beside the Fire* erzählt die Geschichte einer Frau und eines Ehemannes, den sie nicht mehr liebt. »Langsam vergiftet sie Albert ... Das Gift ... findet man in keinem Chemiebuch ... Es ist ein Gift, das aus all den Worten, den zarten, sanften, glühenden Banalitäten und zärtlichen Liebesbeweisen zusammengebraut ist, die sie nie benutzte – aber ausgesprochen hätte, wenn sie ihn wirklich geliebt hätte.«[34]

Schweigen, so mächtig es auch ist, ist nicht der Grund für

schlechte Kommunikation. Es ist die Angst vor Verletzungen. Unserer menschlichen Natur liegt zu Grunde, dass wir Vergnügen suchen und Schmerz vermeiden wollen. Aber die Menschen weichen in Wirklichkeit zuerst dem Schmerz aus und suchen dann das Vergnügen. Diese Tatsache ist wichtig, wenn man verstehen will, warum die Kommunikation zum Erliegen kommt. Denn das geschieht meistens, wenn wir den emotionalen Schmerz – uns unzulänglich, verwundbar, ängstlich zu fühlen – unbedingt vermeiden wollen. Unter diesen möglicherweise schmerzlichen Umständen bleibt die Kommunikation auf der Strecke. Wenn wir uns als Versager fühlen, senden wir die Botschaft aus: »Wenn du wirklich wüsstest wie ich bin, würdest du mich vielleicht nicht mögen.« Wenn wir uns verwundbar fühlen: »Wenn ich dir meine wahren Gefühle verraten würde, würdest du mich vielleicht verletzen.« Ängstlich: »Wenn ich meinen Ärger herausließe, würde dich das zerstören«, oder: »Wenn ich dir sagen würde, was ich fühle, würdest du wütend werden.«

Die anerkannte Familientherapeutin Virginia Satir spricht über vier Arten der Fehlkommunikation, die auftreten, wenn wir uns bedroht fühlen: (1) beschwichtigen, (2) beschuldigen, (3) übertrieben vernünftig sein (4) ablenken.[35] Jede Art ist eine fehlgeleitete Reaktion auf möglichen Schmerz, und jede durchkreuzt unsere Versuche zu verstehen, was unser Partner uns sagen will.

Beschwichtigen

Der Beschwichtiger ist ein Jasager, schmeichlerisch, darauf bedacht zu gefallen, und bereit, sich schnell zu entschuldigen. Beschwichtiger sagen Sätze wie: »Alles, was du willst«, oder: »Mach dir um mich keine Gedanken. Mir geht es gut.« Sie wollen um jeden Preis den Frieden bewahren, und der Preis, den sie bezahlen, ist das Gefühl, wertlos zu sein. Weil Beschwichtiger Schwierigkeiten haben, Ärger zum Ausdruck zu bringen und so viele Gefühle nicht aus sich herauslassen, neigen sie zu Depressionen und – wie Untersuchungen zeigen – auch zu anderen Krankheiten. Beschwichtiger müssen lernen, dass es in Ordnung ist, anderer Meinung zu sein.

Beschuldigen

Beschuldiger finden immer einen Fehler, kritisieren ständig und sprechen in Verallgemeinerungen: »Du machst nie etwas richtig.« »Du bist genauso wie deine Mutter.« Innerlich fühlen sich diese Menschen wertlos oder nicht liebenswert und ärgern sich, weil sie damit rechnen nicht zu bekommen, was sie wollen. Bei einem Problem haben sie das Gefühl, Angriff sei die beste Verteidigung, weil sie unfähig sind, mit Schmerz oder Angst umzugehen oder sie zum Ausdruck zu bringen. Sie müssen lernen für sich selbst sprechen zu können, ohne dabei andere anzuklagen.

Übertrieben vernünftig sein

Der Rationalisierer ist übermäßig vernünftig, wirkt ruhig und gefasst, gibt nie Fehler zu und erwartet, dass die Menschen sich anpassen und funktionieren. Er sagt Sätze wie: »Aufgeregt? Ich bin nicht aufgeregt. Warum sagst du, ich würde mich aufregen?« Er hat Angst vor Gefühlen und zieht Fakten und Statistiken vor. »Ich zeige meine Gefühle nicht, und ich interessiere mich auch nicht für die Gefühle von anderen.« Er braucht jemanden, der fragt, was er in Bezug auf konkrete Dinge fühlt.

Ablenken

Der Ablenker flüchtet sich unter Stress in unwichtige Banalitäten. Er vermeidet direkten Blickkontakt und direkte Antworten. Er wechselt schnell das Thema und sagt etwa: »Was für ein Problem? Komm, gehen wir einkaufen.« Das Problem direkt anzusprechen könnte zu einer Auseinandersetzung führen, und das könnte gefährlich werden. Diese Menschen müssen wissen, dass sie sicher sind, nicht hilflos, dass Probleme gelöst und Konflikte bereinigt werden können.

Wenn Sie sich im Gespräch mit Ihrem Partner ertappen, dass Sie beschwichtigen, beschuldigen, übertrieben vernünftig sind oder ablenken, sollten Sie daran denken, dass Sie sich wahrscheinlich verletzt oder unter Druck gesetzt fühlen. Wenn Ihr Partner auf eins dieser Kommunikationsmuster zurückgreift, können Sie ihm seine Anspannung nehmen, indem Sie sensibel darauf achten, was der wirkliche Grund für sein Verhalten sein könnte. Wichtig ist, eine Atmosphäre zu schaffen, in der Sie sich beide sicher fühlen und reden können. Dies erreichen Sie durch ein solides Fundament für eine effektive Kommunikation.

Tägliches Temperaturmessen

Gehen Sie zu Übung 15 (CD-ROM).

Wie können Sie sagen, was Sie wirklich meinen, und zwar so, dass Ihr Partner es verstehen kann? Die Übung *Tägliches Temperaturmessen* wird Ihnen und Ihrem Partner helfen, Botschaften auszusenden und zu empfangen, die genau verstanden werden können.

Grundlage für erfolgreiche Kommunikation

Die glücklichsten Paare, die wir kennen, haben relativ wenige Kommunikationshindernisse. Sie können problemlos über schwierige Themen sprechen; sie haben das Gefühl, einander zu verstehen; sie verbergen nur sehr wenig voreinander; und sie verlassen sich auf ihre Fähigkeit, Konflikte zu lösen. Ihr Geheimnis ist keine Liste aus »Kommunikationsregeln«, sondern sie haben verstanden: *Gute Kommunikation baut zuerst darauf auf,* wer *wir sind – und erst dann darauf,* was *wir tun.* Bevor diese Paare Kommunikationstechniken einüben, arbeiten sie daran, wer sie als Menschen sind.

Sie können Artikel und Bücher lesen, Eheberater zu Rate ziehen, Seminare besuchen und Kommunikations*techniken* lernen, aber wenn Sie sich nicht zuerst auf die *Eigenschaften* konzentrieren, die Sie als Partner besitzen, sind Ihre Bemühungen umsonst. Um in den Genuss einer guten Kommunikation und einer stabilen Ehe zu kommen, müssen Sie drei persönliche Eigenschaften haben: Herzlichkeit, Echtheit und Mitgefühl.

Herzlichkeit

Ihr Partner ist mit einem ganzen Bündel untragbarer Eigenschaften zu Ihnen gekommen – einige kannten Sie, viele werden Sie erst noch entdecken. Trotzdem haben Sie sich als Ehegatte dafür entschieden, ihn so anzunehmen wie er ist. Sie haben sich entschieden trotz Mundgeruch, Übergewicht, seltsamen Eigenarten und einem sonderbaren Geschmack zu Ihrem Partner zu stehen. Aus diesem Stoff ist Herzlichkeit gemacht: dass man einen Makel um der Schönheit willen, die dahinter steht, übersieht.

Der Weg zu Herzlichkeit führt über Annahme. Statt ihn zu verurteilen und zu verlangen, dass sich der andere ändert, akzeptieren Sie die Gedanken, Gefühle und Handlungen des Menschen, den Sie lieben.

Ich brauchte lang, bis ich Leslie erlaubte, der Mensch zu sein, der sie ist. Leslie hat die Gabe, Rosen zu riechen, wann und wo immer sie welche findet, selbst wenn das bedeutet, dass sie einige Aufgaben deshalb liegen lässt. Ich habe die Gabe, mich durch Hindernisse durchzuackern und Dinge schnell zu erledigen. Ganz am Anfang unserer Ehe dachte ich, es wäre meine Aufgabe, Leslie zu meiner Arbeitsethik zu bekehren. Aber meine missionarischen Bemühungen vermiesten uns beiden das Leben. Seitdem ich gelernt habe, sie so anzunehmen wie sie ist, genießen wir eine wesentlich interessantere und glücklichere Partnerschaft.

Herzlichkeit ist kein Blankoscheck, dass Sie alles gutheißen, was Ihr Partner tut. Sie hat auch nichts mit sentimentalen, gekünstelten Gefühlen zu tun. Herzlichkeit lässt Ihren Partner sein, wer er ist, entspannt, frei und mit sich im Reinen. Sie stärkt das Selbstvertrauen Ihres Partners. Er weiß, dass er sich nicht verstellen muss bis er so wird, wie er glaubt, dass Sie ihn haben wollen.

Bedingungslose Annahme schafft auch Raum für Gottes Gnade in Ihrer Ehe. Wenn Ihr Partner sich sicher fühlt und weiß, dass Sie ihn, so wie er ist, nie verurteilen werden, dass Sie ihn nicht verletzen werden, kehrt plötzlich Gottes Gnade in Ihre Beziehung ein – und setzt dem subtilen und ungesunden Verhaltensmuster, ständig um Ihre Zustimmung ringen zu müssen, ein Ende.

Echtheit

Ihr Partner hat einen eingebauten Radardetektor für Falschheit. Er entdeckt gekünstelte Gefühle und unehrliche Absichten, lange bevor sie offen zum Ausdruck kommen. Neben Echtheit und Aufrichtigkeit ist fast alles andere in der Ehe unwichtig.

Wie kommt Echtheit zum Ausdruck? Nicht mit Worten. Wesentlich wichtiger ist die Art, *wie* Sie etwas sagen: mit einem Lächeln, mit einem Achselzucken, mit einem Stirnrunzeln oder mit einem finsteren Blick. Bedenken Sie: Nichtverbale Kommunikation macht 58 Prozent der gesamten Botschaft aus. Die Stimmlage macht 35 Prozent aus. Die tatsächlichen Worte, die Sie sagen, machen nur 7 Prozent der gesamten Botschaft aus.

Echtheit kommt in Ihrem Tonfall und in Ihrem Verhalten, in Ihren Augen und in Ihrer Haltung zum Ausdruck. Wissenschaftler haben herausgefunden, dass Ehemänner und Ehefrauen die nonverbale Kommunikation ihres Partners sehr genau deuten können.[36] Ein Bekannter bemerkt eine leichte Veränderung Ihres Gesichtsausdrucks vielleicht nicht, aber Ihr Ehegatte.

Als wir heirateten, war ich so sehr darum bemüht, die perfekte Ehefrau zu sein, dass ich versuchte zu denken, zu fühlen und alles zu tun, was meiner Meinung nach von perfekten Ehefrauen erwartet wird. Aber statt perfekt zu sein, fühlte ich mich am Ende nur leer. Ich spielte eine Rolle, aber ich war nicht ich selbst. Zum Glück half mir ein erfahrener Seelsorger, der sagte: »Leslie, dich beschäftigt die Frage: ›Was *sollte* ich fühlen?‹ mehr als: ›Was *fühle* ich?‹«

Er hatte Recht. Ich kam zu dem Schluss, dass unsere Ehe nicht so sehr eine perfekte Partnerin brauchte, als vielmehr mich, so wie ich bin.

Sie können Ihren Partner mit Liebe überschütten, aber wenn Sie nicht aufrichtig sind, ist die Liebe hohl. Sie können alle Kommunikationstechniken der Welt einsetzen, aber wenn Sie nicht aufrichtig sind, werden sie nicht funktionieren. Echtheit, Authentizität ist etwas, das Sie *sind*, nicht etwas, das Sie *tun*. Sie kommt aus dem Herzen, nicht aus Ihren Händen.

Mitgefühl

Am besten können Sie verhindern, Ihrem Partner auf die Füße zu treten, indem Sie sich in seine Lage versetzen. Das ist Mitgefühl. Die Welt aus der Perspektive Ihres Partners zu sehen.

Vor mehreren Jahren führte ich (Les) Schulungsseminare für Grundschullehrer durch. Damit sie die Welt eines Drittklässlers besser verstehen, gab ich ihnen die Aufgabe, auf Knien durch ihr Klassenzimmer zu gehen. »Ich ging immer davon aus, dass Schüler das Klassenzimmer genauso sehen wie ich«, staunte eine Lehrerin nach dieser Übung. »Aus ihrer Perspektive sieht alles ganz anders aus.«

> *Lasst kein faules Geschwätz aus eurem Mund gehen, sondern redet, was gut ist, was erbaut und was notwendig ist, damit es Segen bringe denen, die es hören.* *EPHESER 4,29*

Wir machen in der Ehe denselben Fehler, wenn wir einfach davon ausgehen, dass unser Partner schon weiß, was wir empfinden. Er weiß es nicht. Jeder deutet das Leben aus einer Zusammensetzung einzigartiger Einsichten und Erfahrungen. Das Leben sieht für unseren Partner ganz anders aus als für uns. Aber wir nehmen oft an, er würde es genauso sehen wie wir. Erst wenn wir uns mit unserem Herz und mit unserem Verstand in seine Welt begeben, können wir seine Sichtweise verstehen.

Das Leben durch dieselbe Brille zu betrachten bedeutet, sich zwei Fragen zu stellen: (1) Wie sieht diese Situation, dieses Problem oder dieses Ereignis oder Gefühl aus der Perspektive meines Partners aus? (2) Inwiefern unterscheidet sich seine Sicht von meiner?

Mitgefühl zu entwickeln ist vielleicht die härteste Aufgabe beim Aufbau einer starken Ehe. Da die meisten von uns so veranlagt sind, dass sie entweder ihren Kopf oder ihr Herz benutzen – das eine mehr, das andere weniger –, ist eine bewusste Anstrengung nötig, um mitfühlend zu sein. In seinem Buch *Love's Unseen Enemy* beschreibt Les, dass Liebe, die nur über das Herz läuft, lediglich Mitleid ist, während Liebe ausschließlich mit dem Kopf einfach Analysieren ist. Mitgefühl hingegen verbindet mitleidende und analysierende Fähigkeiten, sowohl Herz als auch Verstand, damit wir unseren Partner voll verstehen. Mitgefühl sagt: »Wenn ich du wäre, würde ich so handeln wie du; ich verstehe, warum du dich so fühlst, wie du dich fühlst.«

Mitgefühl birgt auch immer ein gewisses Risiko in sich. Wir warnen Sie: Es wird Sie verändern, wenn Sie die Verletzungen und Hoffnungen Ihres Partners genau verstehen – aber die Vorteile übertreffen die Nachteile bei weitem. Sobald Sie bewusst seine Gefühle nachempfinden und seine Perspektive verstehen, werden Sie die Welt mit anderen Augen sehen.

Einer guten Kommunikation liegt zu Grunde, wer Sie als Person sind – dass Sie herzlich, echt und mitfühlend sind. Diese drei Eigenschaften sind zwar für eine gute Kommunikation von entscheidender Bedeutung, aber allein garantieren sie noch keinen Erfolg. Einige einfache »Regeln« sind trotzdem noch nötig.

»Regeln« für eine erfolgreiche Kommunikation

Alle wichtigen Kommunikationsmittel lassen sich in fünf grundlegenden Fähigkeiten zusammenfassen. Wenn Sie sie lernen und anwenden, können Sie Ihrem Partner mehr Liebe entgegenbringen, und Ihre Ehe wird dadurch eine positive Dynamik erfahren.

Diese fünf Regeln sind:

1) Machen Sie »Ich-Aussagen«, keine »Du-Aussagen«.
2) Üben Sie spiegelndes Zuhören.
3) Verstehen und akzeptieren Sie die Unterschiede zwischen Männern und Frauen.
4) Entschuldigen Sie sich, wenn nötig.
5) Lassen Sie Berührungen sprechen.

Machen Sie »Ich-Aussagen« und keine »Du-Aussagen«

Wenn Sie sich über Ihren Partner ärgern oder sich durch ihn verletzt fühlen, ist es natürlich, dass Sie ihn angreifen: »Du machst mich verrückt! Du fragst nie nach meiner Meinung, wenn du etwas Wichtiges entscheidest!«

Solch eine »Du-Aussage« erzeugt eine Beziehungsbarriere. Ihr Partner kann praktisch nicht anders als sich angegriffen, beschuldigt und kritisiert zu fühlen. Es ist äußerst unwahrscheinlich, dass er sagt: »Ja, du hast Recht. Ich kann sehr unsensibel sein.« Eher wird seine natürliche Reaktion aus einer starken Verteidigungshaltung bestehen: »Wie meinst du das? Wenn du eine Meinung hast, dann sag sie doch einfach. Ich kann doch nicht deine Gedanken lesen.«

Typischerweise folgt darauf erneut eine »Du-Aussage«. »Du bist so unsensibel. Hast du dir je überlegt, unter welchem Druck ich im Moment stehe?«

Sich gegenseitig »Du-Aussagen« an den Kopf zu werfen ist eine sichere Methode, um sich den Abend zu verderben. Diese Szene würde völlig anders ablaufen, wenn Sie »Ich-Aussagen« benutzt hätten, um zu beschreiben, wie Sie sich fühlen oder wie Sie diese Situation erlebt haben: »Ich bin verletzt und fühle mich übergangen, wenn du mich nicht nach meiner Meinung fragst.«

Merken Sie den Unterschied? »Ich-Aussagen« geben Informationen weiter, die verstanden werden können, und sind keine Anschuldigungen, gegen die man sich verteidigen muss. »Ich-Aussagen« führen viel eher dazu, dass Ihr Partner Sie versteht und auf Sie eingeht. »Es tut mir Leid, Schatz. Ich hatte keine Ahnung, dass du das so empfindest.« »Ich-Aussagen« fordern keine Verteidigungshaltung heraus, weil sie nichts darüber aussagen, wie furchtbar Ihr Partner ist.

Es führt zu nichts, wenn Sie die Gefühle Ihres Partners angreifen. Statt zu sagen: »Du bist so rücksichtslos. Wie konntest du nur vergessen, dass wir heute Abend miteinander ausgehen wollten?«, wäre es besser zu sagen: »Es verletzt mich und macht mir ein wenig Angst, wenn du Dinge, die wir miteinander geplant haben, vergisst.« So können Sie zum Ausdruck bringen, dass Sie sich vernachlässigt fühlen, aber ohne Ihrem Partner vorzuwerfen, er hätte Sie absichtlich verletzt.

Statt »Du gibst mir das Gefühl, ich sei dumm, wenn du ständig korrigierst, was ich sage« zu sagen, können Sie zum Beispiel sagen: »Ich fühle mich sehr gedemütigt, wenn du Kleinigkeiten, die ich falsch sage, korrigierst.« Beginnen Sie Ihre Sätze mit »Ich«, statt mit »Du«, und Sie ersparen Ihrer Ehe viel Not.

Kommunikation ist nicht das, was Sie sagen, sondern wie Ihr Partner das, was Sie sagen, versteht. Wenn Sie »Du-Aussagen« machen, hört Ihr Partner nichts als Anschuldigungen und Kritik. »Ich-Aussagen« sind viel effektiver, weil sie ermöglichen, dass Ihre Botschaft richtig gehört und verstanden wird.

Üben Sie reflektierendes Zuhören ein

Ein Weiser sagte einmal, Gott habe uns zwei Ohren und einen Mund gegeben und dieses Verhältnis solle uns zu denken geben. Ein guter Gedanke. Wir denken oft, wenn wir »gute Kommunikationsfähigkeiten« einüben, müssten wir lernen, uns deutlicher auszudrücken, unsere Botschaft gut an den Mann zu bringen. In Wirklichkeit jedoch bestehen 98 Prozent guter Kommunikation aus Zuhören.

Wenn Sie hören können, können Sie auch zuhören, oder? Falsch. Hören ist passiv. Zuhören heißt, *aktiv* eine Botschaft verarbeiten, indem man mit eigenen Worten wiederholt, was man verstanden hat. Diese Form des Zuhörens ist eine einfache Gewohnheit, die man lernen kann. Aber es kann schwer sein sie anzuwenden, denn in Situationen, in denen es gerade darauf ankommt, konzentrieren wir uns mehr darauf, was wir als Nächstes sagen werden, als darauf, der Botschaft des anderen zuzuhören.

Schauen wir uns eine typische Szene aus einer Ehe an:

Frau   *(hält ein blaues Kleid mit einem weißen Kragen hoch):* Schau dir nur das an! Ich habe dieses Kleid gerade aus der Reinigung geholt, und über dem ganzen Kragen ist ein Grauschleier! Das ist doch unglaublich. Was soll ich jetzt nur tun? Ich wollte dieses Kleid heute Abend anziehen!

Mann: Ach, Schatz, ich glaube nicht, dass das irgendjemandem auffällt. Außerdem könntest du doch dein gelbes Kleid anziehen. Es steht dir sehr gut.

Der Mann in dieser Szene versuchte zu helfen, aber er hatte nicht richtig zugehört. Er war mehr damit beschäftigt, das Problem zu lösen, als die Gefühle seiner Frau zu verstehen. Er hätte alle möglichen Bemerkungen machen können, mit denen er seiner Frau das Gefühl vermittelt hätte, dass er ihr zugehört hat und sie versteht, zum Beispiel: »Das tut mir Leid. Mich würde das auch wütend machen«, oder »Ich kann mir vorstellen, wie dich das ärgert.«

Seid schnell zum Hören, langsam zum Reden.   JAKOBUS 1,19

Wichtig beim Zuhören ist, dass Sie Ihrem Partner zu verstehen geben, dass Sie gehört haben, was er gesagt hat, und dass Sie seine Botschaft verstanden haben. Übrigens kann man durch spiegelndes Zuhören einen potenziellen Konflikt sehr gut entschärfen. Wenn Ihr Partner Ihnen »Du-Aussagen« wie »Du kommst immer zu spät« an den Kopf wirft, sagen Sie nicht: »Das tue ich nicht.« Bringen Sie besser ehrlich zum Ausdruck, dass Sie seine Gefühle verstehen. Sagen Sie: »Ich weiß, dass es dich aufregt, wenn ich zu spät komme. Das muss sehr ärgerlich für dich sein. Ich werde mich bemühen, in Zukunft pünktlicher zu sein.« Hören Sie auf die

Botschaft, die den tatsächlichen Worten zu Grunde liegt. »Du kommst immer zu spät« bedeutet: »Ich bin wütend.«

Viele Paare, denen wir spiegelndes Zuhören beibringen, wenden ein, dass sie sich bei dieser Art der Kommunikation unbehaglich fühlen, weil sie gekünstelt oder sogar überheblich klinge. Deshalb haben wir als Grundlage vorausgeschickt, dass wir herzlich, echt und mitfühlend sein müssen. Wenn spiegelndes Zuhören davon durchzogen ist, gleitet es nie in eine mechanische Funktion ab; es kommt aus dem Herzen. Wenn Sie richtig zuhören, und wenn Ihr Partner Ihnen wirklich wichtig ist, wird das, was Sie sagen, nicht mechanisch klingen. Wie bei allem, das man neu lernt, fühlt man sich vielleicht auch beim spiegelnden Zuhören anfangs ein wenig unbeholfen. Aber wenn Sie erleben, wie positiv es sich auf Ihre Ehe auswirkt, legt sich das unangenehme Gefühl schnell.

Vergessen Sie jedoch nicht: Echtes Mitgefühl beim Zuhören erfordert *Veränderung*. Leider lernen einige Leute zwar gut zu-zuhören, aber sie befolgen trotzdem nicht, was sie hören. Wenn Ihr Partner Sie bittet, Ihr Verhalten zu ändern, sollten Sie diese Bitte ernst nehmen und, wenn Sie finden, dass er Recht hat, entspre-chend handeln. Genauso wie Worte ohne Taten tot sind, ist auch Zuhören ohne Handeln sinnlos.

Noch eines zum Zuhören: Wenn Sie nicht weiterwissen und die Botschaft Ihres Partners beim besten Willen nicht wiedergeben können, tun Sie zweierlei: (1) Stellen Sie sicher, dass Sie wirklich seine Botschaft genau verstehen wollen, und (2) Sagen Sie zum Beispiel: »Erzähle mir das genauer« oder »Hilf mir zu verstehen, wie du das meinst.« Das wirkt Wunder.

Der Therapeut Paul Tournier sagt: »Das immense Bedürfnis, das wir haben, dass man uns wirklich zuhört, dass wir ernst genommen werden, dass wir verstanden werden, kann kaum zu stark betont werden ... Niemand kann sich in dieser Welt frei entwickeln und ein erfülltes Leben finden, wenn er sich nicht mindestens von ei-nem Menschen verstanden fühlt.«[37] Wenn Sie Ihrem Partner das Geschenk machen, dass Sie ihm wirklich zuhören, leben Sie das, was Ehe sein soll.

Hören, was dahinter steckt

Gehen Sie zu Übung 16 (CD-ROM).

Es ist sehr wichtig für eine gute Kommunikation, dass wir lernen, die Gefühle, die unser Partner uns vermitteln will, zu verstehen. Die Übung *Hören, was dahinter steckt* soll Ihnen und Ihrem Partner helfen, einander zu zeigen, dass Sie den anderen verstehen, indem Sie mit eigenen Worten wiedergeben, was Sie hören.

Verstehen und akzeptieren Sie die Unterschiede zwischen Männern und Frauen

Als Professor Higgins in *My Fair Lady* ausruft: »Warum kann eine Frau nicht mehr wie ein Mann sein?«, ist klar, dass er damit nicht die Anatomie meint. Er ist in Eliza verliebt, aber er kann sie einfach nicht verstehen. Als Sprachexperte hat er Eliza beigebracht, sich so auszudrücken, wie man in der gesellschaftlichen Oberschicht spricht, aber er kann nicht wirklich mit ihr kommunizieren.

Professor Higgins steht damit nicht allein. Fast jeder Mann und jede Frau verzweifeln irgendwann daran, dass sie nicht richtig zum anderen Geschlecht durchkommen. Männer und Frauen sind sehr verschieden. Unsere Rollen lassen sich zwar verändern, aber unsere Psyche nicht. Doch nur weil sich das Verhalten des anderen Geschlechts von unserem unterscheidet, ist es deshalb noch lange nicht falsch. Wenn wir es als »schlecht« bewerten, sind wir einfach kurzsichtig und altmodisch. Wir müssen akzeptieren, dass wir unterschiedlich sind und aufhören, dagegen zu wettern. Es gilt unsere Erwartungen zu ändern und einander zu akzeptieren. Die Andersartigkeit unseres Partners anzunehmen ist ein wichtiger Schlüssel zu einer effektiven Kommunikation.

Kommunikation kann die Kluft zwischen den Geschlechtern

überbrücken oder vergrößern. In Gesprächen scheinen Männer und Frauen das Gleiche zu machen – sie öffnen den Mund und erzeugen Laute. Jedoch benutzen sie Gespräche für völlig verschiedene Zwecke. Frauen benutzen Gespräche hauptsächlich, um Beziehungen zu anderen Menschen aufzubauen und zu festigen. Männer dagegen verwenden Worte, um ihren Platz innerhalb der Hierarchie zu finden, indem sie ihr Wissen und ihr Können zum Ausdruck bringen und Informationen mitteilen.

Frauen beherrschen »Beziehungsgespräche« – so bezeichnet die Sprachwissenschaftlerin Deborah Tannen diese Gesprächsart – sehr gut. Männer fühlen sich in »Sachgesprächen« wohler.[38] Auch wenn Frauen vielleicht mehr auf ihre verbalen Fähigkeiten (Eignungstests unterstreichen, dass sie hier geschickter sind) vertrauen, setzen sie dieses Geschick seltener in der Öffentlichkeit ein. Männer fühlen sich wohl dabei, wenn sie vor Gruppen einen Bericht geben oder einen Redner mit einem Einwand unterbrechen – das sind Fähigkeiten, die sie in der männlichen Hierarchie gelernt haben. Viele Frauen würden dasselbe Verhalten als Sich-zur-Schau-Stellen betrachten. Bei einer Party erzählen Männer Geschichten, tauschen sich über ihre Erfahrungen aus oder erzählen Witze, während Frauen sich gewöhnlich in kleineren Gruppen über persönlichere Themen unterhalten. Sie pflegen Beziehungen, während die Männer sich in Position bringen.

Oft besteht der Unterschied zwischen einer glücklichen und einer mittelmäßigen Ehe darin, dass drei oder vier Dinge am Tag ungesagt bleiben. HARLAN MILLER

Was hat das mit der Kommunikation in Ihrer Ehe zu tun? Verallgemeinernd lässt sich sagen: In Gesprächen teilen Frauen Gefühle mit, während Männer Probleme lösen. Wenn Sie diesen stilistischen Unterschied nicht verstehen, können Ihre Gespräche furchtbar frustrierend sein. Zum Beispiel:

Frau: Du wirst nicht glauben, wie viel Arbeit mein Chef mir aufbrummt. Hör dir nur einmal an, was er heute alles wollte ...

Mann:	Schatz, ich habe dir doch schon so oft gesagt, dass du mit ihm darüber sprechen sollst.

Solche Gespräche bringen viele Paare zur Verzweiflung, weil sie nicht begreifen, dass Frauen oft Gefühle mitteilen und Männer Probleme lösen wollen. Mit dieser Unterscheidung kann ein einfacher Trick angewandt werden, der sofort und ohne lange Übung funktioniert: Erklären Sie einfach, welche Art von Gespräch Sie führen möchten, und bitten Sie Ihren Partner, sich darauf einzulassen. Nur weil Männer dazu neigen, Probleme zu lösen, Frauen aber eher Gefühle mitteilen wollen, bedeutet das nicht, dass keiner zum anderen fähig wäre. Das Gespräch hätte so weitergehen können:

Sie:	Du wirst nicht glauben, wie viel Arbeit mein Chef mir aufbrummt. Hör dir nur einmal an, was er heute alles wollte ...
Er:	Schatz, ich habe dir doch schon so oft gesagt, dass du mit ihm darüber sprechen sollst.
Sie:	Ich weiß, aber ich möchte dir im Augenblick einfach erzählen, wie ich mich fühle, einverstanden? Ich muss mir das einfach von der Seele reden.
Er:	Alles klar, schieß los.

Nun kann sie erzählen, was passiert ist, und er kann aktiv zuhören, wie sie sich fühlt, und ihr von Zeit zu Zeit zeigen, dass er sie versteht. Wenn Sie merken, dass Sie beide verschiedene Ziele verfolgen, kann es Wunder wirken, wenn Sie einfach deutlich sagen, ob Sie über Ihre Gefühle oder über Ihre Probleme sprechen wollen. Damit respektieren Sie beide Gesprächsstile und achten die Kommunikationsfähigkeit Ihres Partners.

Worte! Worte! Ich bin der Worte so überdrüssig! Ich bekomme den ganzen Tag Worte. Ist das alles, was ihr könnt? Redet nicht von Sternen, die am Himmel funkeln. Wenn ihr verliebt seid, dann zeigt es.　　　　*ELIZA IN »MY FAIR LADY«*

Entschuldigen Sie sich, wenn nötig

Eine respektvolle Entschuldigung ist eine Verbeugung vor der Höflichkeit, eine Geste, die Menschen, die eng zusammenleben, hilft, miteinander auszukommen, und Auseinandersetzungen in erträglichen Grenzen zu halten. Aber in der Ehe ist eine aufrichtige Entschuldigung bei Ihrem Partner viel mehr als eine höfliche Geste – sie kann viel dazu beitragen, Probleme zu lösen und Ihre Beziehung zu stärken.

Manchmal ist eine Entschuldigung keine große Sache. Wenn der eine Partner etwas vermasselt und der Schaden klein ist (vielleicht hat er vergessen zu tanken), genügt eine aufrichtige Entschuldigung, und der Vorfall ist vergessen. In anderen Situationen kann eine Entschuldigung unerwartet kompliziert sein.

Wie viele Male hatte ein Ehepaar, das zu uns kam, seine Auseinandersetzungen regelmäßig mit übereilten Entschuldigungen abgewürgt. »Ich habe gesagt, dass mir es Leid tut, was ich getan habe«, sagte einer. »Warum kannst du es also nicht einfach vergessen?«

Diese Form der Entschuldigung ist in Wirklichkeit ein Manipulationsmittel, ein Versuch, sich seiner Verantwortung zu entziehen und das tatsächliche Problem zu umgehen. Ein Mann fauchte seine Frau bei einer Feier an. Hinterher sagte er: »Es tut mir Leid, aber du musst verstehen, dass ich in letzter Zeit sehr viel Stress habe.« Der Mann übernahm nicht die Verantwortung für sein grobes Verhalten. Er hätte stattdessen sagen müssen: »Es tut mir Leid. Es ist nicht richtig, es an dir auszulassen, wenn ich unter Stress stehe.« Das hätte seiner Frau gezeigt, dass ihr Mann begriffen hatte, dass er sie verletzt hatte, und sich bemühen würde, es nicht wieder zu tun.

Echte Entschuldigungen kann es in der Ehe nur geben, wenn die Partner lernen, Rechenschaft für ihr Verhalten abzulegen. Mit anderen Worten: Jeder muss die Verantwortung für sein Verhalten übernehmen, die Sichtweise seines Partners anerkennen und manchmal zu Dingen in seinem eigenen Verhalten stehen, die ihm selbst nicht gefallen. Das kann so weit gehen, dass man sich ändern möchte. »Ich musste meinen ganzen Stolz hinunterschlucken und etwas eingestehen, das ich selbst an mir nicht gut fand«, berichtete uns ein Ehemann. »Aber nachdem ich das gemacht hatte, konnte ich mich anders verhalten.«

Alle Paare benötigen einen Auslöser für Heilung, eine Möglichkeit, eine neue Seite in der Ehe aufzuschlagen. Zu wissen, wann und wie Sie sich entschuldigen müssen, kann viel verändern. Fragen Sie sich selbst, wann und wie Sie sich entschuldigen. Entschuldigt sich einer von Ihnen mehr als der andere? Benutzen Sie Entschuldigungen, um Probleme zu umgehen oder zu beschönigen?

Eine Entschuldigung muss nicht unbedingt ausdrücklich die Formel »Es tut mir Leid« sein. Sie kann darin bestehen, ein Geschenk zu machen, einen Abend miteinander auszugehen oder einfach einen ruhigen Spaziergang miteinander zu unternehmen. Bei einer aufrichtigen Entschuldigung geht es darum, dass das Paar eine neue Nähe zueinander erlebt und das erleichternde Gefühl hat, dass alles wieder in Ordnung ist.

Lassen Sie Berührungen sprechen

In den vergangenen 20 Jahren haben wir das starke Bedürfnis von Säuglingen erkannt, festgehalten und berührt zu werden. Wir wissen jetzt, dass sie nicht wachsen können – sie verkümmern im wahrsten Sinne des Wortes –, wenn sie keine körperliche und emotionale Nähe erfahren. Was uns oft nicht bewusst ist: Mit dem Erwachsen-Werden verschwindet das Bedürfnis nach körperlicher Nähe nicht einfach. Wenn wir bei unserem Ehepartner dieses Bedürfnis befriedigen, können wir unsere Ehe verbessern.

Körperkontakt ist ein wirksames Kommunikationsmittel und eine sanfte und unterstützende Möglichkeit, den Geist zu fördern und positive Gefühle zu vermitteln. Die Anthropologin Helen Fisher weiß, warum Berührungen so viel ausrichten: »Die menschliche Haut ist wie eine Wiese. Jeder Grashalm ist ein Nervenende, das so empfindlich ist, dass die leichteste Berührung im menschlichen Verstand eine bleibende Erinnerung an diesen Augenblick eingraben kann.«[39]

Medizinisch ausgedrückt: Die menschliche Haut ist mit Millionen von Nervenenden übersät, so genannten »Berührungssensoren«. Wenn sie berührt werden, senden diese Rezeptoren Botschaften an das Gehirn. Das Gehirn wiederum gibt chemische Stoffe ab, die der Situation entsprechen.

Stellen Sie sich einen Augenblick vor, Sie kommen nach einem schweren Arbeitstag nach Hause, fühlen sich abgespannt, müde und gereizt – aber dann nimmt Ihr Partner Sie in die Arme und drückt Sie liebevoll. Diese Umarmung lässt das Hämoglobin ansteigen, eine Substanz in den roten Blutkörperchen, die energiegeladenen Sauerstoff durch ihren Körper transportiert. Es ist unglaublich, aber diese zärtliche Umarmung oder ein zarter Kuss können ein rasendes Herz ruhiger werden lassen, erhöhten Blutdruck senken und starke Schmerzen lindern.

Sie sagen jetzt wahrscheinlich: »Uns zu berühren brauchen wir wenigstens nicht lernen.« Wahrscheinlich haben Sie Recht. Kommunikation durch Berührung ist für die meisten Paare kurz vor der Heirat kein Problem. Normalerweise umarmen und küssen sie sich und halten sich an den Händen, sooft sie zusammen sind. Meistens gehen sie auch davon aus, dass es immer so bleiben wird. Und in einigen Ehen verlernen die Partner es tatsächlich ihr Leben lang nicht, sich zu umarmen und Händchen zu halten. Aber in vielen Ehen lassen diese anfänglichen Zärtlichkeiten nach. Besonders wenn Kinder kommen und das Leben insgesamt hektischer wird, sind Berührungen dem Geschlechtsverkehr vorbehalten. Pure Zärtlichkeiten, abgesehen vielleicht von einem leichten Schulterklopfen und kurzen Küssen, bleiben auf der Strecke.

Damit in Ihrer Beziehung der Körperkontakt nicht irgendwann zu kurz kommt, sollten Sie darüber sprechen, wie in Ihrem Elternhaus mit Berührungen umgegangen wurde. Gab es in Ihrer Familie viele Zärtlichkeiten oder nur wenige? Alle Untersuchungen zeigen, dass ein direkter Zusammenhang besteht, wie Sie als Erwachsener Berührungen erleben, und wie oft und auf welche Weise Sie als Kind berührt wurden. Sie könnten gemeinsam überlegen, wie Sie Berührungen mehr Beachtung schenken können, selbst wenn Sie in einer Familie aufgewachsen sind, in der Körperkontakt gemieden wurde.

Sie könnten auch die Zonen des anderen erforschen, an denen er am liebsten berührt wird. Sie und Ihr Partner bevorzugen wahrscheinlich verschiedene Arten von Berührungen. Für den einen kann eine sanfte Berührung der Hand soviel wie für den anderen eine lang anhaltende Umarmung bedeuten. Untersuchungen zeigen jedoch auch, dass einige Männer, wenn sie sich unsicher fühlen, Berührungen als eine Art Unterdrückung empfinden und nicht als Trost.

Angesichts seiner starken Auswirkung auf unser Leben ist es kein Wunder, dass der Tastsinn als »die Mutter unserer Sinne« gilt. Es gibt einfach keine bessere Möglichkeit, dem anderen zu verstehen zu geben: »Du bist nicht allein«, »Du bist wichtig«, »Es tut mir Leid« oder »Ich liebe dich.« Wenn Sie also das nächste Mal nicht die richtigen Worte finden, sollten Sie daran denken: Berührungen können die beste Möglichkeit sein, mit Ihrem Partner zu sprechen.

Denkanstöße:

– Wo sind Ihre persönlichen Stärken und Herausforderungen, wenn es um effektive Kommunikation geht? Was haben Sie aus Ihrer ersten Ehe über Ihren Kommunikationsstil gelernt?

– Können Sie sich an ein Gespräch mit Ihrem Partner erinnern, das zu Verwirrung und Schmerz führte? Was ist Ihrer Meinung nach schief gelaufen? Was werden Sie das nächste Mal anders machen, wenn sich eine ähnliche Situation ergibt?

– Es ist ein weit verbreitetes Missverständnis zu glauben, ein Mangel an Gesprächen führe zu einem Erliegen der Kommunikation. Warum ist das nicht so? Was ist die grundlegende Ursache für schlecht funktionierende Kommunikation?

– Warum ist es wichtig, sich zuerst darauf zu konzentrieren, wer Sie als Person sind, bevor Sie Kommunikationstechniken einüben?

- Mitgefühl umfasst unser Denken wie auch unser Fühlen. Was bedeutet das? Woran merken Sie, dass Sie mit einem anderen Menschen mitfühlen?
- Inwiefern verändert es ein Gespräch, wenn man statt »Du-Aussagen« »Ich-Aussagen« macht?
- Wenn Sie die Botschaften Ihres Partners spiegeln, zeigen Sie ihm, dass Sie verstehen, was er sagt. Was muss jemand unbedingt tun, bevor er diese Technik anwendet, damit es nicht einfach eine mechanische Funktion ist?
- Studien besagen, Männer bevorzugen Sachgespräche, während Frauen eher Beziehungsgespräche führen. Halten Sie diese Aussage für wahr? Welche Beispiele aus Ihrer eigenen Erfahrung fallen Ihnen dazu ein?
- Stimmen Sie zu, dass Körperkontakt eine wichtige Rolle bei einer sinnvollen Kommunikation mit Ihrem Partner spielt? Warum oder warum nicht?

Frage 6:

Haben Sie die Kluft zwischen den Geschlechtern überbrückt?

Ich bin ein Mann, und du bist eine Frau. Eine bessere Kombina-
tion kann ich mir nicht vorstellen.　　　　*GROUCHO MARX*

»Du willst doch nicht allen Ernstes diese ganzen Sachen ein-
packen, oder? Wir fahren für drei Tage weg, nicht für drei Wochen. Außerdem interessiert es doch niemanden wie du aussiehst,
wenn du zeltest!« Ich (Les) bedauerte diese Worte, bevor ich sie
ganz ausgesprochen hatte. Es war fast Mitternacht und wir
waren beide etwas gereizt. Am nächsten Morgen wollten wir zu
einem Wochenendausflug an einen idyllischen Zeltplatz bei San-
ta Barbara fahren.

»Du kannst mitnehmen, was du willst, und ich nehme mit, was
ich will«, erwiderte Leslie. »Nur weil du drei Tage lang dieselbe
Jeans anziehen willst, brauchst du nicht zu erwarten, dass ich das
auch tue. Und was ist mit deinem Laptop? Das letzte Mal, als wir
an die Ostküste geflogen sind, war uns dieses Ding dauernd im
Weg, und du hast ihn kein einziges Mal eingeschaltet. Wer packt
hier also zu viel ein?«

»Ich hab' meinen Computer gern dabei, für den Fall, dass ich ihn
benutzen möchte.«

»Und ich habe gern diese Kleider bei mir, falls ich sie anziehen
möchte«, gab Leslie zurück.

Drei sind mir zu wundersam, und vier verstehe ich nicht: des
Adlers Weg am Himmel, der Schlange Weg auf dem Felsen, des
Schiffes Weg mitten im Meer und des Mannes Weg bei der Frau.
SPRÜCHE 30,18-19

»Du hast Recht, du hast ja Recht«, gab ich zu. »Was mir wichtig erscheint, ist dir völlig egal, und umgekehrt. Manchmal sind wir einfach so verschieden.«

Ja, wir sind wirklich verschieden. In den letzten Jahren haben Wissenschaftler herausgefunden, dass Männer und Frauen verschiedene biologische, psychische und berufliche Realitäten haben. Biologisch: Frauen haben größere Verbindungen zwischen den zwei Gehirnhälften und neigen zu besseren sprachlichen Fähigkeiten. Die größere Trennung der Hirnhälften bei Männern ermöglicht ein besseres abstraktes Denken und ein besseres räumliches Denken.[40] Psychologisch: Frauen finden ihren Identitätssinn häufig durch die Beziehung zu anderen Menschen; Männer neigen dazu, ihren Identitätssinn durch Loslösung von anderen zu finden. Beruflich konzentrieren sich Männer häufiger auf langfristige Ziele; Frauen achten häufig mehr auf den Prozess, durch den diese Ziele erreicht werden.

Die Gegensätze zwischen Männern und Frauen sind manchmal so frappierend, dass man sich fragt, wie die Anziehungskraft zwischen beiden so stark sein kann. Dieses Rätsel hat die Menschheit von jeher beschäftigt. Eine alte griechische Sage erzählt, die Erde sei von Wesen bewohnt gewesen, die halb Mann und halb Frau gewesen seien. Jedes Wesen war in sich vollständig und hielt sich für perfekt. In ihrem Hochmut rebellierten sie gegen die Götter, woraufhin der zornige Zeus alle in zwei Hälften teilte und diese über die ganze Erde verstreute. Seitdem, so die Sage, suche jede Hälfte ihr Gegenstück.

In dieser mythologischen Erklärung muss ein Fünkchen Wahrheit stecken. Der Schöpfungsbericht in der Bibel unterstreicht die grundlegende Tatsache, dass wir einander brauchen, weil wir so verschieden sind. Adam, der in dem einzigen Paradies lebte, das es je auf der Erde gab, spürte keine Schmerzen und vergoss keine Tränen. Trotzdem gab es sogar im Paradies Einsamkeit. Die Einsamkeit war so groß, dass Gott es als nicht »gut« befand, dass der Mensch allein sei. Etwas fehlte. Deshalb erschuf Gott Eva – und nicht etwa noch einen weiteren Adam.

Wenn ein Mann und eine Frau heiraten, ist das eine natürliche Vervollständigung. Unser Partner macht das wett, was uns fehlt. Wenn wir entmutigt sind, ist er voller Hoffnung. Wenn wir gereizt sind, ist er großmütig. Wenn wir schwach sind, ist er stark. Weil wir als Mann und Frau zusammengefügt werden, gibt es Ganzheit. Aber unsere Unterschiede werden, wenn sie nicht verstanden und akzeptiert werden, zu einer Quelle für Verwirrung statt für Vervollständigung.

Zu oft werden in der Ehe die grundlegenden Unterschiede zwischen Männern und Frauen übersehen, wenn wir irrtümlich davon ausgehen, dass unser Partner ganz genauso wäre wie wir – »Was für mich gut ist, ist auch für dich gut.« Wir beurteilen sein Verhalten nach unseren weiblichen oder männlichen Maßstäben, ohne dabei die großen Unterschiede zwischen den Geschlechtern zu berücksichtigen.

Lange waren die Unterschiede zwischen den Geschlechtern nicht klar definiert. Aber jetzt erkennen wir deutlicher als je zuvor die Kluft zwischen Männern und Frauen. Wer diese Kluft ignoriert, riskiert damit, seine Ehe an den Rand einer Katastrophe zu bringen.

Dieses Kapitel soll Ihnen die Augen dafür öffnen, dass Ihr Partner anders denkt, anders fühlt und sich anders verhält als Sie, weil er zum anderen Geschlecht gehört. Diese Unterschiede können, wenn Sie sie berücksichtigen und akzeptieren, zu einer größeren Nähe in Ihrer Ehe verhelfen.[41] Als Erstes wollen wir herausstellen, dass Männer und Frauen verschieden sind, und werfen einen Blick darauf, inwiefern Männer und Frauen sich unterscheiden. Danach zeigen wir, wie Sie als Mann und als Frau die Kluft zwischen den Geschlechtern überbrücken und lernen können, erfolgreich mit dem anderen Geschlecht zu leben – als Frau und als Mann »eins« zu sein.

Sind wir *so* verschieden?

Die feministische Revolution in den 70er Jahren des 20. Jahrhunderts erklärte es als völlig unpassend, ja geradezu als Tabu, über die angeborenen Unterschiede im Verhalten von Männern und Frauen zu sprechen. Sobald der Sexismus abgeschafft wäre, so lautete das

Argument, würde die Welt zu einem vollkommen gleichberechtigten, zweigeschlechtrigen Ort werden. Abgesehen von den wenigen anatomischen Kleinigkeiten. Unterschiede zwischen Männern und Frauen seien nicht angeboren, argumentierten sie, sondern einfach erlerntes Verhalten und könnten somit wieder verlernt werden.

Aber die Beweise für angeborene Unterschiede zwischen den Geschlechtern ließen sich nicht widerlegen. Im Gegenteil, es wurden immer mehr Beweise gefunden. Beispielsweise entdeckten Wissenschaftler neurologische Unterschiede zwischen den Geschlechtern im Aufbau des Gehirns und in seiner Funktionsweise. Damit musste jeder objektiv Denkende anerkennen, dass die natürliche Veranlagung trotz allem mindestens genauso wichtig ist wie die Erziehung. Selbst Betty Friedan, die in der feministischen Bewegung eine Katalysatorwirkung ausübte, war gezwungen, ihre feministischen Schwestern zu tadeln: »Die Zeit ist gekommen, endlich anzuerkennen, dass Frauen anders sind als Männer. Es muss eine Gleichheit geben, die berücksichtigt, dass Frauen diejenigen sind, die die Kinder bekommen.«[42] *Es lebe der Unterschied!*

In unserer Zivilisation haben Männer Angst, sie wären nicht Mann genug, und Frauen haben Angst, man könnte sie nur als Frau sehen. THEODORE REIK

Die Wissenschaft zeigt, dass Männer und Frauen tatsächlich anders »verdrahtet« sind – dass Unterschiede zwischen den Geschlechtern genauso viel mit der Biologie des Gehirns wie mit der Erziehung zu tun haben. Gleichzeitig haben wir Schwierigkeiten, unsere Unterschiede anzunehmen, geschweige denn sie zu schätzen. Genau an dieser Stelle beginnen viele Probleme in der Ehe.

Bei unseren Eheseminaren teilen wir die Gruppe immer irgendwann nach Geschlechtern auf und führen eine kurze Übung durch. Wir stellen eine Frage, die immer eine lebhafte Diskussion auslöst: Was müssen Männer über Frauen wissen, und was müssen Frauen über Männer wissen? Die Antworten lassen sich vorhersagen:

Die Männer sagen:

- Frauen sind zu emotional.
- Frauen sind nicht einem so starken Druck ausgesetzt, den Lebensunterhalt für die Familie zu verdienen.
- Frauen streiten oft ab, wie viel Macht sie in Wirklichkeit haben.
- Frauen reden zu viel.

Die Frauen sagen:

- Männer sind nicht sensibel genug.
- Männer verrichten nicht ihren Anteil an der Hausarbeit.
- Männer haben Angst davor, verwundbar zu sein.
- Männer hören nicht zu.

Ziel unserer Übung ist es nicht, das andere Geschlecht niederzumachen, sondern Paaren zu helfen, überhaupt erst einmal zu erkennen, dass es typische Unterschiede zwischen den Geschlechtern gibt. Zweitens wollen wir ihnen bewusst machen, dass die Unterschiede, von denen sie dachten, sie wären nur in ihrer Ehe vorhanden, oft von den meisten anderen Paaren genauso gesehen werden. »Vor dieser Übung dachte ich, wir wären zwei Menschen, die durch die Ehe mutierten«, berichtete uns ein Paar. »Allein schon, dass wir begreifen, wie weit verbreitet unsere Unterschiede sind, zeigt uns, dass wir normal sind und es schaffen können.«

Eine Ehe funktioniert jedoch nicht nur, wenn man sich die Unterschiede der beiden Partner bewusst macht. Es geht darum, diese Unterschiede auch zu *schätzen*. Wir haben schon Paare erlebt, die ihre Unterschiede erkannt hatten und dann versuchten, sie auszuräumen. Klaus zum Beispiel kam zu dem Schluss, dass Gabis extrovertierte Gefühle gebändigt werden müssten. »Es ist nicht nötig, dass du so emotional bist«, sagte er. Da sie mit ihm an einem Strang ziehen wollte, versuchte Gabi verzweifelt, ihren natürlichen Drang, ihre Gefühle deutlich zum Ausdruck zu bringen, zu unterdrücken und mehr so wie Klaus zu sein. Beide meinten es ernst mit ihren Bemühungen, die Kluft zwischen den Geschlechtern zu überbrücken, aber sie waren von Anfang an zum Scheitern verurteilt. Unterschiede zwischen den Geschlechtern verringert man nicht durch Angleichung – indem sich Männer und Frauen bemühen, dasselbe zu denken, zu fühlen und alles genauso zu machen. Es ist einfach eine unumstößliche Tatsache, dass Männer und Frauen *verschieden sind*. Paare, die offen ihre Unterschiede anerkennen und sie auch zu schätzen wissen, können dadurch viele Auseinandersetzungen vermeiden. Außerdem vertiefen sie ihre Vertrautheit, wenn sie ihre Andersartigkeit genießen. Dazu muss man natürlich genau wissen, wie diese Unterschiede aussehen.

Bestandsaufnahme eines Paares

Gehen Sie zu Übung 17 (CD-ROM).

Wenn Sie die Kluft zwischen den Geschlechtern überbrücken wollen, gehen Sie beide von verschiedenen Voraussetzungen aus. Die Übung *Bestandsaufnahme eines Paares* soll Ihnen und Ihrem Partner helfen zu erkennen, wie stark Entscheidungen und Nähe in Ihrer Beziehung davon beeinflusst werden, wie Sie die Geschlechterrollen sehen.

Wie sehen unsere Unterschiede aus?

Sie werden immer Ausnahmen finden, aber Forschung und Erfahrung weisen auf einen grundlegenden, starken Unterschied zwischen den zwei Geschlechtern hin: *Männer konzentrieren sich auf Leistungen, Frauen konzentrieren sich auf Beziehungen*. Das klingt zu vereinfachend, und das ist es wahrscheinlich auch.[43] Aber wenn ein Paar diese allgemeine Regel im Auge behält, kann es verhindern, dass seine Ehe auf die Zerreißprobe gestellt wird, und es kann seine Beziehung festigen.

Leslie und ich haben, wie andere Paare, diesen großen Unterschied zwischen den Geschlechtern kurz nach unserer Hochzeit entdeckt.

Leslies Sicht

Als wir vier oder fünf Monate verheiratet waren, habe ich mich gefragt, warum Les nicht mehr so romantisch war wie früher. Vor unserer Ehe ließ er sich Überraschungen einfallen, küsste mich an jeder roten Ampel, hob Theaterkarten zur Erinnerung auf, brachte mir Blumen mit und schrieb mir sogar zärtliche Liebesgedichte. Aber nach unserer Hochzeit wurde seine romantische Seite immer schwächer. Es war nicht so, dass er überhaupt nicht mehr romantisch war, aber etwas war entschieden anders. *Warum?*, fragte ich mich. *Mache ich etwas falsch? Fragt er sich, ob es richtig war, dass wir geheiratet haben?* Erst als ich den grundlegenden Unterschied zwischen Männern und Frauen entdeckt habe, konnte ich diese Fragen richtig beantworten.

Wie die meisten Männer ist Les pragmatisch. Er konzentriert sich auf ein Ziel in der Zukunft und muss von dem praktischen Nutzen dieses Zieles überzeugt sein. Er rechtfertigt etwas, das er im Moment tut, mit dem, was es in der Zukunft bewirken wird. Er fragt: »Was kann dabei Gutes herauskommen?« Er liebt Worte wie *Fortschritt* und *nützlich.* Er kann sehr geduldig romantische kleine Dinge tun, solange sie sich letztendlich als dienlich erweisen.

Ich dagegen bin wie die meisten Frauen. Ich konzentriere mich auf Gefühle und Aktivitäten in der Gegenwart – um ihrer selbst willen. Ich brauche kein Ziel. Es genügt, einfach den Augenblick zu genießen. Ich frage: »Was geschieht, und wie kann ich es erfahren und fühlen?« Ich muss nicht produktiv sein oder den Nutzen von etwas sehen. Leistungen erscheinen mir sogar tödlich kalt und abwegig. Ich mag Worte wie *verbunden* und *Beziehung.* Ich kann sehr geduldig romantische kleine Dinge tun, einfach um ihrer selbst willen.

Natürlich sieht Les das ganz anders.

Les' Sicht

Vor unserer Hochzeit war Leslie fröhlich und unbeschwert und mit allem zufrieden. Sie hatte ein gutes Gefühl für unsere

Beziehung und sah optimistisch in die Zukunft. Aber bald nach unserer Heirat begann Leslie, sich zu verändern. Wenigstens kam mir das so vor. Sie machte sich ständig Gedanken um unsere Beziehung und wollte dauernd darüber sprechen, wie wir sie verbessern könnten. Wenn ich nicht mitmachte, fühlte sie sich verletzt und abgelehnt. *Warum ist sie plötzlich so emotional geworden?*, dachte ich. *Warum weint sie auf einmal so schnell?* Vor unserer Hochzeit war sie mir nie so weltfremd vorgekommen; jetzt fand ich sie manchmal geradezu widersinnig. *Wie können Blumen so wichtig sein, wenn wir finanziell kaum über die Runden kommen?*, fragte ich mich. Ihr Wunsch, über unsere Beziehung zu sprechen, gab mir das Gefühl, als Ehemann zu versagen. *Sieht sie denn nicht, was ich alles für sie tue?*, begehrte es in mir auf.

Wie die meisten Männer hielt ich lange Gespräche über unsere Beziehung für überflüssig. Ich war damit zufrieden zu wissen, dass Leslie mich liebte, dass ich sie liebte und dass wir ein langes, glückliches Leben vor uns hatten. Was gab es da zu besprechen? Sich wegen dieses oder jenes Details die Köpfe heiß zu reden, war in meinen Augen Energieverschwendung.

Was kam unter dem Strich heraus?

Zu erkennen, wie grundlegend verschieden Männer und Frauen sind, half mir (Leslie), einzusehen, dass Les mir den Hof gemacht hat, weil er mich heiraten wollte. So einfach ist das. Mit unserer Hochzeit war dieses Ziel erreicht, und nun wollte er sich anderen produktiven Aktivitäten zuwenden. Es stellte sich heraus, dass sein »Liebesgeflüster« nicht nur dahingesagt war, sondern ein Ziel verfolgte – mich zum Ja-Wort zu überreden. Das mag scheinheilig klingen, ist es aber nicht. Les ging einfach davon aus, dass ich so wäre wie er und dass wir beide uns nur so lange umwerben würden, bis es praktische Konsequenzen hatte. Nach unserer Heirat erwartete er, dass wir beide uns mit den wirklich wichtigen Dingen des Lebens beschäftigen würden.

Wenn wir die Unterschiede zwischen uns akzeptieren, können wir uns gegenseitig so ergänzen, dass das Leben für beide besser wird. C. W. NEAL

Ich (Les) begriff schließlich, dass sich keiner von uns nach der Hochzeit wirklich verändert hatte. Aber unsere Umstände hatten sich verändert. Das Ziel, das mich besonders romantisch gestimmt hatte, war erreicht, und die Romantik um der Romantik willen, wie sie Leslie wichtig war, war keine gemeinsame Priorität mehr in unserer Beziehung. Da sich meine Energie nun auf praktischere Dinge – ein festes Zuhause mit einer gesicherten Zukunft aufzubauen – konzentrierte, fiel es mir schwer zu begreifen, dass Leslie die Sache nicht genauso sah wie ich. Sie wollte um des Küssens willen küssen. Auch nach unserer Hochzeit erwartete sie, dass diese Romantik so weitergehen würde.

Diese Unterschiede sind nicht nur für uns typisch. Sie sind weit verbreitet: Männer werden durch Leistungen motiviert, Frauen durch Beziehungen.[44] Wenn also geschlechtsspezifische Unterschiede erst in Ihrer Ehe auftreten, denken Sie nicht schlecht von Ihrem Partner. Er hat Sie nicht mutwillig getäuscht; aber erst nach der Heirat konnten die Unterschiede zu Tage treten.

Die Unterschiede, die Sie als Frau und Mann gemeinsam in eine Ehe bringen, sind gut und können gefeiert werden. Genauso wie ein Körper sowohl einen klar denkenden Kopf als auch ein fühlendes Herz haben muss, ist eine Ehe mit beiden Gaben gesegnet. Wir sind erstaunlich und wunderbar gemacht.

Wie feiern Sie also die Unterschiede zwischen Mann und Frau? Indem Sie die einmaligen Bedürfnisse, die geschlechtstypisch für Ihren Partner sind, befriedigen. Normalerweise versuchen Männer, die Bedürfnisse zu stillen, die Männern wichtig sind, und Frauen versuchen, die Bedürfnisse zu stillen, die Frauen wichtig sind. Schwierig dabei ist, dass Ihr Mann andere Bedürfnisse hat als Sie und dass Sie seine Bedürfnisse nicht stillen können, indem Sie das tun, was Sie für eine andere Frau tun würden. Genauso hat eine Frau andere Bedürfnisse als die ihres

Mannes, und er kann ihre Bedürfnisse nicht dadurch befriedigen, dass er das tut, was ein Mann von Natur aus tun würde. Im Grunde müssen beide, Mann und Frau, über sich hinauswachsen und erkennen, was ihr Partner braucht, und es ihm dann geben.

In den nächsten zwei Abschnitten stellen wir ein paar konkrete Bedürfnisse heraus. Vielleicht ist Ihnen nicht einmal bewusst, dass Ihr Partner diese Bedürfnisse hat. Wenn Sie diesen Wünschen Ihres Partners nachkommen, überbrücken Sie die Kluft zwischen den Geschlechtern in Ihrer Ehe.

Ihre zehn größten Bedürfnisse

Gehen Sie zu Übung 18 (CD-ROM).

Männer und Frauen haben verschiedene Bedürfnisse in der Ehe. Wenn Sie nicht wissen, was die größten Bedürfnisse Ihres Partners sind, werden Sie bei dem Versuch, sie zu befriedigen, kläglich scheitern. Die Übung *Ihre zehn größten Bedürfnisse* wird Ihnen und Ihrem Partner helfen, sich deutlich zu machen, inwiefern sich Ihre persönlichen Bedürfnisse unterscheiden.

Was jeder Ehemann über seine Frau wissen sollte

Sigmund Freud, der Vater der Psychoanalyse, bekannte: »Obwohl ich seit dreißig Jahren die weibliche Seele zu erforschen versuche, kann ich immer noch nicht die große Frage beantworten: ›Was will eine Frau eigentlich?‹«

Was Freud nicht vermochte, hat aber die moderne Wissenschaft geschafft.[45] Die grundlegendsten Bedürfnisse einer Frau in der Ehe sind: Sie will (1) geliebt, (2) verstanden und (3) geachtet werden.

Sie hat das Bedürfnis, geliebt zu werden

»Ich kann das einfach nicht verstehen.« Albert begann zu reden, bevor er sich in meiner Beratungspraxis überhaupt setzte. »Lisa hat alles, was sie braucht und sich nur wünschen kann. Sie muss nicht arbeiten gehen; sie kauft sich viele Kleider, wir wohnen in einem großartigen Haus, wir machen wunderbare Urlaube, ich bin ihr treu – aber sie fühlt sich elend.« Albert schüttelte den Kopf und sagte: »Ich begreife das einfach nicht.«

Wir unterhielten uns noch ein wenig über seine 7-jährige Ehe und wie er versuchte, Lisa zu zeigen, dass er sie liebte. »Ich bin kein gesprächiger Typ«, sagte er. »Ich zeige ihr meine Liebe, indem ich so gut ich kann für sie sorge.« Dieser arme Ehemann hatte keine Ahnung, dass seine Frau nach Liebe hungerte und alle Kleider und Urlaube der Welt gegen etwas Zärtlichkeit von ihm eingetauscht hätte.

Ohne es zu wollen, kann ein Mann eines der wichtigsten Bedürfnisse seiner Frau völlig vernachlässigen: geliebt zu werden. Dies wird von Ehemännern oft übersehen, weil wir dieses Bedürfnis nicht so tief empfinden wie Frauen. Aber deshalb ist es nicht weniger berechtigt. Ihre Frau braucht es, geliebt zu werden. Sie muss wissen, dass sie die Nummer Eins in Ihrem Leben ist. Wenn es darum geht, ob Sie einen Abend mit Ihren Freunden oder mit Ihrer Frau verbringen, muss sie wissen, dass Sie sich für sie entscheiden – nicht weil Sie das müssen, sondern weil Sie das wollen.

Ich habe meinen Pastor Tharon Daniels einmal gefragt, wie er seiner Frau Barbara zeigte, dass er sie liebt. »Ich habe mich vor Jahren entschieden, das Golfspielen aufzugeben. Das klingt vielleicht komisch«, sagte er. »Aber das Golfspielen kostete mich meine ganze Zeit. Es raubte mir wertvolle Zeit mit Barbara, und sie ist mir wichtiger als Golf.« Er erklärte, dass seine Entscheidung nicht auf jeden zu übertragen sei, sondern sein persönlicher Versuch war, seine Frau zu lieben. Dieser Versuch gelang.

Was können Sie tun, um Ihrer Frau zu zeigen, dass Sie sie lieben? Überlegen Sie einmal, wie oft Sie »Ich liebe dich« zu ihr sagen. Einige Männer halten es für überflüssig, diese Worte zu sagen, aber jede Frau hat das unstillbare Bedürfnis, sie zu hören. Ihre Frau braucht außerdem Anhaltspunkte dafür, dass Sie während des Tages an sie denken. Ein kleines Geschenk oder ein kurzer Anruf, um ihr zu sagen: »Ich denke an dich«, kann für sie die Welt bedeuten.

Ich wurde kürzlich daran erinnert, wie viel es Leslie bedeutet, wenn ich ihr eine Karte oder eine Nachricht schicke. Als ich mich an ihren Schreibtisch setzte, um ihr Telefon zu benutzen, bemerkte ich eine handgemachte Karte auf ihrer Pinnwand, die ich ihr geschenkt hatte – vor über fünf Jahren.

Als Mann haben Sie wahrscheinlich keine Ahnung, was Sie bei Ihrer Frau auslösen können, wenn Sie sanft und zärtlich sind und ihr das Gefühl geben, geliebt zu werden. Thomas dagegen fand selbst heraus, welche unglaubliche Wirkung es hat, wenn er auf das Bedürfnis seiner Frau, geliebt zu werden, eingeht. Er war an jenem Morgen schon spät dran, als Renate erwähnte, sie habe einen besonders anstrengenden Tag vor sich. Er war schon fast zur Tür hinaus, als ihm einfiel, dass ich bei einem Seminar betont hatte, wie wichtig es für eine Frau ist, sich geliebt zu fühlen. Thomas stellte seine Aktentasche ab und schenkte Renate eine Tasse Kaffee ein. »Was machst du denn da?«, fragte Renate. »Du kommst zu spät zur Arbeit.« Ihm schoss der Gedanke durch den Kopf: *Sie hat Recht!* Aber er sagte etwas, das seiner Frau mehr als alles andere das Gefühl gab, geliebt zu werden. »Du bist mir viel wichtiger als meine Arbeit.« Als sich die beiden etwas unterhalten hatten, drückte Thomas Renates Hand und sagte: »Ich werde heute an dich denken.« Renate war überwältigt vor Liebe zu ihrem Mann. Thomas war so erstaunt über ihre aufrichtige Dankbarkeit, dass er mich noch am selben Vormittag anrief und sich bei mir bedankte.

Bedeutet dies nun, dass Sie Golfspielen, Erfolg im Beruf oder Abende mit Ihren Freunden opfern müssen, wenn Sie Ihrer Frau zeigen wollen, dass Sie sie lieben? Ob Sie es glauben oder nicht, die Antwort lautet: Nein. Wenn Ihre Frau weiß, dass sie den ersten Platz in Ihrem Leben einnimmt, wenn sie weiß, dass sie für Sie das Wichtigste auf der ganzen Welt ist, wird sie Sie bestärken, Dinge zu tun, die Ihnen Spaß machen. Das gehört zum Geheimnis der Ehe: Wenn eine Frau ehrlich und aufrichtig geliebt wird, fällt es ihr leicht, die Unabhängigkeit ihres Mannes zu fördern.

Bevor Gerhard lernte, Lisa seine Liebe zu zeigen, beklagte sie sich immer über seine Angelausflüge. Lisa wollte sich sogar von ihm trennen, weil »es für Gerhard wichtiger ist, am Seeufer zu stehen, als bei mir zu sein«. Aber sobald Gerhard Lisa ehrlich zur Nummer Eins in seinem Leben machte, sobald er anfing, ihr echte Zärtlichkeit zu zeigen, überraschte ihn Lisa auf angenehme Weise. »Ich entschuldige dich nächsten Donnerstag, damit du zu deinem Angelwochenende früh loskommst, wenn du willst.« Lisa machte ihm dieses Angebot, weil sie jetzt wusste, dass sie ihm wichtig war.

»Zu lieben und zu achten« ist mehr als nur ein paar Worte bei Ihrem Eheversprechen. Es ist eines der wichtigsten Bedürfnisse, das Ihre Frau hat. Wenn Sie es stillen, können Sie sicher sein, dass Sie eine Partnerschaft aufbauen, die Ihnen beiden Freude bereitet.

Sie hat das Bedürfnis, verstanden zu werden

»Du hörst mir überhaupt nicht zu!« Leslies Vorwurf riss mich aus dem Nickerchen, in das ich fast schon gesunken war. Mit halbem Ohr hatte ich zugehört, was sie mir aus der Küche erzählte. Sie steckte den Kopf um die Ecke und sah mich ausgestreckt auf dem Sofa liegen. »Ich schütte dir seit einer Viertelstunde mein Herz aus, und du liegst nur da und erteilst mir Ratschläge.«

Ja, dachte ich. *Was ist daran denn falsch?*

»Ich brauche keine Ratschläge«, fuhr sie fort. »Ich brauche es, verstanden zu werden!«

Ich verstand sie. Ich hatte jedes Wort über ihren schweren Arbeitstag gehört, und ich hatte ihr sogar ein paar Vorschläge gemacht, wie sie die Situation verbessern könnte. Aber das brauchte sie gar nicht. Für eine Frau bedeutet es, wertgeschätzt und akzeptiert zu werden, wenn man sie versteht.

Das ist nicht so einfach wie es klingt. Ich bin Psychologe. Ich verbringe oft den ganzen Tag damit, das bei meinen Patienten zu

praktizieren. Ich kann mit dem Schmerz eines Menschen mitfühlen, seine Gefühle nachempfinden und ihm vermitteln, dass ich
ihn verstehe. Aber in meiner Ehe treibt mich etwas dazu, Leslies
Probleme lösen zu wollen, statt sie zu verstehen. Sie erzählt mir etwas, und ich höre passiv zu, bis ich mir ein Bild verschafft habe.
Dann gebe ich ihr einen Rat. Damit gebe ich ihr zu verstehen, dass
dieser Fall für mich abgehakt ist und wir jetzt über etwas anderes
sprechen könnten. Ich halte ihr einen Vortrag, statt ihr zuzuhören.
Bis heute kostet es mich oft jedes Gramm Selbstbeherrschung, das
ich aufbringen kann, um mir auf die Zunge zu beißen und aktiv
zuzuhören.

Wenigstens stehe ich damit nicht allein. Eine Tatsache gibt zu
denken: Männer sagen in der Öffentlichkeit dreimal so viel wie im
Privatleben, während Frauen im privaten Bereich dreimal so viel
sagen wie in der Öffentlichkeit.[46] Frauen tauschen gern Erfahrungen aus, sie locken einander gern aus der Reserve und werfen sich
im Gespräch den Ball gegenseitig zu. Aber wenn es um die Kommunikation mit ihrem Ehemann geht, fühlen sich viele Frauen so
wie jene, die mir sagte: »Mit meinem Mann zu sprechen ist wie
Tennis zu spielen, wenn niemand im anderen Feld steht.«

Um das wichtige Bedürfnis Ihrer Frau, verstanden zu werden, zu
befriedigen, müssen Sie ihr aktiv zuhören, ihr mit Worten und Ges-
ten zeigen, dass Sie verstanden haben, was sie sagt und fühlt, und
sie ehrlich verstehen wollen. Dieser Punkt kann nicht genug betont
werden: *Frauen brauchen es, dass ihre Gefühle respektiert und akzeptiert werden.* Sie brauchen es, dass Sie die Welt so sehen und
empfinden wie sie, statt ihnen zu erklären, warum sie die Welt anders sehen sollten.

Männern fällt es schwer zu begreifen, dass eine Frau manchmal
nur ein offenes Ohr braucht – oder eine tröstende Umarmung, eine
liebevolle Aussage wie: »Das verletzt dich, nicht wahr?«, oder:
»Du stehst unter einem ziemlich starken Druck, oder?« Also hören
Sie Ihrer Frau zu, ohne ihr direkt eine schnelle Lösung anzubieten.
Nur so können Sie ihrem Bedürfnis, von Ihnen verstanden zu werden, nachkommen.

Sie hat das Bedürfnis, geachtet zu werden

Männer ahnen normalerweise überhaupt nicht, wie sehr Frauen es brauchen, geachtet zu werden. Warum? Weil Männer, wenn ihnen die Achtung verweigert wird, ganz anders reagieren als Frauen. Ein Mann, der sich nicht geachtet fühlt, neigt etwa dazu, selbstgerecht und entrüstet zu sein. Er hat sogar das Gefühl, noch mehr Respekt zu verdienen, wenn andere ihn nicht anerkennen. Es kann sogar sein, dass er weniger gibt, bis er bekommt, was ihm seiner Meinung nach zusteht. Frauen reagieren anders: Wenn man sie nicht respektiert, fühlen sie sich unsicher und verlieren ihr Selbstwertgefühl. Deshalb müssen Sie unbedingt auf das Bedürfnis Ihrer Partnerin, geachtet zu werden, eingehen.

Sie können Ihrer Frau auf vielerlei Arten zeigen, dass Sie sie achten. Wichtig dabei ist: Versuchen Sie nicht, sie zu verändern oder sie zu lenken, sondern respektieren Sie ihre Bedürfnisse, Wünsche, Werte und Rechte. Ich kenne eine Frau, die es auf Grund ihrer Erziehung schätzte, dass der Mann der Frau die Tür aufhält. Sie wusste, dass diese Geste irgendwie altmodisch war, aber ihr bedeutete es sehr viel, und sie bat ihren Mann, ihr diesen Gefallen zu erweisen.

Was Frauen wollen:
Dass man sie liebt, dass man ihnen zuhört, dass man sie begehrt, dass man sie achtet, dass man sie braucht, dass man ihnen vertraut, und manchmal, dass man sie festhält.

Was Männer wollen:
Eintrittskarten für die Fußballweltmeisterschaft.

DAVE BARRY

Ihr Mann nahm ihre Bitte nie ernst. »Das soll wohl ein Scherz sein, oder?«, erwiderte er. »Das tut heute kein Mensch mehr. Deshalb haben wir ja eine Zentralverriegelung an unserem Auto.« Indem er sich über die Bitte seiner Frau lustig machte, brachte sich dieser

Ehemann um die Möglichkeit, das starke Bedürfnis seiner Frau nach Achtung zu befriedigen.

Ihre Frau zu achten bedeutet auch, sie in Entscheidungen einzubeziehen. Ich staune immer wieder, wenn ich einen Ehemann treffe, der in einer Ehe die ganze Macht in Händen hält und alle Entscheidungen allein trifft, ohne sich darum zu kümmern, was seine Frau dazu meint. Da gibt es Männer, die sich für eine Arbeitsstelle in einer anderen Stadt bewerben, ohne mit ihrer Frau darüber zu sprechen. Ich kenne keine schnellere Methode, das Selbstwertgefühl einer Frau zu demontieren und die Chancen für eine glückliche Ehe zunichte zu machen. Stärken Sie das Selbstwertgefühl und Sicherheitsbedürfnis Ihrer Frau, indem Sie sie so oft Sie können nach ihrer Meinung fragen, selbst bei kleinen Dingen. Wenn Sie etwas entscheiden, was auch Ihre Frau betrifft, sagen Sie: »Ich habe mir überlegt ... Was meinst du dazu?«, oder: »Ich denke, wir sollten ... Würde dir das gefallen?«

Ihre Frau zu achten bedeutet, sie dabei zu unterstützen, ihre Träume und Ziele umzusetzen. Mein Freund Rich ist Geschäftsmann in Chicago. Vor einigen Jahren liebäugelte seine Frau Laura mit einer Karriere als Zeitungsreporterin. Nach dem Studium fand Laura ihre erste Stelle als Reporterin bei einer kleinen Zeitung in der Vorstadt, in der sie wohnten. Zwei Jahre später bekam Laura einen Posten als Fernsehreporterin in einem anderen Bundesstaat angeboten. Damals wusste Rich, dass er an einer Weggabelung stand. Er hatte versprochen, Lauras Traum zu respektieren, aber er hatte sich nie vorgestellt, dass sie deshalb umziehen müssten! Rich hätte sich über Lauras Ehrgeiz beklagen können. Immerhin hatte er auch einen Beruf. Aber Rich stand zu seinem Wort und respektierte auch weiterhin den Traum seiner Frau, und sie tat umgekehrt das Gleiche. Jetzt wohnen sie wieder in Chicago, wo Laura für einen Rundfunksender arbeitet, nach wie vor glücklich verheiratet.

Achtung sagt: »Ich unterstütze dich, du bist mir wertvoll, und du musst in keiner Weise anders sein als du bist.« Als Dank für diese Achtung kann sich eine Frau entspannen. Sie wird nicht das zwanghafte Bedürfnis haben, sich als gleichberechtigt zu beweisen, sondern wird sich automatisch gleichwertig fühlen und es auch sein. Was für eine wunderbare Art, mit einer Frau zusammenzuleben.

Was jede Frau über ihren Mann wissen sollte

Niemand spielt eine so wichtige Rolle bei der Befriedigung der Bedürfnisse eines Mannes wie seine Frau. Die Wissenschaft hat die Bedürfnisse des Ehemannes herausgefunden und sie in einer Liste zusammengefasst, aber nur seine Frau kann sie wirklich befriedigen. Einige der grundlegendsten Bedürfnisse Ihres Mannes sind: (1) Bewunderung, (2) Freiräume, (3) gemeinsame Aktivitäten mit Ihnen.

Er braucht Bewunderung

»Oh, Peter, das sieht ja wunderbar aus. Du hast hervorragende Arbeit geleistet.« Karins Augen strahlten, als sie die Pflanzkästen bewunderte, die ihr Mann gerade für ihre Terrasse gebaut hatte. »Du hast wirklich Talent.«

»Die Arbeit hat mir Spaß gemacht«, entgegnete Peter. »Aber es ist keine große Sache.«

»Du stellst dein Licht unter den Scheffel, Schatz. Du bist gut.«

Peter zeigte es nicht, aber er genoss das Lob seiner Frau. Es war ein großartiges Gefühl. Niemand konnte ihm so sehr das Gefühl geben, bewundert und geschätzt zu werden wie Karin. Das wusste sie. Sie hatte sein typisch männliches Bedürfnis erkannt und befriedigte es gern bei jeder Gelegenheit. Karins Bewunderung war echt, nie geheuchelt oder übertrieben. Sie war Peters größter Fan, und ihrer Ehe tat ihre Bewunderung auf vielfältige Weise gut.

Das größte Bedürfnis eines Mannes ist anerkannt zu werden. Er misst seinen Wert an seinen Leistungen, ob es um große Dinge oder um Kleinigkeiten geht, und er braucht es, dass sie anerkannt werden. Natürlich braucht auch eine Frau Bewunderung und Anerkennung, aber nicht in demselben Maße. Wenn eine Frau Anerkennung sucht, will sie eigentlich verstanden und geachtet werden. Es besteht ein entscheidender Unterschied zwischen Männern und Frauen, was Bewunderung angeht. Männer leiten ihren Wert mehr davon ab, was sie *tun,* während Frauen ihren Wert mehr daraus beziehen, wer sie *sind.*

Wenn Frauen von ihrem Mann nicht bewundert werden, motiviert sie das normalerweise noch stärker, sich um diese Bewunderung zu bemühen. Wenn ein Mann von seiner Frau keine Bewunderung erhält, verliert er die Motivation, es überhaupt zu versuchen. Ohne das Gefühl, bewundert zu werden, fehlt einem Mann jede Energie. Er fühlt sich bald unzureichend und unfähig. Ohne Bewunderung verlieren Männer ihren Willen, etwas zu geben.

Sie haben keine Ahnung, wie vernichtend eine kritische Bemerkung für das Selbstbewusstsein Ihres Mannes ist. Er reagiert genauso darauf, wenn er nicht bewundert wird, wie Sie, wenn er Ihre Gefühle nicht achtet. Es nimmt jeglichen Mut.

Eine Frau kam zu mir in die Beratung, weil sie nicht verstehen konnte, dass ihr Mann, nachdem sie ihn kritisiert hatte, sich nicht intensiver um ihre Anerkennung bemühte. Sie ging irrtümlich davon aus, dass sie ihn anspornen könnte, mehr zu geben, wenn sie ihm ihre Anerkennung entzog. Aber das funktioniert bei einem Mann nie. Bewunderung ist der Treibstoff, den ein Mann braucht, um in die Gänge zu kommen. Sie gibt ihm Tatkraft.

Bevor Sie jetzt anfangen, Ihren Mann mit Lobeshymnen zu überschütten, warne ich Sie dringend zur Vorsicht. Heucheln Sie nie Bewunderung. Wenn Sie Ihrem Mann einfach nur schmeicheln, können Sie mehr Schaden als Nutzen anrichten. Um überhaupt etwas zu bewirken, muss Lob ehrlich Ihre Gefühle widerspiegeln.[47]

Er braucht Freiräume

In unserem ersten Ehejahr bin ich eines Tages in Les' Büro gestürmt, damit er merkte, dass ich zu Hause bin. Er stand am Anfang einer anstrengenden Doktorarbeit, und ich hatte gerade eine neue

Stelle angetreten. »Wie geht es dir?«, fragte ich, während ich hinter seinen Schreibtisch schlüpfte und die Arme um seinen Hals legte.

Er saß fast regungslos da und machte Notizen auf einen gelben Notizblock. Ich unternahm einen zweiten Anlauf: »Hattest du einen guten Tag?«

Dieses Mal hörte ich ein leises Geräusch. »Mm-hmm«, murmelte er.

»Du wirst kaum glauben, was ich heute erlebt habe ...«, begann ich.

Les unterbrach mich. »Gib mir nur noch fünf Minuten, ja?«

Ich verließ das Zimmer und fühlte mich furchtbar abgelehnt. »Warum freut er sich nicht, wenn ich ihm zeige, dass ich ihn mag?«, fragte ich mich. »Ich würde alles stehen und liegen lassen, wenn er mich so begrüßen würde.«

Erst später in unserer Ehe begriff ich, was eigentlich los war. Männer und Frauen gehen anders mit Stress um. Laut John Gray, dem Autor von *Männer sind anders, Frauen auch*, konzentrieren sich Männer, wenn sie unter Stress stehen, zunehmend auf ihre Arbeit und ziehen sich zurück, während Frauen sich zunehmend gefühlsmäßig engagieren. »In solchen Zeiten hat ein Mann andere Bedürfnisse als eine Frau. Er fühlt sich besser, wenn er Probleme löst, während sie sich besser fühlt, wenn sie über Probleme spricht.«[48]

Sobald ich diesen Unterschied begriffen hatte, konnte ich eines von Les' Grundbedürfnissen befriedigen: Er braucht Freiräume. Das ist ein universales männliches Bedürfnis. Wenn ein Mann unter Stress steht (ein wichtiger Termin rückt näher, er ist beruflich unter Druck etc.), braucht er etwas Freiraum. In solchen Zeiten ist er geistesabwesend, reagiert kaum, ist in Gedanken weit weg und mit etwas anderem beschäftigt. Im Gegensatz zu Frauen wollen Männer gewöhnlich nicht über die Situation sprechen. Sie wollen nicht umarmt oder getröstet werden – wenigstens nicht, solange sie keine Zeit für sich selbst hatten.

Ich habe aus Erfahrung gelernt: Wenn ich zu früh versuche, Les von seinem Problem wegzuholen, bekomme ich nur einen kleinen

Teil seiner Aufmerksamkeit, während er in Gedanken immer noch über der Sache brütet, die ihn beschäftigt. Als ob er unfähig wäre, mir die gewünschte Aufmerksamkeit zu schenken, bevor er einen Augenblick Zeit hatte, um seinen Terminplaner zu ordnen. Inzwischen sage ich: »Darf ich dich unterbrechen, oder störe ich?«, und er kann sagen: »Ich brauche noch fünf Minuten« oder »Ich würde gern vorher noch die Nachrichten sehen, um abzuschalten.«

Zu diesem Freiraum gehört das Bedürfnis des Mannes, Zeit zu haben, um »umzuschalten«. Manche Ehefrauen beklagen sich, weil ihre Männer nicht sofort über ihren Tag reden, wenn sie von der Arbeit nach Hause kommen. Sie wollen zuerst Zeitung lesen oder den Rasen sprengen, irgendetwas, um wieder einen klaren Kopf zu bekommen, bevor sie sich auf die Beziehung einlassen. Das ist typisch Mann. Wenn Sie Ihrem Mann diesen Freiraum gönnen, wenn er ihn braucht, ob Sie das nun verstehen oder nicht, bekommen Sie dafür einen glücklicheren Mann.

Es ist mir schwer gefallen einzusehen, dass ich meinem Mann seinen Freiraum lassen muss. Instinktiv wollte ich ihn so unterstützen, wie ich gern unterstützt werden würde. Wenn ich in seiner Situation stecken würde, würde ich zum Beispiel gern ausführlich gefragt werden, wie ich mich fühle. Ich würde gern umarmt und gestreichelt werden. Aber das ist typisch Frau und nicht typisch Mann.

Er braucht gemeinsame Aktivitäten

An einem kühlen Herbsttag lud Tim Beate zu einem Fußballspiel ein. »Großartig! Um wie viel Uhr holst du mich ab?«, erwiderte Beate.

Sie verabredeten sich, und Tim legte lächelnd den Hörer auf. Das war ihre dritte Verabredung in vier Wochen. Er freute sich sehr, dass sie es anscheinend nicht erwarten konnte, zu einem Fußballspiel zu gehen.

Tim und Beate hatten viel Spaß im Stadion und schauten sich in dieser Saison noch mehrere Spiele an. Sie gingen auch gemeinsam in Autogeschäfte. Nicht, weil einer eins kaufen wollte. Tim machte es einfach Spaß, sich die neuesten Modelle anzuschauen, und Beate schien das auch zu genießen. Ihre Beziehung wurde ernster, und Tim kam sich wie ein riesiger Glückspilz vor, weil er eine Frau gefunden hatte, der die gleichen Dinge Spaß machten wie ihm.

Wenn Sie nicht lernen, ein Duett in derselben Tonlage, zum selben Rhythmus zu spielen, wird ein langsamer Prozess sie auseinander treiben, zuerst heimlich, und dann offen und schmerzlich.
WALTER WANGERIN, JR.

Im Winter war Tim sicher, dass Beate die richtige Frau für ihn sei. Sie heirateten im Frühling und schwebten beide im siebten Himmel. Aber irgendwann in ihrem ersten Ehejahr nahm Beates Interesse an Fußball ab. Manchmal schauten sie und Tim samstags die Spiele im Fernsehen an, aber sie war nie sonderlich begeistert, wenn er mit ihr ins Stadion gehen wollte. Als Tim vorschlug, zur Automobilmesse zu fahren, lehnte Beate ab.

»Ich dachte, du schaust dir gern Autos an«, beklagte sich Tim.

»Doch, doch, Schatz. Das tue ich auch, aber einfach nicht so gern wie du«, sagte Beate.

Das überraschte Tim. Im Laufe des nächsten Jahres fand er heraus, dass die Dinge, die er gern tat, und das, was Beate gern unternahm, nicht viel gemeinsam hatten. Allmählich erreichten sie den Punkt, an dem sie kaum etwas miteinander machten, außer hin und wieder miteinander essen zu gehen. Tim hätte gern mehr »Schönes« mit Beate unternommen, aber sie schien ganz zufrieden zu sein, wenn er allein tat, was ihm Spaß machte. Verletzt und verwirrt fragte sich Tim oft, warum seine Frau nicht mit ihm zusammen sein wollte.

Männer und Frauen unterscheiden sich enorm in ihrem Verständnis von emotionaler Nähe. Wenn Sie wie die meisten Frauen sind, bedeutet Nähe für Sie, Geheimnisse zu teilen, über alles zu sprechen, zu kuscheln und so weiter. Aber ein Mann stellt Nähe auf andere Weise her. Er baut eine Beziehung auf, indem er Dinge mit Ihnen gemeinsam *tut* (vergessen Sie nicht: Männer konzentrieren sich auf Leistung). Mit seiner Frau im Garten arbeiten oder ins Kino gehen gibt ihm ein Gefühl der Nähe.

Ehemänner legen überraschend viel Wert darauf, mit ihren Frauen ihre Freizeit zu verbringen. Die Karikatur, die uns die Werbung vorgaukelt, bei der Männer mit einem kühlen Bier in der Hand in der Wildnis sitzen und sagen: »Etwas Besseres gibt es nicht«, ist falsch. Es kann etwas viel Besseres geben: Wenn eine Frau mit ihrem Mann gemeinsam etwas unternimmt, das ihm Spaß macht.

Les kam neulich von einer Vortragsreise in Lake Tahoe zurück. Er freute sich darauf, weil er einen Tag früher hinflog und allein Schi laufen wollte. Ich freute mich für ihn. Er fährt gern schnell Schi, und wenn wir miteinander fahren, habe ich immer das Gefühl, ich bremse ihn. Aber als er von dieser Reise zurückkam, sagte er zu meinem Erstaunen: »Ich hatte herrlichen Pulverschnee, und das Wetter war einmalig, aber es ist einfach nicht das Gleiche wie mit dir Schi zu laufen.« Puh! Die ganze Zeit hatte ich mich beim Schilaufen wie ein Bremsklotz gefühlt, und jetzt stellte sich heraus, dass es ihm nicht richtig gefällt, wenn ich nicht dabei bin.

Ich habe so viele Frauen beraten, dass ich vermuten kann, was Sie jetzt vielleicht fragen: »Was soll man aber machen, wenn man keine gemeinsamen Interessen hat?« Die Antwort lautet: Arbeiten Sie an Ihren Interessen; lassen Sie nicht zu, dass Sie und Ihr Partner auseinander getrieben werden, nur weil Sie nichts finden können, das Ihnen beiden Spaß macht. Ich habe schon zu viele Ehekrisen beobachtet, nur weil eine Frau nicht ihre kreative Energie einsetzte, um angenehme Augenblicke zu schaffen, in denen sie und ihr Mann Spaß haben und sich entspannen können. Machen Sie eine ausführliche Liste mit den Freizeitinteressen Ihres Mannes. Als Anregung sind hier ein paar Möglichkeiten: eine bestimmte Sportart oder Sport im Allgemeinen, Zelten, Kanu fahren, Gesellschaftsspiele, Puzzles, Kochen, Tanzen, Wandern, Reiten, Joggen, Kino, Eis laufen, Segeln, Musik hören, Schwimmen, Reisen, Spazieren gehen, Heimwerken usw. Je länger Ihre Liste ist, desto besser. Kreisen Sie nun die Aktivitäten ein, die Sie halbwegs angenehm finden. Sie finden wahrscheinlich mindestens ein halbes Dutzend Dinge, die Sie zusammen mit Ihrem Mann genießen könnten. Als Nächstes müssen Sie diese Aktivitäten in Ihre gemeinsame Freizeit einplanen.

Wenn Sie lernen, das Bedürfnis Ihres Mannes, mit Ihnen seine Freizeit zu verbringen, zu stillen, werden Sie erleben, dass Sie nicht nur Ehemann und Ehefrau sind, sondern auch die besten Freunde.

Denkanstöße:

- Welche Unterschiede zwischen den Geschlechtern können Sie spontan aufzählen?
- Inwiefern hat mangelndes Verständnis für die geschlechtsspezifischen Unterschiede zu den Schwierigkeiten in Ihrer ersten Ehe beigetragen? Wie könnten sich diese Unterschiede auf Ihre jetzige Beziehung auswirken?
- Die meisten Fachleute sagen heute, dass man die Unterschiede zwischen den Geschlechtern nicht ausschalten, sondern sie genießen sollte. Warum?
- Meinen Sie, dass – vereinfachend ausgedrückt – der grundlegende Unterschied zwischen den Geschlechtern darin besteht, dass Männer sich hauptsächlich auf Leistungen konzentrieren, während Frauen sich auf Beziehungen konzentrieren? Welche Beispiele fallen Ihnen ein, die Ihre Meinung unterstützen?
- Ehemänner unterschätzen im Allgemeinen, wie wichtig für ihre Frauen emotionale Nähe ist. Männer sagen: »Ich will mit ihr etwas unternehmen, und sie will nichts als reden.« Wessen Problem ist das? Das Problem des Mannes, der Frau oder von beiden? Welchen Bezug hat dieses Missverständnis zu den Unterschieden zwischen den Geschlechtern?

Können Sie fair streiten?

Der Lauf wahrer Liebe lief nie glatt.　　　　SHAKESPEARE

»Ich bin nicht blöd, weißt du!«, schrie ich.

»Ich versuche doch nur, dir zu helfen. Aber du lässt mich ja nicht!«, feuerte Les zurück.

Unsere Stimmen schienen durch ganz San Francisco zu hallen, wo wir mit Freunden das Wochenende verbrachten. Wir rannten gerade los, um eine Straßenbahn zu erreichen, als eine unserer hitzigsten Auseinandersetzungen ausbrach.

Es war unser dritter Versuch, auf einen überfüllten Straßenbahnwagen zu springen, der gerade den obersten Punkt eines Hügels erreichte. Les hielt mich am Arm fest und sprang als Erster, um einen festen Stand zu ergattern, aber ich wich – jetzt zum dritten Mal – im letzten Augenblick zurück.

»Das ist verrückt!«, rief ich.

»Vertraue mir einfach. Ich weiß, was ich tue!«, schrie Les.

Die Spannung war zum Greifen. Unsere Freunde, die diesen Streit von Anfang an mitbekommen hatten, standen ruhig daneben. Schließlich gingen sie verlegen auf die andere Straßenseite, um unserem Geschrei zu entkommen.

»Warum vertraust du mir nicht einfach?«, wollte Les wissen.

Die Ehe ist ein einziges langes Gespräch, das mit Auseinandersetzungen gespickt ist.　　　　ROBERT LOUIS STEVENSEN

Während die vorbeifahrenden Straßenbahninsassen sich die Hälse verrenkten, um sich diesen Ehekrach nicht entgehen zu lassen, warf ich Les eine Antwort an den Kopf, die seitdem in unserem

Haus berüchtigt ist: »Gott vertraue ich meine Sicherheit an, aber nicht dir!«

Wir haben unsere größten Kräche anscheinend immer in der Öffentlichkeit. Ein anderes Mal brachen wir ziemlich spät zu einem Wochenendseminar für Ehepaare auf – und das, obwohl *wir* die Referenten waren. Leslie war immer noch in ihrem Büro und kramte in letzter Minute noch einige wichtige Unterlagen zusammen, während ich ungeduldig im Auto wartete.

»Also gut, reiß dich zusammen«, redete ich mir zu. »Sie wird jeden Augenblick auftauchen. Entspann dich einfach und ärgere dich nicht über sie.« Aus fünf Minuten wurden fünfzehn Minuten. »Da kommt sie ja. Beiß dir auf die Zunge.«

Es regnete leicht, als Leslie ins Auto stieg. Als sie die Tür zuschlagen wollte, rutschte ihr der ganze Stoß mit Unterlagen und Zetteln aus der Hand. Einiges landete in einer Pfütze am Bordstein, aber die meisten Blätter lagen verstreut auf der nassen Straße.

Ich konnte mich nicht mehr beherrschen. »Das darf doch nicht wahr sein!«, rief ich aufgebracht. »Das glaube ich einfach nicht. Was sollen wir denn jetzt tun? Konntest du denn nicht sehen, dass ...«

»Du hast zugesagt, dass wir dieses Seminar leiten«, unterbrach mich Leslie.

»Komm mir jetzt bloß nicht damit. Du ...« Meine erhobene Stimme verstummte plötzlich, und ich versuchte den Satz, der mir auf der Zunge lag, hinunterzuschlucken. Die Autotür stand weit offen, und überall flogen Zettel herum. Plötzlich wurde mir bewusst, dass unser Ehestreit von mehreren Kollegen mitgehört wurde, die gerade vorbeigingen. Sie blickten in eine andere Richtung und taten so, als bemerkten sie nicht, wie die »Eheexperten« einen Streit ausfochten. Aber es war sicher nicht zu übersehen, dass die Parrotts sich am liebsten an die Kehle gesprungen wären. Wie gesagt: Wir haben ein Faible dafür, unsere »besten Kämpfe« in der Öffentlichkeit auszutragen.

Missverständnisse gibt es natürlich in jeder Ehe. Egal, wie sehr ein Mann und eine Frau sich lieben, irgendwann geraten sie aneinander. Es wäre einfach unrealistisch zu erwarten, dass zwei Menschen immer zur gleichen Zeit das Gleiche wollen. Konflikte in der Ehe sind unvermeidlich.

Wenn es um Konflikte in der zweiten Ehe geht – besonders bei einem Paar, das versucht, eine Stieffamilie zu einer Einheit zusammenzuführen –, können Konflikte ein Paar leicht überrollen, wenn es nicht gelernt hat, richtig damit umzugehen. Tina und Peter haben das erlebt. Beide hatten Kinder aus ihrer ersten Ehe. Peters 16-jähriger Sohn, der erst vor kurzem seinen Führerschein gemacht hatte, war der älteste. Und so meinte Peter, es sei ganz natürlich, dass sein Sohn den Wagen seiner Stiefmutter benutzte, um ein paar Besorgungen zu machen. Er dachte, wenn er seinem Sohn Tinas Auto anbot, würde dies den beiden helfen, sich näher zu kommen. Tina sah das allerdings überhaupt nicht so. »Dieser Wagen ist so ziemlich das Einzige, das ich von meinem Exmann bekommen habe, und ich will nicht, dass ein Teenager ihn fährt«, erklärte sie. Unnötig zu sagen, dass ein Konflikt entbrannte. Das war nur eine von vielen Auseinandersetzungen, die dieses Paar austrug.

Wenn Sie schon einmal verheiratet waren, wissen Sie, wovon wir sprechen. Wenn nicht, werden Sie es wahrscheinlich früher erfahren als Ihnen lieb ist. 37 Prozent der Frischvermählten in den USA geben zu, dass sie mit ihrem Partner nach der Heirat kritischer geworden sind. 30 Prozent berichten, dass die Auseinandersetzungen nach der Hochzeit zugenommen haben.[49] Unter Stress stehende Paare, von denen beide berufstätig sind, müssen vieles besprechen und abklären. Potenzieller Konfliktstoff lauert überall – besonders wenn Kinder da sind. Aber Konflikte sind nicht unbedingt negativ, sie können sogar zu einer tieferen Nähe führen. Allerdings muss man dafür wissen, *wie* man streitet.

Wir wollen noch einmal ganz deutlich klarstellen: *Zu wissen, wie man fair streitet, ist für eine glückliche Ehe äußerst wichtig.* Liebe allein genügt nicht, um eine Beziehung im Dschungel des modernen Lebens aufrechtzuerhalten. An der Verliebtheit lässt sich nur schlecht ablesen, ob eine Ehe halten wird. Weitaus wichtiger für eine Ehe ist, wie gut Paare mit Unstimmigkeiten umgehen können.[50] Viele Paare wissen nicht, wie sie mit Konflikten umgehen sollen. Einige deuten äußerliche Ruhe und Stille irrtümlich als Harmonie in der Ehe und setzen alles daran, ihre Unstimmigkeiten zu glätten, ohne sie wirklich zu lösen. Andere haben erlebt, wie ihre Eltern bei jeder Kleinigkeit explodierten, und so eine falsche Form des Streitens gelernt. Ihre Auseinandersetzungen werden schnell beleidigend und entwürdigend.

In diesem Kapitel zeigen wir Ihnen, wie Sie fair streiten und dadurch den Schaden möglichst gering halten können. Am Anfang unseres »Streittrainings« beleuchten wir Streitpunkte, über die Paare häufig stolpern. Danach werden wir vier tödliche Konfliktarten vorstellen, die Sie unbedingt meiden sollten. Als Nächstes erklären wir Ihnen, warum Streiten gut für Ihre Ehe sein kann, und schließlich geben wir Ihnen Regeln an die Hand, wie Sie einen Streit gut austragen können.

Worüber Paare streiten

Über welche Reizthemen streiten Ehepaare am meisten miteinander? Geld? Sex? Schwiegereltern? Nicht immer. In den meisten Ehen genügt der kleinste Anlass, damit die Fetzen fliegen. Es sind die kleineren, fast beschämenden Probleme, die an einer Ehe zehren.

Schon nach drei Tagen Hochzeitsreise wollten Dieter und Ines am liebsten packen und nach Hause fahren. Beide waren vorher schon einmal verheiratet gewesen und wussten also ganz genau, dass Auseinandersetzungen zu einer Ehe einfach dazugehören. Aber aus unerfindlichen Gründen gingen sie sich von Anfang an auf die Nerven. Statt sich zu entspannen und den Beginn ihres gemeinsamen Lebens miteinander zu genießen, stritten sie die ganze Zeit. Ihn störte der Sand auf der Sonnenmilchflasche, sie wollte am Strand sitzen und er wollte am Swimmingpool bleiben; sie brauchte zu lang, bis sie fertig war, wenn sie am Abend essen gingen. Als sie nach einer Woche wieder zu Hause waren, waren sie sich einig, dass ihre Hochzeitsreise nicht so gelaufen war, wie sie sich erhofft hatten. Warum? Weil sie über tief greifende Probleme gestritten hätten? Nein. Sie gerieten sich wegen Kleinigkeiten in die Haare. Zum Glück begriffen Dieter und Ines, dass sie beide lernen mussten, besser mit Konflikten umzugehen, und bald bestimmte ein neuer Ton ihre Ehe. Ihre Hochzeitsreise ist eine Warnung an uns alle, dass Ehepaare oft über Banalitäten streiten.

Die Tatsache, dass die meisten Konflikte wegen Nichtigkeiten vom Zaun gebrochen werden, verkleinert die größeren Probleme natürlich nicht. Offenbar leuchtet in jeder Ehe eine rote Warnleuchte auf, sobald bestimmte Themen angeschnitten werden. Sowohl glücklich als auch unglücklich verheiratete Ehepaare streiten um dieselben Themen (auch wenn die Auseinandersetzungen sich in ihrer Intensität und Häufigkeit stark unterscheiden).

Umfragen zeigen, dass Geld in den USA mit Abstand Konfliktbereich Nr. 1 ist – auch bei Paaren, die zum zweiten Mal verheiratet sind.[51] Ehepaare müssen ständig finanzielle Entscheidungen treffen, bei denen sie fragen: »Wessen Geld ist das?« Das ist bei Paaren, die zum zweiten Mal heiraten und einer Stieffamilie gerecht werden müssen, nichts Überraschendes. Man braucht nicht viel Fantasie, um sich vorzustellen, dass dies heikel sein kann. Viele überrascht jedoch die Tatsache, dass der Streit ums Geld nicht davon abhängig ist, wie viel Geld man zur Verfügung hat. Ehepaare streiten um Geld, egal wie hoch ihr Einkommen ist. Manche Paare streiten darüber, ob sie im Urlaub nach Kanada oder in die Karibik fliegen; andere Paare streiten darum, ob sie sich überhaupt einen Urlaub leisten können.

Ein höheres Familieneinkommen kann den Stress reduzieren, aber es verhindert die Auseinandersetzungen nicht. In den meisten Ehen gehen die einzelnen Partner, unabhängig von der Höhe ihres Einkommens, unterschiedlich mit Geld um. Der eine ist großzügiger, während der andere sparsamer ist. Offen über Geldangelegenheiten zu sprechen ist wahrscheinlich das schwierigste Problem, das Sie und Ihr Partner lösen müssen. Ein guter Anfang ist es, darüber zu reden, wie Sie ganz allgemein mit Geld umgehen. Inwiefern hat Ihre Kindheit Ihren Umgang mit Geld geprägt? Was sind Ihre Prioritäten, für die Sie Geld ausgeben? Stimmen sie mit denen Ihres Partners überein? Lassen Sie sich nicht entmutigen, wenn Sie Unterschiede feststellen. In diesem Fall gilt es einen Kompromiss zu finden. Wenn Sie aufhören, in »Richtig«- oder »Falsch«-Kategorien zu denken, wird es viel leichter sein zu geben und zu nehmen.

Erkennen Sie Ihre Reizthemen

Gehen Sie zu Übung 19 (CD-ROM).

Wenn Sie wissen, was Sie auf die Palme bringt, kann das Ihnen und Ihrem Partner helfen, besonders aufzupassen, wenn es um brisante Themen geht. Viele Ehepaare haben das Gefühl, ständig über ein Minenfeld zu gehen und nie genau zu wissen, was ihren Partner explodieren lässt. Mit der Übung *Erkennen Sie Ihre Reizthemen* sollen Sie mögliche Problembereiche erkennen, um besser mit Auseinandersetzungen umgehen zu können.

Was unglückliche Paare falsch machen

Samstagmorgen in Seattle. Zwei Frischverheiratete trinken ihren Edelkaffee aus, während Bachs Viertes Brandenburgisches Konzert auf einem Designer-CD-Player gespielt wird. Es ist überraschend sonnig, und es fällt ihnen schwer, sich auf ihre Zeitung zu konzentrieren, während sie zuschauen können, wie an ihren großen Fenstern, die einen Blick über den *Lake Washington* freigeben, die Segelboote vorbeiziehen.

Aber etwas an dieser idyllischen Szene stimmt nicht. Unter der bequemen Freizeitkleidung des Paares sind Messgeräte auf ihrer Haut angebracht, die ihren Herzschlag messen. Ein anderes Gerät misst ihren Schweiß. Jede einzelne Bewegung, jede Miene und jedes Wort, das sie sagen, wird von drei Videokameras an der Wand festgehalten und von Beobachtern, die hinter Spiegelglas versteckt sind, beobachtet. Morgen werden sie Blutproben für eine weitere Untersuchung abgeben.

Wir sind hier nicht in einer schönen Wohnung am See, sondern in einem Psychologielabor an der Universität von Washington, und diese Frischvermählten sind Versuchspersonen bei einem Test, den Dr. John Gottman durchführt. Mit den modernsten technischen Geräten untersuchen Dr. Gottman und sein Wissenschaftlerteam seit über 20 Jahren Ehen und versuchen herauszufinden, welche Beziehungen besser werden und mit welchen es bergab geht. Inzwischen können sie ihre Ergebnisse mit einer erstaunlichen Genauigkeit von 95 Prozent vorhersagen.

Dr. Gottman kann das Scheitern einer Ehe erkennen und voraussagen, indem er beobachtet, wie sie mit Konflikten umgehen. Wenn vier schlechte Vorzeichen in ihrem Konflikt auftauchen – er nennt sie »vier apokalyptischen Reiter« –, ist Gefahr in Verzug. Denn jeder Reiter, der eintrifft, bereitet dem nächsten Reiter den Weg. Diese vier verheerenden Reaktionsformen sabotieren alle Versuche, Konflikte konstruktiv zu lösen. In der Reihenfolge von am wenigsten gefährlich bis sehr gefährlich sind dies: (1) Kritik, (2) Verachtung, (3) Abwehrhaltung und (4) Abschottung.

Kritik

»Ich habe bei einem Lagerverkauf einen Videorekorder für 200 Dollar gekauft.« Helga warf einen kurzen Blick darauf und ging in die Luft. Uwe erzählte uns von seinem letzten Streit mit seiner Frau. Seine Frau Helga gab zu, dass sie sich öfter über Uwes Kaufverhalten beschwerte. Beide bezeichneten sich selbst als sparsam, aber sie hatten unterschiedliche Vorstellungen von Sparsamkeit. Uwe schaltete zum Beispiel nicht immer das Licht aus, wenn er ein Zimmer verließ, während Helga stundenlang Rabattmarken für ihren nächsten Einkauf im Supermarkt sortierte. Als Uwe ihren Vorstellungen nicht entsprach, beklagte sich Helga.

Waren Helgas Klagen gerechtfertigt? Wir glauben schon. Nicht, weil sie Recht hatte, sondern weil sie das Recht hat, sich zu beklagen. Sich beklagen ist gesund in der Ehe. Einer Klage Luft machen ist zwar nur selten angenehm, aber sie macht die Ehe auf lange Sicht stärker, als wenn die Klage unterdrückt wird.

Aber Helga hatte, ohne es zu wissen, eine gefährliche Grenze überschritten. Im Laufe der Zeit stellte sie fest, dass ihre Bemerkungen Uwe nicht dazu bewegten, sein Kaufverhalten zu ändern. Da geschah etwas in ihrer Ehe, das große Gefahren in sich birgt: Statt sich über sein *Handeln* zu beklagen, begann sie, *ihn* zu kritisieren. »Du erfüllst nie deine Pflicht. Du tust immer, was du willst. Ich komme mir vor, als müsste ich mit einem erwachsenen Kind unter einem Dach leben.«

Auf den ersten Blick ist vielleicht kein großer Unterschied zwischen Klagen und Kritisieren zu erkennen, aber das trügt. Kritik greift die Persönlichkeit des anderen an und nicht sein Verhalten. Als allgemeine Regel kann man sagen: Kritik ist mit Schuldzuweisungen verbunden und greift persönlich an oder macht persönliche Vorwürfe. Eine Klage ist eine negative Bemerkung über etwas, das man gern anders hätte. Klagen beginnen normalerweise mit dem Wort *ich*, Kritik beginnt mit dem Wort *du*. Zum Beispiel: »Ich wünschte, wir würden mehr miteinander ausgehen«, ist eine Klage. »Du gehst nie mit mir aus« ist Kritik. Von der Klage zur Kritik ist es nur ein kurzer Sprung, und es mag nach Haarspalterei aussehen, aber sich Kritik anzuhören ist viel schlimmer als sich eine Klage anzuhören.

Konflikte schaffen das Feuer für Affekte und Gefühle; und wie jedes Feuer hat es zwei Aspekte: Es brennt und es gibt Licht.

CARL JUNG

Verachtung

Uwe und Helga hatten bis zu ihrem ersten Hochzeitstag ihre finanziellen Differenzen immer noch nicht gelöst. In der Hitze des

Gefechts einer besonders hässlichen Auseinandersetzung kreischte Helga: »Warum bist du nur immer so verantwortungslos? Du bist so selbstsüchtig!«

Uwe hatte die Nase voll und schoss zurück: »Lass mich doch endlich in Ruhe. Du bist so knickerig, dass du beim Gehen quietschst. Ich verstehe überhaupt nicht, wie ich dich nur heiraten konnte.« Das zweite böse Vorzeichen, Verachtung, war auf der Bildfläche aufgetaucht.

Verachtung vergiftet eine Beziehung, ob ein Paar nun vier Monate oder vierzig Jahre zusammen ist. Was Verachtung von Kritik trennt, ist laut Dr. Gottman »die *Absicht,* unseren Partner *zu beleidigen und psychisch zu misshandeln«.* Verachtung sollte gesetzlich verboten werden, denn sie zielt geradewegs auf das Herz eines Menschen, sie reißt die Beziehung aus ihrer Verankerung und verletzt. Wenn Verachtung auftritt, nimmt sie in der Ehe überhand und sperrt alle positiven Gefühle aus, die zwei Partner füreinander empfinden. Zu den häufigsten Ausdrucksformen von Verachtung gehört: den anderen beschimpfen, Sarkasmus und Spott. Sobald das einmal in einer Ehe Einzug hält, gerät sie vom Regen in die Traufe.

Abwehrhaltung

Sobald Uwe und Helga sich mit Verachtung begegneten, machte sich eine starke Abwehrhaltung breit und verschlimmerte alles nur noch. Beide fühlten sich als Opfer des anderen, und keiner war bereit, den ersten Schritt zu tun, die Dinge wieder ins rechte Lot zu rücken. Wer könnte ihnen daraus einen Vorwurf machen? Wenn man mit Beleidigungen bombardiert wird, ist es ganz natürlich, sich zu verteidigen: »Es ist nicht meine Schuld. *Du* solltest diese Rechnung zahlen, nicht ich.« Diese Abwehrhaltung ist auch deshalb so zerstörerisch, weil sie zum Reflex wird. Das »Opfer« – in seiner instinktiven Reaktion – sieht überhaupt nichts Falsches daran, dass es abwehrt, aber diese Haltung kann einen Konflikt eskalieren lassen, statt ihn zu lösen. Jedes Mal, wenn entweder Uwe oder Helga sich in einem Standpunkt völlig gerechtfertigt fühlte, jedes Mal, wenn sie entweder Entschuldigungen vorbrachten oder die Verantwortung ablehnten, verschlimmerten sie das Elend in ihrer Ehe.

Abschottung

Uwe und Helga waren am Ende. Erschöpft und Helgas Attacken überdrüssig, reagierte Uwe schließlich überhaupt nicht mehr auf ihre Angriffe. Er verteidigte sich nicht einmal mehr. »Du sagst nie etwas!«, schrie Helga dann. »Du sitzt einfach da. Es ist, als rede ich gegen eine Wand!« Uwe reagierte in der Regel überhaupt nicht mehr. Bei manchen Gelegenheiten zuckte er die Achseln, als wollte er sagen: »Ich komme mit dir sowieso auf keinen grünen Zweig. Warum soll ich es also versuchen?«

Die meisten »Abschotter« (ungefähr 85 Prozent) sind Männer. Sie werden ihrer Gefühle nicht mehr Herr und ziehen sich allmählich zurück, indem sie eine »Mauer« um sich aufbauen. Sie versuchen, keine Miene zu verziehen, Blickkontakt zu vermeiden, halten den Nacken steif und unterlassen alles, was verraten würde, dass sie zuhören. »Abschotter« behaupten oft, sie würden versuchen, die Sache nicht noch schlimmer zu machen. Aber ihnen scheint nicht bewusst zu sein, dass Abschotten an sich ein sehr mächtiges Instrument ist. Es vermittelt Ablehnung, eisige Distanz und Selbstzufriedenheit.

Ein solches Abschotten muss nicht das Ende einer Ehe bedeuten. Aber wenn der tägliche Umgang miteinander einmal diese Ausmaße angenommen hat, wird die Ehe sehr angegriffen, und es ist Schwerstarbeit nötig, um sie noch zu retten.

Vergessen Sie nicht, dass jeder anfangen kann, sich abzuschotten, eine Abwehrhaltung einzunehmen, verächtlich zu werden oder zu kritisieren. Selbst bei sehr glücklichen Ehepaaren kann ein solches Verhalten gelegentlich bei einer intensiven Auseinandersetzung vorkommen. Wirklich gefährlich wird es, wenn diese Umgangsformen zur Gewohnheit werden.

Gedanken lesen

Gehen Sie zu Übung 20 (CD-ROM).

Manchmal finden Ehepaare, die sich streiten, einen gemeinsamen Boden und müssen dann aber leider entdecken, dass sie auf Treibsand stehen, weil sie von falschen Annahmen ausgegangen sind. Die Übung *Gedanken lesen* soll Ihnen und Ihrem Partner helfen, diese Annahmen offen anzusprechen.

Warum ein guter Streit gar nicht so schlecht ist

Streit ist ein gesellschaftliches Tabu und wird als moralisch verwerflich angesehen. Die Annahme, dass Streit in gesunden Beziehungen keinen Platz habe, ist teilweise auf der Vorstellung begründet, dass Liebe das Gegenteil von Hass sei. Aber emotionale Nähe umfasst Gefühle der Liebe wie auch des Hasses, den Wunsch, einander nahe zu sein und auf Distanz zu gehen, Zustimmung und Ablehnung.

Fehlende Auseinandersetzungen tun den meisten Ehen nicht gut. Partner, die sich weigern, Konflikte als Teil der Ehe zuzulassen, verpassen Gelegenheiten, einander konstruktiv herauszufordern. Aber sie riskieren noch weitaus schlimmere Folgen. Ungelöste, ungeklärte Konflikte sind wie ein Krebsgeschwür, das Leidenschaft, Nähe und Hingabe in einer Ehe zerstört. Ehepaare, die »Dinge nicht zur Sprache bringen«, legen oft »Ersatzreaktionen« an den Tag, statt ihre Gefühle direkt zu verarbeiten. Sie essen zu viel, werden depressiv, tratschen oder leiden unter psychosomatischen Krankheiten. Diese Ersatzhandlungen sind zwar vielleicht gesellschaftlich akzeptabler als dem Ärger direkt Luft zu machen, aber sie können zu einer »leblosen Ehe« führen, in der vorgegebene Nähe das Höchste ist, was sich die betroffenen Ehepaare noch erhoffen können.[52] Ein typischer Abend im Haus eines Ehepaares, das sich nicht streitet und seit Jahren seinen Ärger unterdrückt, könnte so ablaufen:

Er *(gähnt):* Wie war dein Tag, Schatz?
Sie *(freundlich):* Ganz gut, und deiner?
Er: Ach, weißt du, das Übliche ...
Sie: Hast du heute noch irgendetwas Bestimmtes vor?
Er: Ach, ich weiß nicht ...

Für den Rest des Abends findet kein sinnvollerer Austausch mehr statt, weil die Energie, die diese beiden darauf verwenden, ihren Ärger zu unterdrücken, ihrer Beziehung jede Lebendigkeit raubt. Sie gehen allen Konflikten aus dem Weg, indem sie die Dinge, die sie ärgern, für sich behalten und sie in einen imaginären Sack werfen, der mit der Zeit immer schwerer und schwerer wird. Wenn Eheprobleme über längere Zeit gesammelt und unauffällig in einem Sack verstaut werden, richten sie ein furchtbares Durcheinander an, wenn sie eines Tages herausplatzen.

Ein Konflikt in der Ehe ist eine notwendige Herausforderung, der man sich stellen muss und der man nicht ausweichen sollte. Wir sagen es noch einmal: *Konflikte sind in intimen Beziehungen ganz natürlich.* Wenn das einmal verstanden ist, stellt ein Konflikt keine Krise mehr dar, sondern eine Gelegenheit sich zu entwickeln.

Die Eheberater David und Vera Mace stellen fest, dass Menschen an ihrem Hochzeitstag drei Sorten von Rohmaterial haben, mit dem sie arbeiten. Als Erstes sind das Gemeinsamkeiten. Als Zweites kommen die Dinge, bei denen man sich unterscheidet, aber die Unterschiede ergänzen sich. Und als Drittes gibt es die Unterschiede, die sich ganz und gar nicht ergänzen und die meisten Konflikte hervorrufen. In jeder Ehe gibt es diese Unterschiede – viele sogar. Je mehr Sie und Ihr Partner zusammenwachsen, umso deutlicher treten diese Unterschiede zutage. Konflikte können sogar ein Zeichen dafür sein, dass man näher zusammenwächst. Konflikte sind der Preis, den wir für eine tiefere Nähe bezahlen. Wenn Sie lernen, fair zu streiten, kann das Ihre Ehe stärken.

Einen Streit gut austragen

Angenommen, es gäbe eine Formel für eine glückliche Ehe – würden Sie danach leben? Natürlich, wer würde das nicht tun? Besonders, wenn die Formel durch stichhaltige Beweise gestützt würde, die ihren Erfolg garantieren.

Hier nun die erstaunliche Nachricht: Dank richtungweisender Forschungen und Untersuchungen bei mehreren tausend amerikanischen Ehepaaren gibt es eine solche Formel. Die Psychologen Howard Markman und Scott Stanley an der Universität von Denver sagen mit einer Genauigkeit von 80 Prozent voraus, wer sich nach sechs bis sieben Jahren Ehe scheiden lassen wird. Sie interessieren sich nicht dafür, *ob* ein Ehepaar streitet, sondern dafür, *wie* es streitet.[53]

Wir wissen jetzt nicht nur, was unglücklich verheiratete Ehepaare falsch machen, wenn sie streiten, sondern auch, was glückliche Paare richtig machen. Glückliche Ehepaare lösen Konflikte, ohne Wunden zu schlagen, weil sie gelernt haben, einen Streit gut auszutragen, indem sie sich streng an Regeln halten.

Weichen Sie einer Auseinandersetzung nicht aus

Wir brauchen nur an die Geschichte von dem Geist in der Flasche zu denken, der in den ersten tausend Jahren seiner Gefangenschaft denkt: »Wer mich herauslässt, hat drei Wünsche frei.« Nach weiteren tausend eingeschlossenen Jahren hat sich seine Einstellung entscheidend geändert: »Wer mich herauslässt, den bringe ich um.« Viele scheinen, wie dieser Geist, gemeiner und gefährlicher zu werden, je länger sie ihre Gefühle unter Verschluss halten. Vergraben Sie also nichts in sich, das Sie wütend macht. Unterdrückte Wut hat eine hohe Auferstehungsrate.

Glückliche Ehepaare haben vielleicht heftige Meinungsverschiedenheiten, aber sie schließen ihren Partner nicht aus. Wenn ein Partner eine Streitfrage anspricht, hört der andere aufmerksam zu. Von Zeit zu Zeit wiederholt der Zuhörende mit eigenen Worten, was der andere sagt (»Du machst dir Sorgen, weil wir zu viel Geld ausgeben?«), um sicherzustellen, dass die Botschaft richtig angekommen ist.

Wählen Sie Ihre Streitobjekte sorgfältig aus

Liebe macht vielleicht blind, aber bei vielen wirkt die Ehe wie ein Vergrößerungsglas. Ehepaare, bei denen fast sicher ist, dass sie sich einmal trennen werden, können anscheinend keine entspannte, vernünftige Möglichkeit finden, wie sie so kleine Meinungsverschiedenheiten (etwa welchen Film sie sich anschauen oder welche Freunde sie besuchen wollen) lösen können. Letztendlich wird ihnen diese Unfähigkeit zum Verhängnis, egal wie verliebt sie sind. Nehmen Sie also den Rat eines Experten ernst, und wählen Sie Ihre Streitobjekte sorgfältig aus.

> *Liebe kann ärgerlich sein ... mit der Art Ärger, in dem keine Galle steckt, wie bei der Taube und nicht beim Raben.*
>
> *AUGUSTINUS*

Sie haben das Gebet »Gib mir die Weisheit, Dinge hinzunehmen, die ich nicht ändern kann« bestimmt schon auf Postern oder Spruchkarten gelesen. Dieser Satz ist fast ein Modeslogan geworden, aber er beinhaltet eine wichtige Wahrheit: Eine der wichtigsten Aufgaben in der Ehe ist es zu lernen, was verändert werden kann und sollte (etwa ständige Nörgelei), und was man am besten übersehen sollte (etwa wie unser Partner die Zahnpastatube ausdrückt).

Wir sagen Ehepaaren oft, dass man ungefähr 90 Prozent der Streitfragen, über die sie sich die Köpfe heiß reden, wahrscheinlich übersehen kann. Wir wissen, wie einfach man den eigenen Ehepartner kritisieren kann. Wir haben uns selbst auch schon oft genug über Unwichtiges aufgeregt, aber wir haben auch gelernt, uns nicht wegen Kleinigkeiten in die Haare zu kriegen. Dieser kleine Rat kann Sie davor bewahren, sich einen Freitagabend oder gar einen ganzen Urlaub zu verderben. Bevor Sie sich also darüber aufregen, wie Ihr Partner das Bett gemacht oder den Tisch abgeräumt hat, sollten Sie sich fragen, ob dieser Anlass wirklich einen Streit wert ist.

Definieren Sie klar, worum es geht

Angelika und Wolfgang schienen streitsüchtig zu sein. Ihr jüngster Streit entbrannte, als sie Freunde zu Besuch hatten. Alle fühlten sich wohl. Man unterhielt sich gemütlich und genoss das Essen. Als Angelika den Nachtisch servieren wollte, bot Wolfgang an, den Kaffee einzuschenken. Angelika nahm dies dankend an und ging in die Küche, um noch ein paar Teller zu holen. Als sie ins Esszimmer zurückkam, unterhielt sich Wolfgang angeregt und hatte mit dem Einschenken noch nicht angefangen. Verächtlich machte Angelika eine abfällige Bemerkung und die beiden begannen zu streiten.

»Jetzt fangen die zwei schon wieder an«, stellte ein Freund fest.

Verlegen brachen Angelika und Wolfgang ihren Streit ab. Als ihre Gäste fort waren, fragte Angelika Wolfgang: »Streiten wir wirklich so oft?« Wolfgang nickte ernst. Sie wussten eigentlich beide, dass sie zu viel stritten, aber sie wussten nicht warum.

Viele Ehepaare streiten regelmäßig über fast alles – keine Sache ist zu unwichtig oder zu wichtig, um nicht darüber zu streiten. Als Angelika und Wolfgang zu uns in die Beratung kamen, gaben wir ihnen eine kleine Anweisung, die die Häufigkeit ihrer Auseinandersetzungen fast schlagartig reduzierte. Die Verhaltensregel lautete so: »Wenn Sie spüren, dass die Spannung ansteigt, definiert jeder Einzelne, worüber Sie eigentlich streiten, bis Ihnen beiden klar ist, worum es geht.« Ehestreitigkeiten werden zur Gewohnheit, wenn der eigentliche Grund für den Konflikt unklar ist. Aber sobald Paare festlegen, worüber sie überhaupt streiten, können sie viel besser auf das eingehen, was sie wirklich stört. Wenn erst einmal klar ausgesprochen wurde, worum es geht, löst sich der Konflikt oft von selbst.

Bei Wolfgangs und Angelikas Fiasko beim Abendessen war Angelika nicht wütend, weil sie die ganze Arbeit allein erledigen sollte. Sie war sauer auf Wolfgang, weil er am Nachmittag Basketball gespielt hatte, obwohl er versprochen hatte, zu Hause zu bleiben. Die Bloßstellung vor ihren Freunden war ihre Art, es ihm heimzuzahlen. Sobald Wolfgang verstand, worum es seiner Frau in Wirklichkeit ging, konnte er Angelikas Frustration besser verstehen und darauf eingehen.

Um die eigentliche Quelle eines Konflikts zu erkennen, müssen Sie sich fragen: »Worüber streiten wir in Wirklichkeit?«, und: »Was ist der eigentliche Grund für unsere Meinungsverschiedenheit?« Wenn Ehepaare diese Fragen nicht stellen oder beantworten können, verlagert sich der Streit oft auf ein anderes Thema (»Und überhaupt: Warum musst du immer ...?«). Bevor Sie streiten, sollten Sie also sicherstellen, dass Ihnen beiden klar ist, worüber Sie streiten.

Sagen Sie direkt, was Sie fühlen

Sonja, die etwas über ein Jahr verheiratet war, stritt mit ihrem Mann ständig über seine vielen Geschäftsreisen. »Ich verstehe nicht, warum dir deine Arbeit wichtiger ist als unsere Beziehung«, sagte sie eines Abends am Telefon zu ihm. As er ihr erklärte, unter welchem Druck er wegen eines bevorstehenden Termins stand und warum er so viel unterwegs sein musste, wurde Sonja plötzlich bewusst, dass sie eigentlich nicht wütend war, weil er so oft fort war und so viel arbeitete. Sie wollte eigentlich nur von ihm hören: »Ich vermisse dich. Es gefällt mir eigentlich überhaupt nicht, dass ich nicht zu Hause bin. Du bist eine wunderbare Frau, weil du alles so gut regelst, während ich fort bin.« Sobald sie klar aussprach, was sie fühlte, bekam sie, was sie wollte.

Wir geben Paaren oft die Formel »X, Y, Z« an die Hand, um über ihre Gefühle zu sprechen. Stellen Sie sich diese Vorgehensweise als eine Art Spiel vor, bei dem Sie die Variablen durch Ihre konkrete Situation ersetzen: »In Situation X, wenn du Y tust, fühle ich Z.« Zum Beispiel: »Wenn du unterwegs bist (X) und mir nicht sagst, dass du mich vermisst (Y), fühle ich mich ungeliebt und einsam (Z).« Oder: »Am Donnerstagabend (X), als du mit deiner Mutter ein Ferngespräch geführt hast, das über eine halbe Stunde dauerte (Y), war ich verärgert, weil wir uns solche langen Ferngespräche nicht leisten können (Z).« Diese Formel hilft Ihnen, Beleidigungen und Angriffe auf den Charakter Ihres Partners zu vermeiden. Dafür können Sie einfach erklären, welche Gefühle das Verhalten Ihres Partners bei Ihnen auslöst.

Ein weiteres Beispiel wäre: »Wenn wir im Auto unterwegs sind (X) und du im Radio einen anderen Sender suchst, ohne mich vorher zu fragen (Y), verletzt mich das, weil meine Wünsche nicht berücksichtigt werden (Z).« Das ist für Ihren Partner viel hilfreicher, als wenn Sie sagen: »Bei der Musikauswahl sind dir meine Wünsche völlig egal.« Dieser Gedanke kommt Ihnen vielleicht zuerst in den Sinn, aber solch eine Aussage fordert nur eine Abwehrreaktion heraus, die Sie nicht weiterbringt.

Unausgesprochenes aussprechen

Gehen Sie zu Übung 21 (CD-ROM).

Seit über zehn Jahren machen wir in unserer Ehe eine Übung, die wir »Unausgesprochenes aussprechen« nennen. Es ist eine Möglichkeit, regelmäßig mit Ihrem Partner reinen Tisch zu machen, damit sich nicht allzu viele konfliktträchtige Streitpunkte anhäufen. Die Übung *Unausgesprochenes aussprechen* wird Ihnen und Ihrem Partner helfen, sich sowohl über die negativen als auch über die positiven Fragen in Ihrer Beziehung regelmäßig auszutauschen.

Klassifizieren Sie die Stärke Ihrer Gefühle

Wir beobachten, dass oft bei einem Paar ein Partner extrovertierter ist als der andere. Mit anderen Worten: Der eine artikuliert seine Gefühle schneller und stärker als der andere. Dieses Ungleichgewicht ruft immer wieder Probleme hervor, denn was für den einen sehr wichtig ist, kann dem anderen überhaupt nicht wichtig *erscheinen.*

Als James und Karen ihre erste Wohnung einrichteten, wollte Karen die Küchenwände hellblau streichen. Sie brachte Farbmuster mit nach Hause und zeigte sie ihrem Mann, aber er konnte sich nicht damit anfreunden.

»Ich habe die perfekte Farbe gefunden«, sagte Karen begeistert und hielt Farbkarten an die Wand.

»Na, mein Geschmack sind sie nicht«, erwiderte James.

»Ach, sie wird dir schon gefallen, wenn du sie an der Wand siehst. Es sieht bestimmt großartig aus.«

»Ich weiß nicht.«

Mitten im Gespräch klingelte das Telefon, und sie sprachen später nicht mehr weiter über dieses Thema. Drei Tage später traute James seinen Augen nicht, als er von der Arbeit nach Hause kam und in eine hellblaue Küche trat. »Was ist denn das?«, rief er aus. »Ich dachte, wir hätten uns geeinigt, diese Farbe nicht zu nehmen!«

»Du hast doch gesagt, es sei dir egal. Also habe ich die Küche blau gestrichen.«

»Das habe ich nie gesagt!«

Den ganzen Abend stritten James und Karen darüber, dass sie sich betrogen und nicht ernst genommen fühlten. Das ganze Szenario hätte vermieden werden können, wenn sie gewusst hätten, wie wichtig (oder unwichtig) jedem Einzelnen von ihnen war, in welcher Farbe die Küche gestrichen werden sollte. Wie sich herausstellte, hatte James es nicht deutlich gesagt, aber es war ihm sehr wichtig, dass die Küche *nicht* hellblau gestrichen würde. Karen konnte es nur nicht erwarten, ihre Wohnung gemütlich einzurichten. Sie hätte sehr leicht von einer anderen Farbe überzeugt werden können. Ihre Gefühle und die Intensität, mit der sie sie zum Ausdruck brachten, waren völlig entgegengesetzt.

Mit einem einfachen Mittel hätte ein großer Teil von James' und Karens Problem verhindert werden können. Schon seit mehreren Jahren verteilen wir »Konfliktkarten«, wie wir sie nennen.

Mit dieser kleinen Plastikkarte, die nicht größer als eine Kreditkarte ist, können Paare schnell und verständlich zum Ausdruck bringen, wie stark ihre Gefühle in einer bestimmten Sache sind. Wir wissen nicht mehr, woher die Idee für diese Karte stammt, aber sie hilft uns, viele Konflikte in unserer eigenen Ehe zu lösen, und wir haben erlebt, wie sie auch schon vielen anderen geholfen hat.

Was steht auf der Karte? Es ist eigentlich ganz einfach. Auf der Karte ist eine Skala von 1 bis 10, nach der die Intensität der Gefühle einer Person eingestuft wird:

1. Ich bin nicht begeistert, aber eigentlich ist es mir nicht wichtig.
2. Ich sehe das nicht so wie du, aber vielleicht irre ich mich.
3. Ich bin anderer Meinung, aber ich kann damit leben.
4. Ich bin anderer Meinung, aber du kannst es so machen.
5. Ich bin anderer Meinung und kann nicht stillschweigend darüber hinwegsehen.
6. Ich bin anderer Meinung, und ich brauche mehr Zeit.
7. Ich bin absolut dagegen und kann mich nicht damit abfinden.
8. Ich werde mich so sehr darüber aufregen, dass ich nicht vorhersagen kann, wie ich reagieren werde.
9. Auf keinen Fall! Wenn du das tust, gehe ich!
10. Nur über meine Leiche!

Bei jedem hitzigen Wortwechsel kann ein Ehepaar einfach diese Liste herausholen und die Intensität seiner Meinungsverschiedenheiten beurteilen (»Das ist für mich eine Drei.« »Für mich ist es eine Fünf!«). Wenn sie mit diesen Punkten zum Ausdruck bringen, wie wichtig ihnen eine Sache ist, können zwei Partner sich auf einer Ebene austauschen, auch wenn der eine wortgewandter ist als der andere.

Übrigens raten wir Paaren, die mit Konfliktkarten arbeiten: Wenn für beide Partner ein Streitpunkt bei Sieben oder höher angesiedelt ist, sollten sie die objektive Hilfe eines Eheberaters in Anspruch nehmen.

Verzichten Sie auf Beschimpfungen

In den USA gibt es eine Redensart für Kinder: »Ein Stock oder Stein kann mir die Knochen brechen, aber Schimpfnamen können mir nichts anhaben.« Das ist eine Lüge. Beschimpfungen verletzen sehr wohl, wie viele unglückliche Ehepaare bestätigen können. Leider sind Ehepaare im Allgemeinen Experten darin, den Charakter ihres Partners niederzumachen (»Du willst keine bessere Stelle, weil du zu faul bist!«).

Lass die Sonne nicht untergehen über deinem Zorn.

EPHESER 4,26

Beschimpfungen wirken besonders zerstörerisch, wenn sie die Achillesferse treffen. Wenn Ihr Partner Ihnen anvertraut hat, dass seine grausamen Schulkameraden ihm den Spitznamen »Strohkopf« gegeben haben, was ihm sehr weh tat, und wenn er als Erwachsener immer noch Angst hat, in der Gesellschaft anderer in ein Fettnäpfchen zu treten, ist dieser Ausdruck einfach ein absolutes Tabu. Zwei Achillesfersen, die so oft genannt werden, dass sie überall verbreitet sein müssen, sind sexuelles Verhalten und Eltern. Es ist schon heikel in einer ruhigen, entspannten Atmosphäre mit seinem Partner über mangelnde sexuelle Befriedigung zu reden, aber dies bei einem Streit anzusprechen, ist einfach gemein. Auch wenn man seine eigenen Eltern kritisieren darf, empfinden wir es als schmutziges Wäschewaschen, wenn unser Ehegatte das tut.

Es gehört zu der traurigen Realität von engen Beziehungen, dass wir diejenigen, die wir lieben, schlimmer behandeln als jeden anderen auf der Welt. Wir werfen unserem Ehegatten viel häufiger Beschimpfungen an den Kopf als irgendeinem anderen Menschen in unserem Leben. Hier ein paar Tipps, wie Sie Höflichkeit in Ihrer Ehe einüben können:

– Zeigen Sie bei der Begrüßung, dass Sie gern zusammen sind und verabschieden Sie sich liebevoll, wenn Sie weggehen.

– Wenn Ihr Partner eine Arbeit im Haus erledigt hat, zeigen Sie
  ihm immer Ihre Wertschätzung dafür, auch wenn sie nicht genau
  so erledigt wurde, wie Sie es gern hätten. (Sagen Sie: »Danke,
  dass du das Auto gewaschen hast«, und nicht: »Du hast eine Stelle übersehen.«)
– Gestalten Sie die Mahlzeiten in einer angenehmen Atmosphäre.
  Schalten Sie das Fernsehen und das Radio aus, und schenken Sie
  Ihrem Partner Ihre volle Aufmerksamkeit.

Es ist nachgewiesen, dass eine einzige Beleidigung mehrere Stun-
den, in denen man freundlich war, zunichte macht. Sie täten sich
und Ihrem Partner also den größten Gefallen, wenn Sie Beschimpfungen ganz unterlassen könnten.

Verharren Sie nicht bei Negativem

Wenn Sie gerade darüber streiten, wie viel Zeit Ihr Partner bei der
Arbeit verbringt, versprechen wir Ihnen: Es wird Ihre Position
nicht stärken, wenn Sie auch noch anmerken, dass er außerdem das
Konto überzogen hat und Ihnen das Auto immer mit leerem Tank
stehen lässt. Bleiben Sie beim Thema, und versuchen Sie, *den Streit
zu einem Ende zu bringen.* Bringen Sie das Gespräch immer wieder
zum aktuellen Anlass zurück, wenn es abschweift. (»Wir sollten
jetzt doch nur entscheiden, wer diese Wäsche zur Reinigung bringt.
Darüber, wer zu Hause die Wäsche wäscht, können wir später reden.«) Versuchen Sie, Ihren Partner zu beruhigen. (»Machen wir
lieber eine Pause. Wir sind beide zu aufgebracht, um im Augenblick vernünftig darüber sprechen zu können.«) Unglücklich verheiratete Paare verstehen jede Äußerung negativ und lassen sich in
einen Teufelskreis hineinziehen, bei dem ein unfreundliches Wort
das andere ergibt:

Er: Ich fürchte, es war falsch, mich auf ein schönes Abendessen
zu freuen.

Sie: Wenn du pünktlich nach Hause kämst, hättest du eines bekommen. Dir ist dein Beruf wichtiger als ich.

Er: Jemand muss schließlich unseren Lebensunterhalt verdienen.

Sie: Das müsstest du nicht, wenn ich nicht wie eine Verrückte gearbeitet hätte, um dir das Studium zu ermöglichen!

Diese Art von Luftablassen gehört zu den besten Wegbereitern für eine Scheidung. Diese Paare steigern sich in hitzige, unproduktive Streitereien über nebensächliche oder längst vergangene ungelöste Streitfragen hinein. Sie lösen damit keine Probleme, aber die negativen Gefühle wüten wie ein verzehrendes Feuer.

In intakten Ehen wird ein Partner nicht immer zurückschlagen, wenn er unfair provoziert wird. Eher versucht er, die Spannung abzubauen:

Er: Ich habe mich wirklich auf ein anständiges Abendessen gefreut!

Sie: Deine Arbeitszeiten sind so unterschiedlich, dass ich nie weiß, wann du kommst.

Er: Daran lässt sich nichts ändern. Ich habe zur Zeit viel Druck bei der Arbeit.

Sie: Wie wär's, wenn wir heute Abend einfach eine Pizza kommen lassen?

Es geht nicht darum, wie Sie in einen Streit hineingeraten, sondern wie Sie wieder herauskommen. Wenn Sie ständig bei Negativem verharren, werden Sie irgendwann darin untergehen.

Sehen wir den Tatsachen ins Auge: In der Liebe und im Krieg geht es nicht immer fair zu. Faires, konstruktives Streiten ist besser als abschätziges und gemeines Kämpfen. So viel steht fest. Auch wenn Sie sicher immer wieder einmal ausrutschen, wird es Ihnen helfen, einen Streit gut auszutragen, wenn Sie versuchen, die »Regeln« einzuhalten.

Denkanstöße:

– Was tun Sie normalerweise, wenn Sie in einen Konflikt geraten? Was funktioniert und was funktioniert bei Ihnen nicht? Was haben Sie aus Ihrer früheren Ehe über Ehekonflikte gelernt?

– Sind Ihnen je bestimmte »Anzeichen« aufgefallen, die Sie vorwarnen, dass die Spannung steigt, bevor es zur Explosion kommt? Fängt beispielsweise Ihr Herz an zu rasen, bekommen Sie feuchte Hände oder vermeiden Sie den Blickkontakt? Woran könnten Sie merken, dass Sie kurz davor stehen, sich aufzuregen?

– Denken Sie an die Dinge, über die Sie und Ihr Partner manchmal streiten. Welches Muster können Sie entdecken? Gibt es irgendein Schema? Tauchen dieselben Streitpunkte immer wieder auf?

– Wo würden Sie sich auf einer Skala, an deren einem Ende »Konflikte leugnen« und am anderen Ende »die Konfrontation suchen« steht, einordnen? Wo würden Sie Ihren Partner einordnen? Wie könnten Ihre Unterschiede Ihre Auseinandersetzungen beeinflussen?

– Wie können Sie den häufigen Fehler, dass aus Ihren Klagen Kritik wird, vermeiden? Warum ist es so wichtig, nicht in diese Falle zu tappen?

– Was sagen Sie zu der Aussage: »Konflikte sind der Preis, den wir für wachsende Nähe zahlen müssen«? Wie würden Sie diesen Gedanken einem anderen Menschen erklären?

– Was haben Sie von Ihren Eltern im Umgang mit Konflikten übernommen? Denken Sie an Verhaltensweisen wie Schreien, Schuldzuweisen, Schmollen, Sarkasmus, Einander-aus-dem-Weg-Gehen, Weinen und Drohen.

– Über Geld wird u. a. am häufigsten gestritten, weil tagtäglich Geldfragen entschieden werden müssen. Warum ist Ihrer Meinung nach Geld in der Ehe außerdem so problematisch?

– Wissen Sie genau, was Sie auf keinen Fall sagen dürfen, wenn Sie mit Ihrem Partner streiten? Weiß er, was er auf keinen Fall zu Ihnen sagen darf?

– Was ist Ihre größte Stärke, und was ist Ihre größte Herausforderung, wenn es darum geht, einen Streit gut auszutragen?

– Jedes Problem, das Sie und Ihr Partner bewältigen, macht Ihre Ehe stärker. Nehmen Sie sich einen Augenblick Zeit und denken Sie an Konflikte, die Sie miteinander auf konstruktive Weise gelöst haben. Was sagen Ihnen diese Erfahrungen über Ihre Fähigkeit, schwierige Fragen als Team anzugehen?

Frage 8:

Wissen Sie, wie man
eine glückliche Stieffamilie gründet?

Stieffamilien sind die moralischen Pioniere des aktuellen Fami-
lienlebens. Sie zeigen uns, wie wir angesichts von Loyalitäten,
die sich multiplizieren und dividieren, aber nie genau konvergie-
ren, lieben und durchhalten können.   WILLIAM DOHERTY

»Ich kann einfach nicht glauben, wie sehr du mich hasst«, beklagte
sich Ines bei ihrer fünfzehnjährigen Tochter Sarah. »Nach allem,
was wir miteinander durchgemacht haben!«

Ines und ihr Verlobter Robert kamen vor ihrer Heirat zu uns, um
sich beraten zu lassen. Bis zu ihrem Hochzeitstermin waren es
noch vier Monate, und sie wussten, dass sie Hilfe von außen
brauchten. Nicht nur sie beide, sondern auch Ines' zwei Kinder aus
ihrer ersten Ehe, Sarah und Tom. Zu dieser Sitzung hatten sie Sarah
und Tom mitgebracht.

»Du hast viel durchgemacht, stimmt's?«, fragte Les und
schaute Sarah an. Sie lümmelte sich einfach in ihren Stuhl, ver-
schränkte die Arme fest vor der Brust, verzog die Lippen und
tippte aufgebracht mit ihrem Fuß auf den Boden. »Wenn dir
nicht nach Reden ist«, sagte Les, »brauchst du nichts sagen. Das
ist in Ordnung.«

»Du gibst dir mal wieder überhaupt keine Mühe«, ging Ines
auf Sarah los. Les machte Ines Zeichen, sich zurückzuhalten. Aber
Ines ließ nicht locker. »Wir sind deinetwegen hier. Dr. Parrott will
dir doch nur helfen, deine unguten Gefühle wegen meiner Hochzeit
loszuwerden.«

Sarah rollte mit den Augen. »Ich darf ja noch nicht einmal meine Freunde einladen. Warum soll ich überhaupt zu der Hochzeit

kommen?« Ihr 9-jähriger Bruder Tom nickte bestätigend, wich aber dem Blick seiner Mutter aus.

Ines war kurz davor, in die Luft zu gehen, als Robert sich einmischte. »Schatz, jetzt beruhige dich doch bitte, und lass uns hören, was Sarah sagen will.« Die Spannung wich allmählich, als Robert sich mit der einfachen Frage »Wie schaffen wir es, dass diese Familie funktioniert?« an Les wandte.

Wie auf so viele einfache Fragen gab es darauf keine einfache Antwort. Wir hören diese Frage immer wieder.

Frank und Julia stellten die gleiche Frage. Sie waren gerade von ihrer zweiwöchigen Hochzeitsreise in der Karibik zurückgekehrt, als Franks Exfrau ihre Verlobung mit einem Mann bekannt gab, den sie erst seit ein paar Monaten kannte. Diese Nachricht löste bei Frank einen inneren Orkan aus. Plötzlich hatte er Angst, seine zwei Söhne, acht und sechs Jahre alt, zu verlieren. »Ich sehe sie ohnehin nur ein paar Mal im Monat, und jetzt werden sie einen neuen Vater bekommen, der bei ihnen wohnt«, vertraute er uns an. »Ich habe meinen Söhnen gesagt, falls einer je ›Papa‹ zu ihrem neuen Stiefvater sagen sollte, bekämen sie mich nie wieder zu Gesicht.«

Frank war stolz darauf, dass er seinen Standpunkt klargestellt hatte, aber Les und ich waren entsetzt über die Botschaft, die er seinen kleinen Söhnen vermittelte: Wenn ihr zu eurem Stiefvater eine enge Beziehung aufbaut, verliert ihr euren leiblichen Vater. Franks Ängste hatten seinen Menschenverstand getrübt.

Frank sah uns unsere Besorgnis an. »Was habe ich denn falsch gemacht?«, fragte er.

Wir versicherten ihm, dass wir seine Ängste und seinen Schmerz verstünden, dann fragten wir: »Wie, glauben Sie, haben sich Ihre Kinder gefühlt, als Sie ihnen das gesagt haben?«

Bald ging ihm auf, was er angerichtet hatte. Er begriff, dass er ihnen mit dem schlimmsten Unheil, das überhaupt möglich ist, gedroht hatte: Dass sie ihren Vater für immer verlieren würden.

»Ich wollte ihnen keine Angst einjagen«, flüsterte er und hatte Mühe, die Tränen zurückzuhalten. Julia rutschte neben ihn und nahm seine Hand. Unter Tränen gestand Frank, dass seine Söhne nichts tun könnten, das ihn veranlassen würde, sie fallen zu lassen. »Wir müssen einfach wissen, was wir machen können, damit diese Familie, oder was es auch ist, funktioniert.«

Stieffamilie, zweite Familie, Patchwork-Familie, erweiterte Familie, moderne Familie, nicht traditionelle Familie – wie immer Sie es auch nennen, es *ist* Arbeit.[54] Und wie Sie dabei vorgehen, kann darüber entscheiden, ob Ihre Ehe so wird, wie Sie sich das wünschen. Wir fragen Sie also: Wissen Sie, wie man eine glückliche Stieffamilie gründet?

Vielleicht gehen Sie beide mit jeweils eigenen Kindern diese Ehe ein. Vielleicht hat der eine von Ihnen Kinder und der andere nicht. Vielleicht hat auch einer von Ihnen Kinder, die nur an zwei Wochenenden im Monat zu Besuch kommen. Bei ungefähr 65 Prozent der zweiten Ehen in den USA sind Kinder aus einer früheren Ehe beteiligt. Wir wollen Ihnen in diesem Kapitel Mittel an die Hand geben, wie Sie eine Ehe – und eine Familie – aufbauen können, die den absehbaren Problemen und Spannungen, die gewiss auf Sie warten, standhalten kann.

Wenn Sie der leibliche Elternteil sind

Ines (vom Anfang dieses Kapitels) war seit ihrer Scheidung vor ungefähr zehn Jahren ein paar Mal mit Männern ausgegangen, aber es hatte sich nie etwas Ernstes ergeben, bis sie Robert kennen lernte. Er war der erste Mann, der nach ihrer Scheidung als Ehemann für sie in Frage kam. Nicht nur das, auch ihre Kinder mochten ihn. Deshalb war es für Ines auch so verwirrend, dass sie sich über ihre Hochzeit nicht freuten. Mit der Zeit begriff sie, was mit ihnen los war. Sie mochten zwar beide Robert, aber ihnen gefiel nicht, wie Ines sie behandelte, wenn er dabei war. Je mehr Ines darauf bestand, dass sie sich ihm gegenüber anständig benehmen sollten, umso missmutiger und trotziger wurden die Kinder.

»Robert ist in Ordnung«, gab Sarah zu. »Mir gefällt nur einfach nicht, wie meine Mutter sich verändert hat, seit sie mit ihm zusammen ist. Ständig kommandiert sie uns herum.«

Ines schluckte schwer, als sie das hörte, aber schließlich erkannte sie selbst, dass sie ihre Kinder in Roberts Beisein anders behandelte als sonst. Nun konnte sie ihr neues Verhalten, dessen sie sich nicht einmal bewusst gewesen war, bis man es ihr deutlich sagte, ändern.

Liebe baut Brücken, wo es keine gibt.　　　　R. H. DELANEY

Dieses fehlende Bewusstsein, gepaart mit missmutigen Kindern, ist bei Eltern, die zum zweiten Mal heiraten und ihre Kinder mit in die neue Beziehung bringen, eine häufige Erscheinung. Falls Sie in diese Kategorie fallen, wissen Sie wahrscheinlich, wie Ines sich fühlte. Immerhin heiraten Sie nicht nur; Sie und Ihre Kinder wollen mit diesem Menschen eine neue Familieneinheit schaffen. Das ist ein großer Schritt. Vielleicht der größte Schritt in Ihrem ganzen Leben. Es ist also nur begründet, dass sich gewisse Ängste einschleichen. Auch wenn es keine Patentrezepte gibt, um solche Ängste völlig auszuräumen, können Sie einiges tun, um den Eintritt in diese neue Welt leichter zu schaffen.

Machen Sie reinen Tisch

Als Erstes ist es äußerst wichtig, dass Sie mit Ihrer ersten Ehe im sprichwörtlichen Sinn reinen Tisch machen, wenn Sie in Ihrer zweiten Ehe Erfolg haben wollen. Ob Ihre erste Ehe nun durch Scheidung oder den Tod Ihres Ehepartners endete – entscheidend ist, dass Sie einen dicken Schlussstrich unter diese Ehe ziehen. Warum? Weil Sie damit die Chancen erhöhen, dass Sie dieselben Fehler in Ihrer zweiten Ehe vermeiden. Richard Stuart und Barbara Jacobson betonen: »Sie können Ihrem jetzigen Partner nicht gerecht werden, solange Sie nicht mit Ihrer Vergangenheit aufgeräumt haben.«[55] Mit Ihrer ersten Ehe aufräumen bedeutet, dass Sie sich ins Gedächtnis rufen, dass sowohl Sie als auch Ihr Partner zum Guten und zum Schlechten in dieser Ehe beigetragen haben.

Altlasten entsorgen

Gehen Sie zu Übung 22 (CD-ROM).

Ihre neue Liebe hat nur dann eine Chance, wenn Sie alles tun, um Frieden über Ihre erste Ehe zu bekommen, und wenn Sie ohne Vorbelastungen in Ihre zweite Ehe gehen. Diese Übung wird Ihnen und Ihrem Partner dabei helfen. Falls dies Ihre erste Ehe, aber die zweite Ehe für Ihren Partner ist, sollte er die Übung zunächst allein machen und dann mit Ihnen darüber sprechen.

Gehen Sie zivilisiert mit Ihrem geschiedenen Partner um

Wie Sie mit Ihrem geschiedenen Partner umgehen, ist ein lebendes Beispiel für Ihre Kinder. Immerhin ist das Zuhause, in dem sie aufwachsen, die Schule, in der sie lernen, Beziehungen zu leben. Hier lernen sie, wie Beziehungen funktionieren. Sie sind der wichtigste Lehrer Ihrer Kinder. Je zivilisierter Sie also zu Ihrem geschiedenen Partner sind, umso zivilisierter werden sich Ihre Kinder im Allgemeinen benehmen.

Jede größere Veränderung im Leben bedeutet Verlust. Selten ist dieser Verlust so groß wie dann, wenn der Ehepartner stirbt oder wenn man geschieden wird. FREDERICK FLACH

Außerdem sollten Sie immer im Auge behalten: Ihr geschiedener Partner ist nach wie vor ein wichtiger Teil im Leben Ihrer Kinder. Kinder brauchen Erinnerungen an ihren anderen Elternteil. Sie brauchen Bilder von ihrem Vater oder ihrer Mutter genauso wie gemeinsame Ausflüge und regelmäßige Besuche. Falls Ihr neuer Partner das nicht leicht akzeptieren kann, ist es Ihre Aufgabe als leiblicher Elternteil, hier nachzuhelfen, indem Sie das Kind an frühere Erlebnisse erinnern. Untersuchungen in den USA haben gezeigt, dass die Kinder, die unkomplizierten Umgang mit beiden Elternteilen haben, am besten mit der Scheidung zurechtkommen.[56] Das bedeutet: Sie können dem Elternteil, bei dem sie nicht wohnen, so oft wie möglich schreiben und/oder ihn besuchen. Das heißt, sie haben die Freiheit, auch den anderen leiblichen Elternteil zu lieben. Kinder, von denen verlangt wird, sich zwischen ihrer leiblichen Mutter und ihrem leiblichen Vater zu entscheiden, werden vor eine emotionale Zerreißprobe gestellt, die einem Kind gegenüber schlichtweg unfair ist, und bei der es keine Gewinner geben kann. Scheidungskinder müssen ohnehin mit vielem fertig werden. Sie sollten sich nicht auch noch für den einen und gegen den anderen Elternteil entscheiden müssen. Wenn Ihre Kinder also gelegentlich Ihren geschiedenen Partner besuchen, sollten Sie daran denken: Es ist möglich, sich an zwei verschiedene Regelwerke oder zwei verschiedene Arten, bestimmte Dinge zu tun, in zwei verschiedenen Häusern zu gewöhnen, solange von einem Kind nicht verlangt wird, sich zu entscheiden, welches besser ist.

Sorgen Sie für Disziplin

Disziplin ist ein weiteres Thema für leibliche Eltern. Fachleute empfehlen, dass am Anfang Ihrer zweiten Ehe Erziehungsmaßnahmen hauptsächlich von Ihnen ausgehen sollten. Das bedeutet jedoch nicht, dass Sie alle Regeln aufstellen. Sie und Ihr neuer Partner sollten gemeinsam festlegen, welche Regeln gelten, aber Sie sollten derjenige sein, der mit Ihren Kindern über die Regeln in Ihrem neuen Heim spricht, und Sie sollten auch dafür sorgen, dass sie eingehalten werden, und die Konsequenzen durchsetzen.

Später, wenn sich tiefere Beziehungen entwickelt haben, kann Ihr neuer Partner mehr einbezogen werden. Übrigens, dass die Durchsetzung von Disziplin bei Ihnen liegt, heißt nicht, dass der neue Elternteil der Kinder nicht ab dem ersten Tag an der Erziehung teilnimmt. Er sollte helfen, Ihre Kinder zu versorgen, ihnen Ihre gemeinsamen Werte zu vermitteln, positive Reaktionen zu zeigen und ihrem Verhalten sinnvolle Grenzen zu setzen (»Du kannst spielen, wenn du das Geschirr abgetrocknet hast!«).[57] Mit Disziplin meinen wir die Durchsetzung von Konsequenzen durch Bestrafung, wenn ein Kind den Regeln oder Anweisungen eines Elternteils nicht gehorcht.

Machen Sie sich keine Sorgen, weil Kinder Ihnen nicht richtig zuhören; sorgen Sie sich lieber, weil sie Sie ständig beobachten.

ROBERT FULGHUM

Diese Unterscheidung zwischen Erziehung und Disziplin bringt uns zu einer wichtigen Frage: Was macht man, wenn der leibliche Elternteil nicht zu Hause ist, aber Bestrafung nötig wäre? Der Fachmann für Stieffamilien, Ron Deal, empfiehlt: »Leben Sie mit geborgter Macht – genauso wie Babysitter.« Mit anderen Worten: Wenn Eltern ihre Kinder bei einem Babysitter lassen, erklären sie ihren Kindern normalerweise, dass der Babysitter das Sagen hat, »so lange Mama und Papa fort sind«. Dem Babysitter wird von den Eltern Macht gegeben, und die Kinder begreifen, wenn sie dem Babysitter nicht gehorchen, sind sie damit ihren Eltern ungehorsam. Dieselbe Dynamik funktioniert auch bei Stiefeltern. Der leibliche Elternteil muss den Kindern klarmachen, dass der Stiefvater/die Stiefmutter von ihm die Macht übertragen bekommen hat, und wenn sie ihm nicht gehorchen, gehorchen sie damit ihnen nicht. Das gibt Stiefeltern vorübergehend die Macht, Regeln durchzusetzen und die Konsequenzen durchzuziehen, die den Kindern bereits durch den leiblichen Elternteil klargemacht wurden. Später kann der leibliche Elternteil nach Hause kommen und die geliehene Macht seines Ehepartners verstärken, indem er ihn vor den Kindern mit Worten unterstützt. Wenn Stiefeltern und Kinder allmählich eine eigene Beziehung aufbauen, können Stiefeltern anfangen, eigene Autorität auszuüben.

Haben Sie Mitgefühl mit Ihrem Ehepartner in der Rolle des Stiefvaters/der Stiefmutter

Dies sollten Sie als leiblicher Elternteil unbedingt beachten: Ihr neuer Partner wird, wenn er nicht bereits Kinder hat, nicht nur von einem Tag auf den anderen Ehepartner, sondern auch Elternteil. Er fühlt sich vielleicht in seiner Rolle als »Elternteil« mit wenig oder gar keiner praktischen Erfahrung ins kalte Wasser geworfen. Von ihm wird verlangt, eine wichtige Rolle als Elternteil in Ihrer Familie zu erfüllen, ohne wie Sie den Vorteil zu haben, langsam in diese Rolle hineinwachsen zu können. Von Stiefeltern wird oft erwartet, dass sie sich im Handumdrehen an die Situation anpassen, als wäre es eine angeborene Gabe, Kinder zu erziehen. Das ist es aber nicht. Leibliche Eltern haben einen enormen Vorteil, weil sie von Natur aus toleranter gegenüber der Persönlichkeit und dem Verhalten ihrer Kinder sind als jemand, der sie nicht so gut kennt.[58] Stiefmütter bzw. -väter haben vielleicht auch die Angst, dass sie nie so gute Eltern sein werden wie der frühere Partner. Sie können Ihren neuen Partner unterstützen, indem Sie ihm helfen, Ihre Kinder kennen zu lernen. Zeigen Sie Ihrem neuen Partner Fotoalben und erzählen Sie ihm Familiengeschichten, die ihm helfen, sich über die Vergangenheit Ihres Kindes ein Bild zu machen. Vor allem aber haben Sie Geduld mit Ihrem neuen Partner, während er oder sie lernt, Ihre Kinder zu lieben und ihnen ein guter Vater/eine gute Mutter zu werden.

Ein letzter Gedanke: Machen Sie sich bewusst, dass Ihr Partner, weil ihm eine eigene Geschichte mit Ihren Kindern fehlt, einen objektiveren Blick für die Persönlichkeit und das Verhalten Ihrer Kinder hat, der Ihnen einfach fehlt. Werten Sie also nicht vorschnell seine Perspektive oder Vorschläge ab. Er sieht vielleicht, was Sie durch Ihre Betriebsblindheit nicht sehen können.

Wenn Sie Stiefvater bzw. Stiefmutter sind

Leider haben Stiefeltern ein schlechtes Image. Bei den wenig schmeichelhaften Geschichten über die bösen Stiefmütter in *Aschenputtel, Hänsel und Gretel* und *Schneewittchen* oder dem »gemeinen Stiefvater« in Dickens' *David Copperfield* oder Shakespeares *Hamlet* gehen Stiefeltern oft mit einem unfairen Nachteil an den Start – wenigstens bei jedem Kind, das diese Märchen und Geschichten kennt. Aber dieser Nachteil beschränkt sich nicht allein auf Literatur. Immerhin ist es keine leichte Aufgabe, das Kind eines anderen Menschen aufzuziehen – und genau das bedeutet es, Stiefmutter oder Stiefvater zu sein. Sicher, es kann lohnenswert und beflügelnd sein. Aber es kann auch an den Kräften zehren und entmutigen. Egal, wie eng Ihre Beziehung ist, Ihnen fehlt die biologische Verbindung, die bedingungslose Hingabe, ein Kind zu lieben, egal was es tut – und dieselbe Hingabe fehlt auch auf der anderen Seite bei dem Kind, das Sie aufziehen wollen. Ohne dieses biologische Bindeglied kann es äußerst schwer sein, ein Stiefkind zu tolerieren, geschweige denn zu mögen, wenn es besonders anstrengend ist. Mit einem eigensinnigen Teenager fertig zu werden, kann der reinste Albtraum sein – besonders wenn es nicht Ihr eigen Fleisch und Blut ist.

Liebe und Ehe passen vielleicht zusammen wie ein Pferd und eine Kutsche, aber Liebe und Wiederheirat ergänzen sich nicht so einfach. Die Kutsche kann so überfüllt sein, dass das Pferd Schwierigkeiten hat, sie zu ziehen. SUSAN KELLEY

Als Stiefvater oder Stiefmutter haben Sie vielleicht manchmal das Gefühl, Sie wären ein amputiertes Glied, von der biologischen Verbindung abgeschnitten, die Ihr Partner zu den Kindern hat. Aus diesem Grund fühlen Sie sich vielleicht unfähig, Ihre Rolle als Elternteil ganz zu erfüllen. Viele Stiefeltern haben eine herzliche und liebevolle Beziehung zu ihren Stiefkindern und sind sehr fürsorglich. Aber das ist nicht selbstverständlich. Folgende Ratschläge sollen Ihnen helfen, dass Sie sich als Stiefeltern hoffentlich selten allein auf weiter Flur fühlen.

Versuchen Sie nicht, den fehlenden Elternteil zu ersetzen

Oberstes Gebot ist: Versuchen Sie auf keinen Fall, einen leiblichen Elternteil zu ersetzen. Falls Sie wirklich mal vergessen sollten, dass Sie nicht der leibliche Vater oder die leibliche Mutter sind, wird Ihr Stiefkind Sie mit dem Standardsatz aller Stiefkinder sofort daran erinnern: »Ich muss mir von dir nichts sagen lassen! Du bist nicht meine richtige Mutter (mein richtiger Vater)!« Sie können Vater oder Mutter sein, aber Sie können nicht den leiblichen Elternteil ersetzen, den Ihr Stiefkind liebt. Versuchen Sie also erst gar nicht, sich in ein Schema zu zwängen, in das Sie ohnehin nicht passen. Seien Sie vielmehr der Mensch, der Sie sind, und halten Sie die Augen offen für Möglichkeiten, wie Sie Ihre eigene, einzigartige, gesunde Beziehung zu den Kindern Ihres Partners aufbauen können.

Machen Sie einen Elternkurs

Wenn Sie selbst keine eigenen Kinder haben, raten wir Ihnen dringend, einen Elternkurs zu machen. Damit meinen wir, dass Sie mit anderen Eltern sprechen, oder noch besser, mit anderen Stiefeltern, die in dieser Rolle gut zurechtkommen. Lesen Sie ein oder zwei gute Bücher über Erziehung. Abonnieren Sie eine Elternzeitschrift. Besuchen Sie ein Seminar für Stiefeltern an der Volkshochschule oder in einer Gemeinde in Ihrer Nähe. Mit anderen Worten: Nehmen Sie Ihre Vorbereitung darauf, bald Vater oder Mutter zu sein, so ernst wie Ihre Vorbereitung auf eine neue Ehe. Sie haben sich auf ein großes Abenteuer eingelassen, und je besser Sie dafür ausgerüstet sind, umso leichter wird Ihr Leben, und umso stärker wird Ihre Ehe sein.

Habe Mut bei den großen Nöten des Lebens und Geduld bei den kleinen; und wenn du deine täglichen Aufgaben mühsam erledigt hast, dann lege dich in Frieden schlafen. Gott ist wach.
VICTOR HUGO

Lassen Sie die Sache langsam angehen

Während Sie sich in Ihre neue Rolle als Ehegatte und Stiefvater/Stiefmutter einfinden, sollten Sie Ihre Erziehungsrolle sehr langsam angehen lassen. Sie müssen erst eine Beziehung zu Ihren Stiefkindern aufbauen, bevor Sie versuchen können, Erziehungsmaßnahmen bei ihnen zu ergreifen. Bei Jugendlichen kann es übrigens sein, dass Sie nie so weit kommen, Strafen zu verhängen. Sprechen Sie mit Ihrem Partner darüber, um sicherzustellen, dass er als der leibliche Elternteil die vorrangige Rolle bei der Einhaltung von Disziplin übernimmt. Wenn Ihre Beziehung zu den Kindern entspannter wird, können Sie vielleicht allmählich mehr von der traditionellen Elternrolle übernehmen. Wachsen Sie in Ihre Rolle hinein und überlassen Sie es Ihren Stiefkindern, die Geschwindigkeit vorzugeben. Lassen Sie die Kinder entscheiden, wie viel Zuneigung sie zeigen wollen, mit welchem Namen sie Sie und Ihre Familie ansprechen (solange sie respektvoll sind), und wie viel Autorität sie Ihnen zugestehen. In der Zwischenzeit sollten Sie sich darauf konzentrieren, durch Ihr Reden und Handeln positive Signale an die Kinder auszusenden. Vielleicht ist ein Kuss oder eine Umarmung jetzt noch nicht angebracht, aber eine Hand auf der Schulter kann sagen: »Du bist mir wichtig.« Lob gibt dem Kind auch ein besseres Gefühl für sich selbst, und es wird eher darauf eingehen, worum Sie bitten.

Machen Sie sich keine Gedanken über den geschiedenen Partner

Vergeuden Sie keine Zeit und keine Energie damit, sich über den Expartner Ihres Partners aufzuregen. Je mehr Sie an ihn oder sie denken, umso weniger erreichen Sie als Stiefvater oder Stiefmutter. Wenn Sie fast jeden Tag über den geschiedenen Gatten sprechen müssen, sollten Sie Ihre Lage ehrlich einschätzen und etwas ändern. Selbst wenn Sie zu den unglücklichen Leuten gehören, die es mit einem/einer »verrückten Ex« zu tun haben, müssen Sie sich zwingen, dieses Spiel nicht mitzuspielen. Wenn es rechtliche Probleme gibt, überlassen Sie diese dem Anwalt Ihres Partners. Wenn die Exfrau ständig anruft, um zu jammern, besorgen Sie sich ein Telefon, das die Rufnummer des Anrufers anzeigt, und nehmen Sie nicht ab, wenn sie dran ist. Spiele funktionieren nur, wenn alle mitmachen. Wenn der geschiedene Partner Ihres Gatten bei Ihnen nichts mehr zu melden hat, wird er oder sie schließlich irgendwann aufgeben. Wichtig ist, dass Sie Ihre Zeit und Energie nicht auf ihn oder sie verwenden. Wenn Sie das tun, verschlimmert das nur alles und beeinträchtigt Ihre Anstrengungen, ein guter Stiefvater/eine gute Stiefmutter zu sein. Halten Sie sich nicht nur um der Kinder, sondern auch um Ihrer neuen Ehe willen vom Ex Ihres Partners fern.

Der/die Ex und Telefonregeln

Noch etwas müssen wir ansprechen, weil es so verbreitet ist. Es mag nur eine Nebensächlichkeit sein. Sagen Sie Ihrem Partner nicht, was er sagen soll, während er mit seinem Expartner telefoniert. Es mag schwer sein, ruhig und schweigend daneben zu sitzen, wenn Sie den Eindruck haben, Ihr Partner werde ausgenutzt. Aber wenn Sie ihm während des Gesprächs sagen wollen, was er sagen soll, geht dieser Schuss unweigerlich nach hinten los. Erstens können Sie die andere Hälfte des Gesprächs nicht hören, und zweitens irritieren Sie damit Ihren Partner und schaffen so Probleme zwischen Ihnen beiden. Verhindern Sie, dass der geschiedene Partner eine solche Macht über Sie hat. Lassen Sie Ihren Partner telefonieren, ohne sich einzumischen. Gehen Sie aus dem Zimmer. Wenn das Gespräch beendet ist, kommen Sie wieder herein, umarmen und küssen Sie Ihren Partner und schlagen Sie vor, gemeinsam etwas Schönes zu unternehmen. Ihnen und Ihrer neuen Familie wird das gut tun.

Lassen Sie Ihrem Partner Zeit allein mit den Kindern

Ein letzter Vorschlag: Lassen Sie Ihren Partner allein Zeit mit seinen Kindern verbringen. Am Anfang wird es für alle leichter sein, wenn Ihr Partner etwas allein mit den Kindern unternimmt. Nach einer Weile wird das wahrscheinlich nicht mehr nötig sein, aber wenn die Kinder am Anfang zu Besuch kommen, sollten Sie sich rar machen, solange Sie nicht gebeten werden dabeizubleiben. Und das werden Sie irgendwann. Bis es so weit ist, sollten Sie ihnen natürlich nicht das Gefühl geben, Sie wollten nicht dabei sein. Machen Sie klar, dass Sie den Eindruck haben, sie brauchen Zeit allein mit ihrer Mutter oder ihrem Vater, und dass man Sie jederzeit holen könne, wenn man wolle. Bei Frischvermählten kommt es in der ersten Zeit ihrer Ehe sehr häufig vor, dass sie vor den Kindern nur zusammenkleben. Nehmen Sie sich ab und zu etwas zurück und lassen Sie die Kinder neben ihrem Vater oder ihrer Mutter sitzen. Zeigen Sie ihnen, dass Sie nicht um die Zeit oder Liebe ihres Vaters/ihrer Mutter mit ihnen konkurrieren wollen. Die Kinder werden versuchen, mit Ihnen darum zu konkurrieren, aber lassen Sie sich nicht auf diesen Kampf ein. Vertrauen Sie Ihrem neuen Partner, und arbeiten Sie mit ihm daran, wie er seine Zeit und Energie zwischen Ihnen und den Kindern aufteilen kann. Wenn Ihre Stiefkinder und Ihr Partner zusammen sein können, ohne dass sie befürchten müssen, sie würden Sie dadurch verletzen, kommt das einem Geschenk gleich, auch wenn Sie vielleicht manchmal das Gefühl haben, es sei ein Opfer. Aber vergessen Sie nicht: Wenn Sie ihnen ungestörte Zeit lassen, können Sie allmählich eine Beziehung zu ihnen aufzubauen. In den meisten Stieffamilien sind die Kinder ohnehin nicht ständig da. Es wird also nicht schaden, wenn Sie ihnen diese Zeit mit ihrem leiblichen Elternteil zugestehen.

Die Kunst des Liebens ... ist hauptsächlich die Kunst des Durchhaltens. ALBERT ELLIS

Glücklich als Stieffamilie leben

Lisa ist 9 Jahre und lebt bei ihrer geschiedenen Mutter. Ihren Vater, der wieder geheiratet hat und dessen zweite Frau zwei Kinder aus einer früheren Ehe hat, besucht sie alle zwei Wochen. Selbst wenn sie bei ihrer Mutter zu Hause ist, ist das nicht die intakte Familie, die sie früher kannte. Ihre Mutter ist eher wie eine ältere Freundin für sie, besonders wenn sie wieder einmal eine ihrer flüchtigen Beziehungen hat.

Wenn Lisa ihren Vater besucht, ist das ein völlig anderes Gefühl. Sie hat einen leiblichen Vater zusammen mit ihrer Stiefmutter, die sie »Mama« nennt. Aber hier ist sie nicht ein Einzelkind wie bei ihrer leiblichen Mutter zu Hause, sondern sie hat Stiefgeschwister. Da eines ihrer Stiefgeschwister älter ist als sie, muss sich Lisa auch an eine andere Geschwisterfolge anpassen.

> *Der Beginn jeder Beziehung ist rein. Er ist frei von Bindungen oder Ansprüchen, nicht belastet von Verantwortung, Sorge um die Zukunft oder Verpflichtung an die Vergangenheit. Und wie rasch, wie unvermeidlich wird diese vollkommene Einheit gestört. Die Beziehung ändert sich, wird kompliziert, durch die Berührung mit der Welt belastet.* ANNE MORROW LINDBERGH

Das ist noch nicht alles: Lisa hat nicht nur zwei Großelternpaare – sie hat auch ein Stief-Großelternpaar. Falls ihre Mutter den Mann heiratet, mit dem sie zur Zeit zusammen ist und der vier Kinder aus einer früheren Ehe hat, vervielfachen sich die komplizierten Verhältnisse in Lisas Familienleben noch mehr.

Das ist gewiss keine traditionelle Familie. Aber ein Drittel der Amerikaner sind Stiefeltern, Stiefkinder, Stiefgeschwister oder irgendwie sonst Mitglied einer Stieffamilie. Es kann leicht vorkommen, dass sich ein Mitglied einer solch komplexen Familienstruktur verloren, ausgegrenzt, als fünftes Rad am Wagen, verletzt oder wütend fühlt. Deshalb ist es so wichtig, dass ein Paar wie Sie, das gerade erst beginnt, solch ein komplexes Familiensystem aufzubauen, alles in seiner Macht Stehende tut, um die betroffenen Menschen auf möglichst gesunde Weise zusammenzubringen.

Wir haben mit vielen Fachleuten von Stieffamilien gesprochen und Paare befragt, die erfolgreich die komplexen Gewässer von Stieffamilien durchsegeln. Nun geben wir die wichtigsten Vorschläge weiter.

Machen Sie die neue Ehe zum Zentrum Ihrer Familie

Fast jeder, mit dem wir sprachen, sagte, dass die neue Ehe oberste Priorität haben müsse. Stieffamilien unterscheiden sich in dieser

Hinsicht nicht von anderen Familien. Eine Tochter beklagt sich vielleicht, dass sie von Papas neuer Frau verdrängt wird, besonders wenn sie und ihr Vater eine enge Beziehung zueinander hatten, als er allein erziehend war. Aber sie wird schließlich entdecken, dass ihr Sicherheitsgefühl gestärkt wird, wenn die neue Ehe stabil ist.

Die Welt ist rund, und der Ort, der uns als das Ende erscheinen mag, kann genauso gut erst der Anfang sein.

IVY BAKER PRIEST

Seiner neuen Ehe Priorität einzuräumen, fiel Thomas schwer. Nachdem er sich nach dem Scheitern seiner ersten Ehe wie ein Versager gefühlt hatte, war er fest entschlossen, seinen drei Töchtern ein guter Vater zu sein. So widmete er in den ersten Monaten seiner zweiten Ehe seinen Töchtern mehr Zeit und Energie als seiner Frau. Egal, worum es ging, die Kinder kamen immer zuerst. Er war so auf sie fixiert, dass seine Frau das Gefühl hatte, bestenfalls noch seine restliche Energie zu bekommen. Bald steckte ihre Ehe in einer tiefen Krise, und die Kinder waren noch mehr verängstigt.

Genau das ist der Punkt: Wenn Sie als Paar eine feste Beziehung aufbauen, werden Sie gemeinsam zu besseren Eltern. Wenn Ehepaare eine gute Beziehung zueinander haben, können sie zusammen daran arbeiten, die Bedürfnisse der Kinder zu befriedigen. Das verringert bei den Eltern das Gefühl, zwischen den Kindern und dem neuen Partner wählen zu müssen. Hiervon profitieren sowohl Eltern als auch Kinder.

Bauen Sie neue Familientraditionen und Aktivitäten auf, ohne die alten zu missachten

Jede Familie hat eine eigene Geschichte. Sie besteht aus Traditionen und Aktivitäten, die für diese Familie einzigartig sind. Die eine Familie spielt jeden Abend nach dem Essen ein Gesellschaftsspiel. Eine andere fährt am Wochenende mit ihrem Boot segeln. Aus diesen Familienaktivitäten entstehen die Erinnerungen und die Geschichten über ihr gemeinsames Leben als Familie. Sie sind sehr wichtig.

Wenn Sie versuchen, die verschiedenen Hintergründe, Familiengeschichten und Lebensstile in Ihrer Stieffamilie unter einen Hut zu bekommen, sind Konflikte unvermeidlich. Das ist nur natürlich. Aber wenn Sie sich einfach darauf einlassen und Aktivitäten und Rituale entwickeln, die Ihre neue Familie gemeinsam genießt, werden diese Konflikte allmählich abnehmen – aber nur wenn diese Unternehmungen aus Ihren jetzigen Beziehungen entstehen, nicht indem Sie etwas Ihrer neuen Familie aufzwingen, das früher funktioniert hat.

Sandra, deren 11-jährige Stieftochter Ronja seit zwei Jahren bei ihr lebt, sagte: »Es wäre so schön, wenn Ronja gern zelten und wandern würde. Aber das tut sie nicht. Ronja wünscht sich, dass wir öfter einen Einkaufsbummel machen. Aber das hasse ich.« Was sollen eine Stiefmutter und eine Stieftochter in so einem Fall tun? »Wir haben unsere Unterschiede akzeptiert«, berichtete uns Sandra, »und wir haben andere Gemeinsamkeiten gefunden.« Sandra und Ronja kochen miteinander. Sie probieren gemeinsam neue Rezepte aus und schauen sich oft Kochsendungen an, um neue Ideen zu bekommen. Wenn Sandra und Ronja etwas zusammen kochen, ist das ein Familienereignis. Papa deckt den Tisch und Ronjas Stiefbruder entwirft eine Speisekarte am Computer mit Fotos, die er mit seiner Digital-Kamera fotografiert hat.

Wir dürfen nie denken, wenn Gott etwas verzögert, dass er uns etwas verwehrt. Bleiben Sie dran, halten Sie daran fest, halten Sie durch. Geduld wird belohnt. COMTE DE BUFFON

In dieser Familie gibt es zwar immer noch Unterschiede, aber sie fängt an, ihre eigenen Rituale zu entwickeln und eine gemeinsame Geschichte aufzubauen. Ein Fotoalbum, das ihre neuen gemeinsamen Familientraditionen festhält, wird immer voller.

Halten Sie Familienzusammenkünfte ab

Diesen Rat haben wir von fast jedem Paar und jedem Experten gehört, mit denen wir über Stieffamilien gesprochen haben. Eine festgelegte Zeit, zu der sich alle zusammensetzen, scheint Wunder zu wirken, um eine neue Familie zusammenzubringen. Es ist eine Zeit, in der Sie über die Termine der nächsten Woche und über Dinge, die jedem einzelnen Mitglied der Familie in den kommenden Tagen wichtig sind, sprechen können. Sie können Probleme ansprechen oder ein schönes Familienereignis wie einen Urlaub planen.

»Kinder müssen ihren Frustrationen Luft machen können, und sie müssen wissen, dass sie Gehör finden«, sagte ein Vater. »Wir nennen es unseren wöchentlichen Kriegsrat. Er findet jeden Sonntagabend nach dem Essen statt.« Bei einem ihrer wöchentlichen Besprechungen beschlossen sie, einen Hund anzuschaffen. Sie machten es zum Familienprojekt, sich über verschiedene Hunderassen zu informieren. Am Ende entschieden sie sich für einen Hund aus dem Tierheim. »Dieser Prozess hat uns so sehr miteinander verbunden«, berichtete uns der Vater. »Ohne unsere Familientreffen wäre das nicht möglich gewesen.«

Diese Zusammenkünfte müssen nicht an einem bestimmten Ort und zu einer bestimmten Zeit stattfinden. Wenn die Atmosphäre entspannt ist und man ungezwungen reden kann, können Sie anfangen, Gedanken auszutauschen. »Bei uns«, sagte eine Mutter, »geschieht das normalerweise an zwei Orten: am Esstisch, wenn wir uns nicht beeilen müssen, um zu einem Fußballspiel oder zu einem anderen Termin zu kommen, oder bei einer langen Autofahrt.«

Finden Sie Ihren eigenen Weg, schaffen Sie sich Ihren Freiraum für solche Gespräche. Schaffen Sie ein Forum, in dem jeder sagen kann, wie seiner Meinung nach die Dinge laufen sollten. Wenn Ihre Kinder Themen wie Verbote, Pflichten oder Taschengeld besprechen können, und wenn Sie alle zusammen etwas Schönes planen, auf das sich die ganze Familie freut, werden Sie spüren, dass sich

Ihre Beziehungen mit der Zeit immer mehr vertiefen. Sie werden bei den Kindern mehr Kooperationsbereitschaft erleben, wenn sie an einem Plan mitgewirkt haben.

Sorgen Sie dafür, dass jeder seine Privatsphäre hat

Dies gilt besonders, wenn Ihr Kind nur hin und wieder bei Ihnen wohnt. Ihr Haus ist vielleicht nicht so groß, dass Sie ein ganzes Zimmer für ein Kind freihalten, das nur jedes zweite Wochenende bei Ihnen wohnt, aber dieses Kind braucht trotzdem seine Privatsphäre, einen besonderen Platz in Ihrem Haus.

Die 5-jährige Emily freut sich immer darauf, ihr Zimmer mit ihrer 9-jährigen Halbschwester Susanne zu teilen, wenn sie jedes zweite Wochenende, in den Schulferien und einen Monat im Sommer bei ihnen ist. Selbst in diesem jungen Alter weiß Emily, dass eine Schublade und ein kleiner Teil des Kleiderschranks im Zimmer nicht ihr gehören. Sie gehören allein Susanne. Susanne weiß, dass die Kleider, Bücher und Spiele, die sie hier lässt, nicht angerührt werden, solange sie nicht da ist.

Wir alle erleben große Veränderungen in unserem Leben, die mehr oder weniger eine zweite Chance sind.

HARRISON FORD

Ohne eine eigene Schublade, einen Schreibtisch oder ein Bett kann man nicht das Gefühl haben, man gehöre dazu. Selbst ein eigenes Regal oder eine Ecke auf der Familienpinnwand gibt einem Kind das Gefühl, seinen Platz in der Familie zu haben. Sobald dieser Raum dem Kind zugeteilt ist, sollten Sie nicht vergessen, ihn auch als solchen zu bezeichnen. So drückte es ein 10-Jähriger aus: »Warum können sie nicht sagen: ›Das ist Aarons Zimmer, das wir als Arbeitszimmer benutzen, wenn er nicht da ist‹, statt: ›Das ist unser Arbeitszimmer, das Aaron benutzt, wenn er da ist‹?«

Bekommen Sie nicht zu schnell ein gemeinsames Kind

Auch diesen Rat hören wir immer wieder. Fachleute und Ehepaare erzählen uns immer wieder, dass für Paare, die zum zweiten Mal verheiratet sind, die Versuchung zwar groß sei, gleich am Anfang eigene Kinder miteinander zu bekommen. Aber für diese Entscheidung sollte man sich viel Zeit lassen.

Die Statistik zeigt, dass Frauen, die einen Mann heiraten, der bereits Kinder hat, oft schon in den ersten zwei Ehejahren ein weiteres Kind bekommen. Es ist verständlich, dass Sie eigene Kinder haben wollen, um die Beziehung zu Ihrem neuen Partner zu vertiefen. Trotzdem ist es viel besser, der ganzen Familie zu erlauben, sich aneinander zu gewöhnen, bevor man noch mehr Kinder in diese Situation hineinbringt. Die meisten Fachleute raten, einer Ehe mindestens drei Jahre Zeit zu lassen, bevor man noch mehr Kinder bekommt.

Ein weiterer Grund zu warten ist eine entmutigende Statistik, auf die Fachleute verweisen: Die meisten zweiten Ehen, die scheitern, tun dies in den zwei Jahren, nachdem eine Frau ein Kind bekommt. Zweifellos führen die geballten Probleme mit Stiefkindern, finanzielle Schwierigkeiten und ungelöste Konflikte mit den geschiedenen Partnern zu der hohen Scheidungsrate in zweiten Ehen. Lassen Sie sich also Zeit. Erlauben Sie jedem in der neuen Familie, sich an die vielfältige neue Dynamik anzupassen, bevor Sie daran denken, ein Kind zu bekommen.

Mit Kindern wieder heiraten

Gehen Sie zu Übung 23 (CD-ROM).

Jetzt ist es an der Zeit, die Ratschläge in die Praxis umzusetzen. Wie wollen Sie Ihre neue Familie so heil wie möglich zusammenführen? Die Übung auf der CD-ROM soll Ihnen helfen, diese Frage zu beantworten.

Der Umgang mit der Verwandtschaft

Zu jeder Ehe – ob es nun die erste, die zweite oder die dritte ist – gehören mehr als nur die Braut und der Bräutigam. Wir kennen sogar Pfarrer, die bei einer Hochzeitsfeier tatsächlich beide Verwandtschaften anwesend haben wollen, und sie fragen, ob sie einander als Teil einer neuen Familie annehmen, um diese neue Ehe zu unterstützen. Das mag Ihnen vielleicht etwas ungewöhnlich vorkommen, aber es lässt sich nicht bestreiten, dass Sie nicht nur Ihren Partner heiraten, sondern auch seine Eltern, Großeltern und Geschwister. Natürlich bringen Sie in einer zweiten Ehe darüber hinaus vielleicht auch noch Kinder in diese neue große Familie, und dazu Großeltern und vielleicht sogar Urgroßeltern. Deshalb ist es dringend nötig, über die Dynamik dieser Beziehungen mit Ihrem neuen Partner zu sprechen. Nehmen Sie sich Zeit, Ihrem neuen Partner jeden näheren Verwandten vorzustellen. Helfen Sie ihm, ein Gefühl dafür zu bekommen, wer jeder Einzelne ist und wie eine positive Beziehung mit diesen unterschiedlichen Persönlichkeiten aufgebaut werden kann. Beschreiben Sie ihm Ihre Familiengeschichte und geben Sie Ihrer Verwandtschaft Gelegenheit, Ihren neuen Partner kennen zu lernen. Je stärker diese Beziehungen zu Ihrer Verwandtschaft sind, umso stärker wird Ihre Ehe.

Vernünftiger Umgang mit Geldangelegenheiten

Geld ist, wie wir ausgeführt haben, der häufigste Streitpunkt in der Ehe. Bei einer zweiten Ehe ist die Wahrscheinlichkeit sogar noch größer, dass wegen finanzieller Fragen die Fetzen fliegen. Warum? Weil man vielleicht ein Haus verkaufen muss, Alimente zahlen muss, Erbschaften, Schulden auf der einen oder anderen Seite da sind, und so weiter. Geldangelegenheiten sind in zweiten Ehen kompliziert. Sehr kompliziert. Sie werden wichtige Fragen entscheiden müssen: Zum Beispiel ob Sie getrennte Bankkonten haben, wie Ihr Geld ausgegeben wird, ob Sie mit einer Haushaltskasse arbeiten, wie Sie für Ihr Alter vorsorgen, ob die Kinder Taschengeld bekommen und wie viel, in welchem Haus Sie wohnen wollen und so weiter. Natürlich wird das alles von Ihrer früheren Ehe beeinflusst und wie dort Geldfragen geregelt – oder nicht – wurden. Sie machen sich vielleicht auch Gedanken um Eheverträge (was wir eigentlich nicht befürworten, weil hier von einer Auflösung der Ehe ausgegangen wird). Geldangelegenheiten können großes Leid verursachen, wenn Sie nicht vernünftig damit umgehen. Lassen Sie sich also Zeit, sie gründlich zu klären. Informieren Sie sich gemeinsam über die Möglichkeiten, die Sie haben. Ein guter Ratgeber kann Ihnen dabei vielleicht weiterhelfen. Vielleicht suchen Sie auch einen Finanzberater auf, der Erfahrung mit Stieffamilien hat. Was Sie auch tun, übergehen Sie diesen wichtigen Bereich Ihres neuen Lebens auf keinen Fall. Ein paar Anstrengungen an dieser Stelle werden Ihnen unzählige Probleme in der Zukunft ersparen.

Zwei letzte Ratschläge an Stieffamilien

Wir hoffen, Sie wissen, dass dieses Kapitel eigentlich nur die Spitze des Eisberges ist, was Informationen über Stieffamilien betrifft. Wir lernen jeden Tag Neues hinzu, wie Sie das Leben als Stieffamilie verbessern können. Aber auch wenn neue Informationen unser Wissen erweitern, bleibt eine Tatsache unumstößlich: Auch so genannte »normale« intakte Familien haben Probleme. Kinder spielen den einen Elternteil gegen den anderen aus und verursachen ein Chaos im Leben ihrer Eltern. Eltern auf der ganzen Welt haben Probleme, Zeit zu finden, in der sie miteinander allein sein können, und so weiter. Ihre Situation als Stieffamilie wird nicht anders sein. Schwierigkeiten sind normal. Vergessen Sie dabei eines nicht: Es dauert mindestens drei Jahre, bis eine Stieffamilie anfängt, wie eine Familie zu handeln. *Haben Sie also Geduld!*

Denkanstöße:

– Wenn Sie der leibliche Elternteil sind: Was können Sie konkret
tun, um den Prozess, als Familie zusammenzuwachsen, zu fördern? Gibt es in Ihrer persönlichen Situation etwas, das es noch
schwerer macht, eine Stieffamilie zu gründen?

– Erziehung ist ein wichtiges Thema in Stieffamilien. Wenn Sie
der leibliche Elternteil sind: Welche konkreten Schritte können
Sie unternehmen, um Disziplin bei Ihren Kindern wirklich
durchzusetzen?

– Wenn Sie nicht der leibliche Elternteil sind: Was können Sie
konkret tun, um den Prozess, als Familie zusammenzuwachsen,
zu fördern?

– Als Stiefmutter bzw. Stiefvater kann es manchmal schwer fallen,
Ihrem Partner Zeit allein mit seinen leiblichen Kindern zu lassen. Was können Sie tun, um Ihrem Partner diese Zeit zu ermöglichen und dabei selbst ein gutes Gefühl zu haben?

– Denken Sie daran, neue Familientraditionen und -aktivitäten in
Ihrer Stieffamilie zu entwickeln. Was könnte das sein? Wie können Sie die alten Traditionen respektieren und dabei gleichzeitig
neue aufbauen?

Frage 9:

Sind Sie und Ihr Partner seelenverwandt?

... und die zwei werden ein Fleisch sein.   EPHESER 5,31

»Wir sind uns total ähnlich«, verkündete Harald. Er und Inge waren eines von zehn frisch verheirateten Ehepaaren in unserem Seminar. Ich (Leslie) hatte sie gebeten, über ihre Verschiedenheiten zu sprechen, als Harald diese stolze Erklärung abgab. Die anderen Paare wirkten entmutigt.

Les sagte, wie es jeder Psychologe in einer solchen Situation tun würde: »Erklären Sie uns das genauer, Harald.«

Inge nickte zustimmend, als ihr Mann antwortete: »Wir haben einfach keine großen Unterschiede, das ist alles. Wir mögen dieselben Dinge und sind immer einer Meinung.«

»Wow«, erwiderte Les mit einem leichten Anflug von Sarkasmus in der Stimme. Ich verkrampfte mich innerlich, weil ich wusste, was Les dachte, und hoffte, er würde es nicht sagen. Aber er tat es. »Dann sind Sie das erste Ehepaar, das ich kenne, das *ganz genau* gleich ist.«

Die Gruppe kicherte, und Harald verdrehte die Augen. »Nun ja, *ganz genau* gleich sind wir nicht«, gab er zu.

Einige Paare strengten sich an, einander nachzuahmen, um ihre Verschiedenheiten zu überdecken. Frischvermählte zwingen sich oft zu einer unrealistischen Ähnlichkeit in ihrem Geschmack, ihrer Meinung, ihren Prioritäten und ihren Gewohnheiten. Sie tun das mit den besten Absichten, aber ihre Ähnlichkeit ist genauso unecht wie Adams und Evas, die ihre Unterschiede mit Feigenblättern bedeckten. Gott hat jeden Menschen anders geschaffen, und diese Einmaligkeit zu leugnen führt nur zu Verstellung und nicht zu Partnerschaft.

Die Aussage, die Ehe sei eine Fifty-Fifty-Angelegenheit, ver-
ursacht mehr Scheidungskosten als jeder andere kurze Satz in
unserer Sprache.   AUSTIN ELLIOT

Ein Mann aus derselben Gruppe sagte. »Astrid und ich führen eine
Fifty-Fifty-Ehe, so halb und halb.« Andere Paare nickten. Die Last
zu gleichen Teilen zu tragen sei eine viel bessere Methode, eine
Einheit zu schaffen, meinten sie. »Ja«, sagte Astrid, »aber manchmal passen unsere Hälften einfach nicht zusammen.«

Sie hat Recht. Eine »Fifty-Fifty-Ehe« funktioniert nur, wenn
sich jeder Partner stark zurücknimmt. Aber das geht auf Dauer
nicht. Jeder von uns ist eine ganze Person. Wir ziehen nicht etwas
von uns ab, wenn wir heiraten. Wir bleiben ganz, und wir wollen als
Ganzes geliebt werden, nicht zurechtgestutzt, damit wir zusammenpassen. Wir haben erlebt, wie Paare versuchten, eine Ehe nach dem
Fifty-Fifty-Prinzip aufzubauen, sie wechselten sich darin ab, diese
und jene Entscheidungen zu treffen, sie teilten ihre Mittel, wogen
die Portionen ab und zählten die Rechte und Pflichten. Aber uns ist
noch kein Paar begegnet, das nach diesem Prinzip lebt, das sich
nicht um seine Rechte betrogen fühlte. Oft schwingt der Partner
mit dem stärkeren Willen bewusst oder unbewusst das Messer, das
die Hälften trennt, und die eine Hälfte wird »gleicher« als die
andere.

Wie bilden dann ein Mann und eine Frau eine Einheit in der
Ehe? Anders ausgedrückt: Wie werden ein Mann und eine Frau
seelenverwandt? Die Antwort liegt genau dort, wo Sie sie vielleicht vermuten: tief in unserer Seele. Wissenschaftliche Untersuchungen haben nun untermauert, was uns der gesunde Menschenverstand schon seit langem sagt: Die geistliche Dimension der Ehe
verbindet Ehepaare in glücklichen Beziehungen miteinander.[59]
Die Ehe gedeiht, wenn die Seele Nahrung bekommt.

In diesem Kapitel beschäftigen wir uns mit dem wichtigsten
Aspekt einer intakten Ehe, über den am wenigsten gesprochen
wird: der geistlichen Dimension. Als Erstes wollen wir das Bedürfnis nach geistlicher Nähe und seine tiefe Bedeutung für Ihre

Ehe herausstellen. Dann zeigen wir, wie Gott sich in Ihrer Partnerschaft offenbart, und erklären, warum die Ehe dem Wesen Gottes näher ist als jeder andere Aspekt des Lebens. Danach stellen wir konkrete praktische Mittel vor, wie Sie Ihrer Ehe etwas Gutes tun können.

Geistliche Nähe: Der wichtigste Sinn der Ehe

Am 12. Februar 1944 schrieb die 13-jährige Anne Frank in ihr Tagebuch:

Heute scheint die Sonne, der Himmel ist in einem tiefen Blau, es weht ein angenehmer leichter Wind, und ich sehne mich – ach, ich sehne mich so sehr nach allem. Nach Gesprächen, nach Freiheit, nach Freunden, nach Alleinsein.

Und ich sehne mich so sehr danach ... zu weinen! Ich fühle mich, als würde ich jeden Augenblick platzen, und ich weiß, es würde besser werden, wenn ich weine, aber ich kann nicht, ich bin unruhig, ich gehe von Fenster zu Fenster, atme durch die Ritzen eines geschlossenen Fensters, fühle, wie mein Herz schlägt, als wollte es sagen: Kannst du meine Sehnsucht nicht endlich stillen?

Ich glaube, in mir ist Frühling, ich fühle, dass der Frühling erwacht, ich fühle es in meinem ganzen Körper und in meiner Seele. Es kostet mich Mühe, mich normal zu benehmen. Ich bin völlig verwirrt. Ich weiß nicht, was ich lesen soll, was ich schreiben soll, was ich tun soll. Ich weiß nur, dass ich Sehnsucht habe.

In jedem von uns sitzt im Zentrum unseres Lebens eine Spannung, ein Schmerz, ein Brennen im Herzen, das tief und unstillbar ist. Meistens ist es eine unbestimmte Sehnsucht, die wir nicht richtig festmachen können, ein Schmerz, der nicht klar ausgedrückt oder beschrieben werden kann.

Wie Anne Frank verspüren wir nur eine Unruhe und einen Schmerz tief in unserer Seele.

Die meisten Menschen erwarten, dass die Ehe die Sehnsucht ihrer Seele stillt. Das geschieht auch oft eine Zeit lang. Aber bei vielen taucht dann der tiefe, ruhelose Schmerz wieder auf. Bei Dennis und Pauline war das der Fall. Sie taten alles, was sie konnten, um eine gute Ehe zu führen. Sie besuchten Seminare für Ehepaare, bevor sie heirateten, sie gaben falsche Erwartungen auf, sie lernten, was gute Kommunikation bedeutet, sie übten sich in Konfliktlösung und so weiter. Sie lasen Bücher über die Ehe, hörten sich Kassetten an und hatten sogar ein älteres Ehepaar, das sie während ihres ersten Ehejahres seelsorgerlich begleitete. Dennis und Pauline nahmen die Ehe ernst, und ihre Bemühungen zahlten sich aus – wenigstens für eine Weile. Sie waren fast zehn Jahre verheiratet, und von außen hatte es den Anschein, als machten sie sich sehr gut. Aber trotz all ihrer Anstrengungen fehlte etwas.

»Wir lieben uns sehr«, sagte Pauline. »Aber manchmal haben wir das Gefühl, einfach nur zu funktionieren.«

»Ja«, sagte Dennis. »Wir lieben uns wirklich. Aber manchmal empfinden wir unsere Beziehung – ich weiß nicht – irgendwie leer. So, als müsste es eigentlich eine tiefere Beziehung geben.«

Wir können jetzt erkennen, dass das Schicksal der Seele das Schicksal der gesellschaftlichen Ordnung ist: Wenn der Geist in uns vergeht, vergeht auch die ganze Welt, die wir um uns herum aufgebaut haben. THEODORE ROSZAK

Dennis und Pauline waren in vielerlei Hinsicht ein mustergültiges Ehepaar. Sie taten alles, was ein glückliches Ehepaar tun sollte. Sie waren psychisch stabil, emotional ausgeglichen und arbeiteten ständig an ihrer Beziehung.

Aber ihre Herzen blieben weiterhin ruhelos und sehnten sich nach mehr, nach etwas Tieferem. Dennis und Pauline sehnten sich danach – ob bewusst oder unbewusst – Seelenverwandte zu sein.

Dennis und Pauline mussten immer noch lernen, dass zu einer

blühenden Ehe mehr gehört als gute Kommunikation, Konfliktlösung und eine positive Einstellung. Zwar ist jeder einzelne Bereich sehr wichtig für eine dauerhafte und sinnvolle Beziehung, aber sie genügen nicht. Die Ehe ist keine Maschine, die regelmäßig gewartet werden muss, um zu funktionieren, sondern ein übernatürliches Ereignis, das darauf gegründet ist, dass man sich gegenseitig ein heiliges Versprechen gegeben hat. Vor allem aber ist die Ehe ein tiefes, geheimnisvolles und unvorstellbares Abenteuer.

Selbst glücklich verheiratete Ehepaare wie Dennis und Pauline entdecken schließlich eine tiefe Sehnsucht nach einer engeren Beziehung zu ihrem Partner, nicht einfach, weil sie Trost oder Leidenschaft suchen – sondern weil sie einen *Sinn* vermissen. Unser Leben geht weiter – Tag für Tag. Es mag erfolgreich sein oder erfolglos, voll Freude oder voll Sorgen. Aber hat es irgendeinen *Sinn*? Das weiß nur unsere Seele.

Ehepaare sollten gemeinsam das Ziel verfolgen, einen geistlichen Sinn zu suchen.[60] Zwar muss jeder Einzelne allein den Sinn seines Lebens erkennen, aber Paare müssen darüber hinaus den Sinn ihrer Ehe gemeinsam entdecken. Sie sind mehr als nur Ehemann und Ehefrau. Sie haben eine Ehe geschaffen, die sehr viel Ähnlichkeit mit einem lebendigen Wesen hat, das aus ihnen beiden entstanden ist. Und die Seele Ihrer neuen Ehe braucht Nahrung.

Den endgültigen Sinn des Lebens mit einem anderen Menschen zu teilen ist die geistliche Berufung von Seelenverwandten. Jedes Ehepaar muss auf diesen Ruf reagieren, oder es riskiert, eine verkümmerte, unterentwickelte Ehe zu führen. Wie Hefe in einem Brotteig wird das geistliche Leben letztendlich darüber entscheiden, ob Ihre Ehe prächtig aufgeht oder enttäuschend flach bleibt.

Die geistliche Dimension ist eine praktische Nahrungsquelle für Weiterentwicklung und Wohlbefinden in der Ehe. Nichts trägt mehr dazu bei, Einssein und eine sinnvolle Bestimmung in der Ehe zu pflegen, als gemeinsame geistliche Entdeckungen. Danach sehnt sich unsere Seele.

Gott in Ihrer Ehe finden

Eine der faszinierendsten Liebesgeschichten unserer Zeit erzählt von einem Paar, das am Anfang einen Ozean weit voneinander getrennt war. Er war ein schrulliger, alter Junggeselle in Oxford, christlicher Apologet und Autor von Bestsellerromanen für Kinder. Sie war Amerikanerin, viel jünger, geschieden und hatte zwei Söhne.

Nach ihrer ersten persönlichen Begegnung bei ihrem Besuch in England 1952 hielten C. S. Lewis und Joy Davidson ihre Beziehung mit Briefen aufrecht. Intellektuelle Funken von beiden Seiten entzündeten ihren Respekt und ihre Wertschätzung füreinander. Als Joy mit ihren Söhnen nach England zog, blühte die Beziehung durch diese räumliche Nähe auf. Als ihre Abreise aus England notwendig schien, weil sie nicht mehr viel Geld hatte und ihr Besuchervisum auslief, traf C. S. Lewis eine Entscheidung: Wenn Joy einverstanden wäre, würde er sie heiraten.

> *Du hast uns zu dir hin erschaffen, und unser Herz ist ruhelos, bis es Ruhe findet in dir.* AUGUSTINUS

Sehr bald nach ihrer Heirat stellte sich heraus, was niemand geahnt hatte: Joy hatte Krebs. Die Krankheit war unheilbar. C. S. Lewis' wohl geordnetes Leben wurde aus den Angeln gehoben.

In dieser Zeit erkannte der englische Gelehrte, wie tief seine Liebe zu Joy wirklich ging.

Wir feierten die Liebe; jede Art der Liebe, ernst und fröhlich, romantisch und realistisch, manchmal so dramatisch wie ein Gewitter, manchmal bequem und undramatisch, wie wenn man in seine weichen Hausschuhe schlüpft. Sie war mein Schüler und mein Lehrer, mein Untertan und mein Herrscher, mein vertrauenswürdiger Kamerad, Freund, Weggefährte, Mitstreiter. Meine Geliebte, aber gleichzeitig all das, was jeder männliche Freund mir je gewesen ist. C. S. LEWIS

Sie baten um den Segen der Kirche für ihre Ehe, die ursprünglich nur auf einem Standesamt geschlossen worden war, und bekamen ihn auch. Sie sorgten dafür, dass Joy die bestmögliche Behandlung erhielt. Dann nahm er sie mit nach Hause und pflegte sie persönlich. Es war nicht überraschend, dass Joys Körper darauf ansprach. Doch diese Besserung war nur von kurzer Dauer.

Dem Tode nah sagte Joy zu ihm: »Du hast mich glücklich gemacht.« Ein wenig später sagte sie: »Ich habe Frieden mit Gott.« Joy starb an jenem Abend im Jahr 1960 um 22.15 Uhr. »Sie lächelte«, erinnerte sich Lewis später. »Aber ihr Lächeln galt nicht mir.«

Wenn wir aus dieser erstaunlichen Liebesgeschichte etwas lernen können, dann: Partner ohne eine geistlich tiefe Einheit können nie die Fülle der Liebe erleben, die Seelenverwandte genießen.

Eine gesunde Ehe kann auf fast mystische Art Gott offenbaren, einen lächelnden Frieden in unsere ruhelosen Herzen bringen.

Es wurde wissenschaftlich geforscht, was glückliche Ehepaare, die über zwei Jahrzehnte verheiratet waren, verbindet. Zu den wichtigsten Merkmalen gehörte »der Glaube an Gott und geistliche Hingabe«[61]. Religion gibt, wie bewiesen wurde, Ehepaaren gemeinsame Werte, ein gemeinsames Weltbild und ein Ziel, das ihrer Partnerschaft gut tut.

Die Ehe kommt dem Wesen Gottes näher als jede andere menschliche Erfahrung. Gott benutzt das Bild der Ehe, um seine

Beziehung zu den Menschen zu beschreiben: »Wie ein Bräutigam sich über seine Braut freut, so wird Gott sich über euch freuen« (Jesaja 62,5). Gott liebt die Kirche, »die Braut«, sagt Paulus, nicht als eine Gruppe von Menschen, die ihm fremd sind und mit denen er eine Abmachung getroffen hat, sondern als seinen eigenen Leib.[62] Und ähnlich: Wenn ein Mann seine Frau und eine Frau ihren Mann liebt, als erweiterter Teil von sich selbst, leben sie als »ein Fleisch« – als Seelenverwandte.

Außerdem offenbart Gott sich selbst durch die Ehe in zwei wichtigen Aspekten: Erstens zeigt er seine Treue und zweitens seine Vergebung.

Die Ehe offenbart Gottes Treue

Wie würde die Ehe ohne Treue aussehen? Wie wäre es, wenn wir von unserem Partner bestenfalls hören: »Ich versuche, treu zu sein, aber verlasse dich nicht darauf.« Natürlich hätte die Ehe keine Chance. Wir würden vor Ungewissheit den Verstand verlieren, wenn wir nicht auf die Treue unseres Partners zählen könnten. Die Lebendigkeit unserer Beziehung hängt davon ab, wie groß die Treue ist – die unseres Partners, unsere eigene und letztendlich Gottes Treue.

Ja, Gottes Treue ist für unsere Ehe sehr wichtig. Denken Sie einmal darüber nach. Wie können wir als schwache und begrenzte Menschen, die wir sind, der ganzen Ungewissheit des Lebens voll ins Auge blicken und sagen: »Eines garantiere ich: Ich werde meinem Partner immer treu sein«? Das können wir nicht, wenigstens nicht aus uns selbst heraus.

Die Ehe ist eine Partnerschaft, in der einer den anderen inspiriert.　　　　　　　　　*MILLICENT CAREY MCINTOSH*

Robertson McQuilkin ist ein Ehemann, von dem man weiß, dass er sich auf Gottes Treue verlässt. Er war Präsident eines christlichen

Colleges, und seine Frau Muriel war Redakteurin eines erfolgreichen Rundfunksenders, als Muriel anfing, Dinge zu vergessen. Die ärztliche Diagnose stellte ihre 42-jährige Ehe auf den Kopf: Muriel hatte Alzheimer.

»Es schien ihr nicht wehzutun«, sagte Robertson. »Aber für mich war es ein langsames Sterben, mit ansehen zu müssen, wie diese kreative, wortgewandte Frau, die ich kannte und liebte, schrittweise starb.« Robertson berief den Verwaltungsausschuss seines Colleges ein und bat sie, einen Nachfolger für ihn zu suchen. Wenn der Tag käme, an dem Muriel ihn rund um die Uhr benötigte, wollte er für sie da sein.

Da Robertson noch acht Jahre bis zu seiner Pensionierung fehlten, drängten ihn seine Freunde, Muriel in ein Pflegeheim zu geben. Sie wird sich schnell an ihre neue Umgebung gewöhnen, sagten sie. *Würde sie das wirklich?*, fragte sich Robertson. *Würde überhaupt irgendjemand sie lieben, geschweige denn, sie so lieben wie ich?* Muriel konnte nicht mehr in ganzen Sätzen sprechen, nur noch einzelne Wörter, und diese Wörter ergaben oft keinen Sinn mehr. Aber einen Satz konnte sie sagen: »Ich liebe dich.«

Die College-Verwaltung organisierte eine Tagespflege, die bei Muriel blieb, damit Dr. McQuilkin tagsüber in sein Büro gehen konnte. Es wurde immer schwieriger, Muriel zu Hause zu lassen. Wenn Robertson das Haus verließ, folgte sie ihm. Der Weg von ihrem Haus zum College war anderthalb Kilometer lang, und Muriel legte diesen Weg bis zu zehn Mal am Tag zurück. »Manchmal, wenn ich ihr abends beim Ausziehen half«, sagte Robertson, »stellte ich fest, dass ihre Füße bluteten. Als ich das unserem Hausarzt erzählte, schluckte er schwer und sagte mit belegter Stimme: »Was für eine Liebe.«

1990 kam Robertson zu dem Schluss, Muriel »in Gesundheit und in Krankheit« treu zu sein, sei eine Sache der Integrität. Er trat von seinem Amt zurück, um seine Frau rund um die Uhr zu versorgen. »Täglich erkenne ich neu, was für ein Mensch sie ist«, sagt er. »Und ich entdecke neu, wie Gott mir seine Liebe erweist – der Gott, den ich immer umfassender lieben will.«

Seit Robertson sein Amt aufgegeben hat, sind mehrere Jahre vergangen, und Muriels Zustand verschlechtert sich immer mehr. Sie spricht kaum noch. Sie sitzt meistens da, während er schreibt, aber sie ist zufrieden und sprudelt vor Lachen oft fast über. »Sie scheint immer noch Zuneigung zu mir zu empfinden«, sagt Robertson. »Was könnte ich mehr verlangen? Ich habe ein Zuhause voll Liebe und Lachen; viele Ehepaare, die beide geistig gesund sind, haben das nicht! Muriel ist sehr liebenswert – sie ist mir jetzt lieber als je zuvor. Wenn sie nachts die Hand nach mir ausstreckt oder beim Aufwachen zufrieden und liebevoll lächelt, danke ich Gott für die Gnade, die er uns schenkt, und bitte ihn, dass ich sie noch lange behalten darf.«

Treue ist wie ein facettenreicher Edelstein und stellt eine komplexe Kombination von Dimensionen dar, die miteinander in Beziehung stehen – Vertrauen, Hingabe, Wahrheit, Treue, Wertschätzung, Fürsorge. Aber unsere Treue zueinander kann nur durch Gottes Vorbild und Treue zu uns erhalten bleiben. Wenn ein Mann und eine Frau einen Bund miteinander eingehen, verspricht Gott ihnen seine Treue. Das hilft Ehepaaren, das Vertrauen nicht zu verlieren.

Man kann gar nicht genug betonen, wie wichtig die Treue bei Gottes Charakter ist. Sie taucht in jedem Teil der Bibel auf – vom ersten Buch Mose, wo Gott zum ersten Mal sein Treue-Versprechen gibt, bis zur Offenbarung, wo Johannes' Vision ein »weißes Pferd, dessen Reiter der Treue und Wahre genannt wird« beschreibt. Gottes Treue ist einzigartig. Selbst wenn wir untreu sind, bleibt Gott treu, »denn er kann sich selbst nicht verleugnen« (2. Timotheus 2,13).

Gottes Bundestreue, die in unserem Partner verkörpert wird, gibt unserem ruhelosen Herz ein Zuhause. Sie nimmt unsere ganze Seele an und sagt: »Ich glaube an dich, und ich halte zu dir und gehe mit dir durch dick und dünn.« Ohne Treue und das Vertrauen, das sie schafft, hätte eine Ehe keine Hoffnung, bestehen zu bleiben. Denn kein Ehepaar kann von sich aus tiefes Vertrauen in seine eigene Treue und in die des anderen erreichen, solange es nicht zuerst Gottes Treue zu sich erkennt.

Die Ehe offenbart Gottes Vergebung

Als wir in Los Angeles lebten, lud uns eine Freundin zu einem Rundgang durch das Filmstudio in Hollywood ein, in dem sie arbeitete. Ein Höhepunkt war für uns, als wir zuschauen konnten, wie eine Episode einer bekannten Fernsehshow gedreht wurde. Unsere Freundin, die unser Interesse an dieser Show bemerkte, schickte uns später ein Skript mit Autogrammen. Darin ging es um Sandra und Dennis, ein Ehepaar mit Eheproblemen, in einer aufrüttelnden Beratungsszene. Schließlich sagt Dennis: »Ich weiß nicht, ob ich Sandra überhaupt noch liebe ... Egal was sie tut, ich kann ihr irgendwie nicht vergeben.«

Vergebung ist das Herz jeder Ehe. Zwei Menschen, die Tag für Tag zusammenleben, darüber stolpern, wie der andere ist, tun sich unausweichlich irgendwann weh – manchmal unabsichtlich, manchmal absichtlich. Wenn Vergebung nicht das Innerste einer Ehe reinigt, tritt Verurteilung auf den Plan. Groll sammelt sich an, bis wir unserem Partner nicht nur vorwerfen, was er falsch gemacht hat, sondern auch unser eigenes Versagen, dass wir ihm nicht vergeben können.

Das ist eine bedrohliche Gefahrenzone, in der rote Warnlampen aufleuchten. Menschliche Vergebung war nie dafür gedacht, dass sie großzügig verteilt wird. Vergebung in der Ehe kann nur geschehen, wenn wir uns darauf konzentrieren, was unser Partner *tut*, und nicht darauf, wer er *ist*. Dem Partner konkrete Dinge zu vergeben, ist noch am leichtesten. Dumm ist es, einen Blankoscheck auszustellen und sozusagen alles zu vergeben. Das kann niemand, nur Gott.

> *Wenn unsere Ehe vor Liebe überquellen soll, müssen wir immer zugeben, wenn wir etwas falsch machen, und den Mund halten, wenn wir Recht haben.* OGDEN NASH

Wir überfordern uns, wenn wir versuchen, unserem Partner zu vergeben, dass er nicht der Partner ist, wie wir ihn gern hätten. Es gibt andere Mittel, mit dieser Enttäuschung umzugehen: Mut, Barmherzigkeit, Geduld, Hoffnung. Aber wir sind nur Menschen, und deshalb müssen wir Vergebung im großen Stil Gott überlassen. Denn Gottes Vergebung macht uns fähig, die relativ kleinen Dinge zu vergeben – auch nicht gerade ein kleines Wunder.

Jedes Ehepaar muss vergeben. Ich (Leslie) brauchte lang, bis ich das akzeptieren konnte. Warum sollte ich Les je etwas vergeben müssen, dem Mann, der mir versprochen hat, mich zu lieben, bis dass der Tod uns scheidet? Irgendwie dachte ich, wenn Vergebung nötig wäre, sei unsere Beziehung gescheitert. Ich war zu stolz, um zuzugeben, dass Les mich verletzen konnte. Aber manchmal tat er es doch. Natürlich habe ich ihn auch verletzt. Ich habe gelernt, dass es bei der Vergebung in der Ehe normalerweise nicht um ein unschuldiges Lamm und einen bösen Wolf geht. Meistens muss ich vergeben und mir dabei selbst vergeben lassen – wenn nicht von meinem Mann, dann von Gott. Wenn wir unserem Partner vergeben, wird durch uns Gottes Liebe zu ihm sichtbar, frei von Verurteilung. Menschliche Vergebung verweist auf Gottes Vergebung.

Wer keinen Seelenverwandten hat, ist wie ein Körper ohne Kopf.
KELTISCHES SPRICHWORT

Wenn wir unseren Partner so lieben wie uns selbst, geben wir damit Gottes Liebe weiter. Ohne Gottes Gnade, die uns dazu fähig macht, wäre daran nicht einmal zu denken. Es werden zwar viele Ehen geschlossen, und einige halten auch lange, aber solange man sich nicht bewusst auf Gottes Hilfe verlässt, gibt es keine sinnvolle Partnerschaft, in der Gottes Gnade immer wieder still und leise das Innerste unserer Ehe anrührt.

Die Seele Ihrer Ehe pflegen

Oberflächlichkeit ist der Fluch einer ruhelosen Ehe. Die meisten Ehen brauchen nicht mehr Aufregung, mehr Glanz, mehr Aktivität. Die Seele Ihrer Ehe sehnt sich nach Tiefe.

Mindestens drei klassische Disziplinen des geistlichen Lebens helfen Seelenverwandten, nicht an der Oberfläche zu bleiben, sondern in die Tiefe zu gehen: Gottesdienst, gemeinsames Engagement und Gebet. Mitten in unseren alltäglichen Aktivitäten besitzen diese Disziplinen eine verwandelnde Kraft, den Geist zu beruhigen und unserer Ehe Nahrung zu geben. Übrigens sind diese Disziplinen nicht nur für geistliche Überflieger, sie sind auch keine langweiligen, trockenen Übungen, die uns jeden Spaß am Leben verderben. Die einzige Voraussetzung, die Sie für diese Disziplinen mitbringen müssen, ist eine Sehnsucht danach, dass Gott Ihre Ehe erfüllt.

Gottesdienst

Wir besitzen ein Bild von Norman Rockwell, das eine Familie am Sonntagmorgen darstellt. Der Mann lümmelt unrasiert, unfrisiert und in Schlafanzug und Bademantel in einem Sessel und hat die Sonntagszeitung um sich verstreut. Hinter ihm steht seine Frau in einem maßgeschneiderten Kostüm und ist unterwegs zur Kirche. Das Bild ist für uns eine lustige Erinnerung daran, wie wichtig es für unsere Ehe ist, gemeinsam den Gottesdienst zu besuchen.

Wir beide sind von kleinauf regelmäßig zum Gottesdienst gegangen. Es war Teil unseres Erbes. So sicher wie die Sonne im Osten aufging, waren unsere Familien jeden Sonntagmorgen im Gottesdienst. Es war nie eine Frage, ob wir zur Kirche gingen. Es war etwas, das man einfach machte. Damit war der Fall erledigt.

Als wir heirateten und weit weg von unseren Eltern zogen, standen wir plötzlich vor der Wahl, ob wir zum Gottesdienst gehen wollten. In einer neuen Stadt konnten wir unsere eigene Routine entwickeln. Zum ersten Mal war der Kirchgang etwas, zu dem wir nicht gezwungen wurden. Niemand würde uns anrufen und fragen, wo wir gewesen waren. Niemand kontrollierte uns. Wir konnten sonntags zu Hause bleiben, wandern gehen, uns in die Sonne setzen, ein Buch lesen. Oder wir konnten zur Kirche gehen. Wir gingen.

Wie der Hirsch lechzt nach frischem Wasser, so schreit meine
Seele, Gott, zu dir. Meine Seele dürstet nach Gott.

PSALM 42,2-3

Von Anfang an war der gemeinsame Gottesdienst in unserer Ehe
eine regelmäßige Zeit in unserer Beziehung, in der wir zur Ruhe
kommen und auftanken konnten. Dass wir einen Tag in der Woche
für den Gottesdienst freihalten, ist ein stabilisierender Faktor für
unsere Ehe und befreit uns von der Tyrannei, ständig etwas leisten
zu müssen, die unsere anderen Tage bestimmt.

Die Kirche, in der wir den Gottesdienst besuchen, lässt uns Gemeinschaft erleben und geistlich auftanken. Lieder singen, in der
Bibel lesen, Gott anbeten und Freunde treffen, die unsere geistliche
Sehnsucht teilen, ist ermutigend und anregend. Gemeinsam Gott
anzubeten gibt unserer Beziehung Auftrieb und erfüllt die vor uns
liegende Woche mit mehr Sinn.

Auch hier unterstützen Forschungsergebnisse unsere Entscheidung, gemeinsam in den Gottesdienst zu gehen, als Mittel, um unserer Ehe etwas Gutes zu tun. Eine Untersuchung zeigte, dass Ehepaare, die gemeinsam den Gottesdienst besuchen – und wenn es
nur einmal im Monat ist –, ihre Chancen erhöhen, ein Leben lang
verheiratet zu bleiben. Die Untersuchungen haben auch gezeigt,
dass Kirchgänger sich in ihrer Ehe wohler fühlen als Paare, die
nicht gemeinsam zum Gottesdienst gehen.[63]

Gottesdienst kann Beziehungen verändern. Vor dem Heiligen der
Ewigkeit zu stehen, bedeutet zu wachsen und sich zu verändern. Im
Gottesdienst bekommt Gottes verwandelnde Macht Zugang zum In-
nersten unseres Herzens und erhöht unsere Liebesfähigkeit.

Gemeinsames Engagement

»Bis zu meiner Heirat war mir nicht bewusst, wie selbstsüchtig ich
bin«, sagte Herbert. Nachdem er ein halbes Jahr verheiratet war, erzählte er uns, dass seine Frau Paula ehrenamtlich eine Nacht pro
Woche in einem Altenheim arbeitet. »Anfangs störte es mich, dass

sie nicht bei mir war. Aber vor zwei Monaten brauchte sie eine Fahrgelegenheit, und deshalb hab ich sie begleitet.« Er ging immer wieder mit Paula dorthin. Schließlich wurde es zum Höhepunkt seiner Woche, den alten Menschen in diesem Heim zu helfen. »Es ist ein gutes Gefühl, anderen zu helfen, und es bringt Paula und mich näher zueinander; ich komme mir vor, als wären wir ein Team, das die Welt verändert«, erzählte er uns.

Liebe heißt nicht, dass man einander anschaut, sondern dass man gemeinsam in dieselbe Richtung schaut.
ANTOINE DE SAINT-EXUPERY

Wir haben Dutzende ähnlicher Berichte von anderen Paaren gehört. Es ist etwas Gutes daran, wenn man sich gemeinsam als Team um andere kümmert. Fast auf geheimnisvolle Weise verbindet dieser Einsatz. Sich anderer anzunehmen fördert Demut, Teilen, Mitgefühl und Nähe in einer Ehe. Anderen Gutes zu tun hilft Ehepaaren, über sich selbst hinauszuwachsen und Teil von etwas Größerem zu werden.[64]

Es gibt im wahrsten Sinne des Wortes Hunderte von Möglichkeiten, wie Sie als Ehepaar eine gemeinsame Aufgabe übernehmen können. Dabei ist es wichtig, etwas zu finden, das zu Ihrem persönlichen Stil passt. Wir haben zum Beispiel zwei Ehepaare in unserer Nachbarschaft, die sich sozial engagieren, aber auf verschiedene Weise. Steve und Thanne Moore wohnen uns gegenüber und sind seit 15 Jahren verheiratet. Sie unterstützen ein bedürftiges Kind, Robert Jacques, das in Haiti lebt. Jeden Monat schicken sie ihm Karten und Briefe und auch Geld, damit er zur Schule gehen kann, etwas anzuziehen und zu essen hat. Bei besonderen Anlässen lassen Steve und Thanne ihre drei Kinder Bilder malen, die sie Robert schicken. Sie waren schon zweimal in Haiti und haben Robert in seinem Waisenhaus besucht. Sie hoffen, dass er eines Tages mal studieren kann.

Zwei Häuserblöcke weiter in unserer Nachbarschaft wohnen Dennis und Lucy Guernsey. Sie sind seit 25 Jahren verheiratet und hatten am Anfang ihrer Ehe beschlossen, ein offenes Haus für andere zu haben. Wer Dennis und Lucy kennt, weiß ihre Gastfreundschaft zu schätzen. In ihrem Haus gibt es viele Feiern und köstliche Essen. Manchmal geschieht dies eher spontan, manchmal geplant und elegant, aber immer ist es etwas Besonderes. Sie veranstalten Schulabschlussfeiern, Geburtstagsfeiern, Willkommensfeiern für neue Nachbarn. Und am Muttertag laden sie allein erziehende Mütter zum Sonntagsbrunch ein.

Wenn Sie Dennis und Lucy oder Steve und Thanne fragen, warum sie sich so engagieren, werden sie antworten, wie erfüllend es sei, andere glücklich zu machen. Aber sie werden Ihnen auch erzählen, was für ein tiefes Band ihre gemeinsame Aufgabe für ihre eigene Ehe bedeutet.

Viele Ehepaare bestätigen uns, wie gut das Engagement für andere ihrer eigenen Ehe tut. Ob Sie ein bedürftiges Kind unterstützen, Ihr Haus für Gäste öffnen, Decken an Obdachlose verteilen oder Plätzchen für Gefangene backen – anderen Gutes zu tun ist gut für Ihre Ehe. Für Seelenverwandte ist wahres Engagement nicht selbstgefällig. Sie spekulieren nicht auf Belohnung. Es ist keine »große Sache«. Es entsteht durch geflüsterte Aufforderungen. Dahinter steckt Gottes Drängen tief im Innern Ihrer Ehe.

Wenn Sie sich allerdings nur einsetzen, damit andere es mitbekommen, bleibt Ihr Einsatz oberflächlich. Engagement geschieht manchmal im Geheimen, vor anderen verborgen, nur für Sie beide erkennbar. Wir haben festgestellt, dass es uns am meisten befriedigt, wenn wir etwas – auch Kleinigkeiten – anonym tun. Unerkannt zu beobachten, was unser Einsatz bewirkt, bringt tiefere Hingabe und Nähe.

Gemeinsames Engagement

Gehen Sie zu Übung 25 (CD-ROM).

Sich für andere einzusetzen, kann Ihre Ehe mehr festigen als Sie sich vielleicht vorstellen. Mit Hilfe der Übung *Gemeinsames Engagement* können Sie und Ihr Partner herausfinden, wie Sie in Ihrer Partnerschaft anderen dienen können.

Die Seele Ihrer Ehe erfordert ständige Aufmerksamkeit. Wenn Sie das vernachlässigen, gibt es nur oberflächliche Bindungen, die auf den Wellen der Gefühle und Vorlieben reiten, bis die Beziehung strandet. Aber wenn Sie zusammen Ihren inneren Bedürfnissen nachkommen – durch Gottesdienst, gemeinsames Engagement und Gebet –, werden Sie die Stürme der Ehe unbeschadet überstehen.

Gebet

Der Soziologe Andrew Greenley hat Ehepaare beobachtet und festgestellt, dass Ehepaare, die miteinander beten, am glücklichsten sind. Ehepaare, die häufig miteinander beten, beschreiben ihre Ehe doppelt so oft als romantisch wie Paare, die weniger oft miteinander beten. Sie sprechen auch von wesentlich höherer sexueller Befriedigung und mehr sexueller Ekstase!

Es gibt eine alte Geschichte von einem jungen Ehepaar, das seine Flitterwochen damit begann, dass sie sich beide neben ihr Bett knieten und beteten. Die Braut kicherte, als sie das Gebet ihres Bräutigams hörte: »Was wir auch empfangen werden, Herr, lass uns von Herzen dankbar dafür sein.«

So seltsam es auch klingen mag, es besteht in der Ehe eine starke Verbindung zwischen Gebet und Geschlechtsleben. Zunächst ist häufiges Gebet ein stärkerer Hinweis auf Befriedigung in der Ehe als häufige sexuelle Intimität. Aber es kommt noch besser: Ehepaare, die miteinander beten, berichten zu 90 Prozent von einer höheren sexuellen Befriedigung als Paare, die nicht miteinander beten. Außerdem neigen Frauen, die mit ihrem Partner beten, stärker zu einem sexuellen Höhepunkt. Das klingt seltsam, oder? Immerhin werden verheiratete Kirchgänger von den Medien als prüde dargestellt, die Sex für etwas Schmutziges halten. Sollen die Medien sagen, was sie wollen, Ehepaare, die miteinander beten, wissen es besser.

Uns ist selten ein Ehepaar begegnet, das frommer war als Tom und Kathrin. Sie besuchten regelmäßig den Gottesdienst. Kathrin sang im Chor; Tom unterrichtete in der Sonntagsschule. Kathrin ging in eine Frauenbibelgruppe; Tom war in einer Männergesprächsrunde. Alle in ihrer Gemeinde betrachteten Tom und Kathrin als hingebungsvolle und lebendige geistliche Leiter. Aber als die beiden zu uns in die Praxis kamen, war ihre 5-jährige Ehe schon beträchtlich abgebröckelt. Sie erzählten uns ihre Geschichte – eine Geschichte, die wir schon oft gehört hatten. Sie engagierten sich überall sehr stark, nur nicht in ihrer Ehe, und darunter hatte ihre Liebe zueinander gelitten. Trotz all ihres geistlichen Eifers hatten Tom und Kathrin zugelassen, dass ihre Ehe verkümmerte.

»Wann haben Sie beide das letzte Mal miteinander gebetet?«, fragten wir. Tom und Kathrin schauten einander an. Die Antwort war offensichtlich: Es war lange, lange her.

Wir gaben den beiden eine einfache Aufgabe; im Grunde war es ein Experiment: In der nächsten Woche sollten sie, bevor sie zu Bett gingen, kurz miteinander beten.

Fünf Tage später bekamen wir einen Anruf. »Hier ist Kathrin. Ich weiß, das klingt verrückt, aber unsere Ehe ist wie neu geworden.« Sie erzählte uns, dass diese wenigen Minuten, die sie miteinander beteten, ihren Geist und ihre Ehe regeneriert haben.

»Religiöse Aktivitäten« können nicht die Zeit ersetzen, die ein Paar mit gemeinsamem Gebet verbringt. Aber wenn Beten einer Ehe so gut tut, fragen Sie jetzt vielleicht, warum machen es dann nicht mehr Ehepaare? Weil es nicht leicht ist. Beten macht uns verwundbar. Und jedes Mal, wenn wir unsere Schutzmauer fallen lassen, kann das bedrohlich sein, auch mit unserem Ehepartner (das gilt besonders für Männer). Immerhin weiß unser Partner aus erster Hand, wie wir wirklich sind. Er oder sie sieht, was sonst niemand an uns beobachtet. Wie kann ich also völlig offen vor Gott sein, wenn mein Partner zuhört? Wie kann ich meine wahren Hoffnungen und Ängste, meinen Schmerz, quälende Sünden aussprechen? Kein Wunder, dass viele Ehepaare lieber nicht miteinander beten. Der Preis der Verwundbarkeit scheint zu hoch zu sein.

Als Ehepaar miteinander zu beten war für Leslie und mich auch nicht immer selbstverständlich und leicht, müssen wir gestehen.

Manchmal machen wir den Fehler, dass wir in unserem Gebet predigen und dem anderen mit »besten« Absichten einen Stoß in die Rippen verpassen wollen. Aber im Laufe der Jahre haben wir uns einige Grundregeln zugelegt, die uns helfen, effektiver zu beten. Zuerst sprechen wir ein Dankgebet. Das ist alles. Statt zu versuchen, über unsere Bedürfnisse und Probleme zu beten, danken wir Gott einfach. Gelegentlich beten wir miteinander das Vaterunser (Matthäus 6,9-13). Manchmal schlägt einer einfach vor, miteinander im Stillen zu beten oder auf Gott zu hören oder vielleicht in kurzen Sätzen zu beten.

Wichtig ist vor allem, dass wir beten. Es gibt keine richtige oder falsche Art zu beten. Jeder Versuch, den wir machen, um mit Gott in einem gemeinsamen Gebet ins Gespräch zu kommen, ist gut für unsere Ehe.

Lernen Sie Ihren Ehepartner immer besser kennen

Gehen Sie zu Übung 26 (CD-ROM).

In der Ehe sollte man zusammen beten, aber auch das Gebet für einander ist äußerst wichtig. Die Übung *Lernen Sie Ihren Ehepartner immer besser kennen* wird Ihnen helfen, sinnvoller für Ihren Partner zu beten.

Was Sie auf keinen Fall vergessen sollten

Wie die meisten verliebten Paare sehnten wir uns danach, schon vor unserer Ehe Seelenverwandte zu werden. Dieser Wunsch entstand auch durch das Buch *Eine harte Gnade*, die wahre Liebesgeschichte von Sheldon und Davy Van Auken, die nicht nur davon träumten, eine tief gehende Einheit aufzubauen, sondern dafür auch eine konkrete Strategie entwickelten. Sie nannten es »Leuchtende Grenze«. Ihr Ziel war: Ihre Liebe unverwundbar zu machen. Ihr Plan, wie sie dieses Ziel erreichen wollten: *Alles* miteinander zu teilen. Alles! Wenn einem von ihnen etwas gefiel, beschlossen sie, dass etwas daran sein müsse, das man mögen muss – der andere müsse es nur finden. Seien es nun Gedichte, Erdbeeren oder ein Interesse an Schiffen. Sheldon und Davy beschlossen, jede Kleinigkeit, die einer von ihnen mochte, miteinander zu teilen. Auf diese Weise würden sie tausend gemeinsame Fäden spinnen, große und kleine, die sie miteinander verbinden würden. Wenn sie alles miteinander teilten, würden sie einander so nahe kommen, dass es unmöglich, undenkbar wäre, dass einer auf die Idee käme, er könne eine solche Nähe mit einem anderen Menschen erleben. Dieses totale Alles-Miteinander-Teilen war das letzte Geheimnis einer Liebe, die ewig dauern würde, meinten sie.

Zum Wachmann auf den Mauern der »Leuchtenden Grenze« richteten Sheldon und Davy den »Navigatorenrat« ein, wie sie ihn nannten. Er bestand darin, sich nach dem Zustand ihrer Einheit zu erkundigen.

Teilten sie wirklich alles miteinander? Gab es irgendein Anzeichen dafür, dass sie sich voneinander entfernten? Mehr als einmal im Monat unterhielten sie sich bewusst über ihre Beziehung und bewerteten ihre Aktivitäten, indem sie fragten: Ist das für unsere Liebe das Beste?

Etwas an dieser »Leuchtenden Grenze« – einem Schild, um die Liebe zu schützen und ein gesichertes Band zu errichten – sprach Leslie und mich an. Wir wollten uns dagegen wappnen, den Glanz der Liebe zu verlieren. Wir fürchteten dabei weniger eine mögliche Scheidung als einen viel subtileren Feind – allmähliches Auseinanderleben. Um uns herum zerbrachen Ehen, weil die Paare ihre Liebe als selbstverständlich betrachteten. Paare, die wir kannten, hörten auf, Dinge gemeinsam zu tun. Sie gingen verschiedenen Interessen nach und machten aus dem »Wir« ein »Ich«. Wir beobachteten, wie sie in ihrer Ehe fast unmerklich auseinander drifteten. Jeder von ihnen ging seiner Arbeit in seiner Welt nach. Die Eigenständigkeit der einzelnen Partner nagte still und leise an ihrer Ehe.

Warum sollten wir das bei uns zulassen? Warum sollten wir es nicht so machen wie Sheldon und Davy?

Wir waren davon angesprochen.

Einige Monate später, nur wenige Tage vor unserer Hochzeit, unterhielten wir uns über unsere Liebe und die Verantwortung, die eine Ehe erfordert. Eine vertragsmäßige Vereinbarung, eine bindende Verpflichtung, zusammenzubleiben, strahlte in unseren Augen irgendwie etwas Kaltes aus. Wir wollten keine ehelichen »Pflichten« erfüllen, weil wir das *müssen*, weil wir von außen dazu gezwungen werden. Wir freuten uns auf eine tiefere Bindung, die selbst die idealisierte Vorstellung von Sheldon und Davy übertraf. Da erst begriffen wir die eigentliche Lehre hinter Sheldons und Davys Geschichte: Wenn zwei Menschen Seelenverwandte werden wollen, ist letztendlich mehr nötig als ein Appell, den anderen zu lieben, es ist mehr nötig als die Verpflichtung, alles miteinander zu teilen. Entscheidend ist ein Appell an Gott.

Die schmerzliche, brennende Sehnsucht, miteinander – von Seele zu Seele – verbunden zu sein, die Sie und Ihr Partner haben, kann nur gestillt werden, wenn Ihr Geist durch einen größeren Geist, Jesus Christus, miteinander verbunden ist. Vergessen Sie deshalb eines nicht: Zwei Menschen werden Seelenverwandte, wenn sie gemeinsam Gottes Nähe suchen.

Denkanstöße:

- Einige Paare meinen, »völlig gleich« zu sein oder eine »Fifty-Fifty-Ehe« zu führen. Warum entspricht das nicht der Wirklichkeit?
- In unserem Innern sehnen wir uns nach tieferem Sinn und einer tieferen Beziehung zu unserem Partner und zu Gott. Wie versuchen Menschen, diesen Drang zu stillen? Wie sehen die positiven und die negativen Mittel aus, mit denen man versucht, dieses Bedürfnis zu stillen?
- Inwiefern hat sich Gott in Ihrer Beziehung offenbart?

- Miteinander zu beten kann für Paare schwierig sein. Manchmal fühlt sich der eine Partner wohler dabei oder ist eifriger als der andere. Dieses Ungleichgewicht kann den anderen Partner veranlassen, »scheu zu beten«. Wie sehen Sie diese geistliche Disziplin als Teil Ihrer Ehe?
- Wie können Paare durch ein gemeinsames Engagement etwas für ihre Ehe tun? Kennen Sie Paare, die dies praktizieren? Wie könnten Sie sich in Ihrer Ehe gemeinsam für etwas einsetzen?

ANMERKUNGEN

[1] Diese Ergebnisse basieren auf einer in den USA durchgeführten Untersuchung bei 455 frisch verheirateten Ehepaaren und 75 länger verheirateten Ehepaaren, die auf ihr erstes Ehejahr zurückblickten. Miriam Aronds / Samuel L. Paukers Buch, *The First Year of Marriage* (New York, Warner, 1987).

[2] Diese Ergebnisse basieren auf Telefonbefragungen bei 1037 Erwachsenen ab 18 Jahren. Die Befragung wurde zwischen dem 24. September und dem 9. Oktober 1988 durchgeführt. Irrtümer aufgrund der Stichprobenauswahl oder anderer zufälliger Auswirkungen liegen bei plus/minus vier Prozentpunkten.

[3] E. H. Walster, »The Effects of Self-Esteem on Romantic Linking«, *Journal of Experimental and Social Psychology 1* (1965), S. 184-197.

[4] S. J. Kath und A. E. Liu, *False Love and Other Romantic Illusions: Why Love Goes Wrong and How to Make it Right* (New York, Ticknor & Fields, 1988).

[5] B. Lott, *Women's Lives: Themes and Variations in Gender Learning* (Monterey, Kalifornien, Brooks/Cole, 1987).

[6] J. F. Crosby, *Illusion and Disillusion: The Self in Love and Marriage,* 4. Ausg. (Belmont, Kalif., Wadsworth, 1991).

[7] D. H. Knox, Jr., *Marriage: Who? When? Why?* (Englewood Cliffs, N. J., Prentice-Hall, 1975).

[8] K. Grover, »Mate Selection Processes and Marital Satisfaction«, *Family Relations* 34 (1985), S. 383-386. Zitiert in Neil Clark Warren *Finding the Love of Your Life* (Colorado Springs: Focus on the Family, 1992).

[9] S. White und C. Hatcher, »Couple Complementarity and Similarity: A Review of the Literature«, *The American Journal of Family Therapy* 12 (1984), S. 15-25.

[10] Bei Paaren mit einem Altersunterschied von 10 oder weniger Jahren gibt es nur sehr wenige entscheidende Unterschiede in der Eheeignung. Jedoch kommen in Ehen, in denen der Mann 11 oder mehr Jahre älter ist als seine Frau, Eheprobleme wegen Geld, Freunden und so weiter, häufiger vor. H. Vera, D. Berardo und F. Berardo, »Age Heterogamy in Marriage«, *Journal of Marriage and the Family* 47 (1985), S. 553-566.

[11] J. Daw, »Love's Illusions«, *Monitor on Psychology* (März 2001), S. 15.

[12] J. H. Larson, »The Marriage Quiz: College Students' Beliefs in Selected Myths about Marriage«, *Family Relations* 37, Nr. 1 (1988), S. 43-51. Eine Untersuchung bei Paaren, die im Durchschnitt ein Jahr verheiratet sind, fand heraus, dass fast jedes Ehepaar in den ersten Monaten wegen seiner falschen Vorstellungen von der Ehe Enttäuschungen erlebte. Diese Ergebnisse spiegeln die Erfahrungen von W. Lederer und D. Jackson in *The Mirages of Marriage* (New York, Norton, 1968) wider.

[13] Mike Mason, *The Mystery of Marriage* (Portland, Oregon, Multnomah, 1985), S. 31.

[14] M. Scott Peck, *Der wunderbare Weg. Eine neue Psychologie der Liebe und des spirituellen Wachstums* (München 1986), S. 82. Peck schreibt weiter: »Von allen Missverständnissen in Bezug auf die Liebe ist das verbreitetste und andauerndste die Annahme ›Verliebtsein‹ sei mit Liebe identisch ... Das ist ein gefährliches Missverständnis. Die Erfahrung, sich zu verlieben, ist hauptsächlich eine erotische Erfahrung ... Wir verlieben uns nur, wenn wir bewusst oder unbewusst sexuell motiviert sind.«

[15] Alle Liebenden spielen dieses Spiel, dass sie sich verstellen und versuchen, emotional stabiler zu erscheinen als sie wirklich sind. Wie Harville Hendrix sagt: »Wenn Sie den Eindruck erwecken, Sie hätten selbst nicht viele Bedürfnisse, kann Ihr Partner annehmen, dass es Ihr Ziel im Leben ist, andere zu versorgen, nicht versorgt zu werden, und das macht Sie sehr begehrenswert.« *Getting the Love You Want* (New York 1990), S. 45.

[16] John Levy und R. Munroe, *The Happy Family* (New York, Knopf, 1959).

[17] H. E. Marano, »Divorced? Don't Even Think of Remarrying Until You Read This«, *Psychology Today* 33, Nr. 2 (März/April 2000), S. 57-62.

[18] J. F. Crosby, *Illusion and Disillusion: The Self in Love and Marriage.*

[19] Das ist kein neues Phänomen. Bei einer Umfrage von 1966 gaben 76 Prozent der befragten Ehepaare »Liebe« als den Hauptgrund zu heiraten an. Zehn Jahre später, 1976, als ein Psychologe 75.000 Ehefrauen nach ihren Gründe für ihre Entscheidung zu heiraten, fragte, antworteten sie: »Liebe, Liebe, Liebe stand mit Abstand an erster Stelle.« Paul Chance: »The Trouble with Love«, *Psychology Today* (Februar 1988), S. 44-47.

[20] L. Wrightsman und K. Deaux, *Social Psychology in the Eighties* (Monterey, Kalif., Brooks/Cole, 1981), S. 170. In den 34 Jahren zwischen 1949 und 1983 erschienen in Fachzeitschriften für Soziologie und Psychologie nur 27 Artikel über Liebe, und jeder einzelne Artikel bedeutete ein Berufsrisiko für den Autor. Als der Soziologe Nelson Foote zum Beispiel 1953 ein kurzes Papier mit dem Titel »Liebe« herausbrachte, wurde er von anderen Fachleuten verspottet und mit Briefen überschwemmt, in denen er als zu sentimental bezeichnet wurde.
Ein Diskussionsteilnehmer beim Kongress des Amerikanischen Psychologenverbandes erklärte: »Ein Wissenschaftler, der versucht, Liebe in eine Laborsituation zu übertragen, entmenschlicht allein durch das Wesen der Sache den Zustand, den wir Liebe nennen.«

[21] Robert Sternberg: »A Triangular Theory of Love«, *Psychological Review* 93 (1986), S. 119-135.

[22] Neil Clark Warren, *Finding the Love of Your Life* (Colorado Springs: Focus on the Family, 1992).

[23] Paul Tournier, Verstehen und schenken. Wege zu einer glücklichen Partnerschaft (Herder, 1971).

[24] D. Knox, »Conceptions of Love at Three Developmental Levels«, *The Family Coordinator* 19, Nr. 2 (1970), 151-157.

[25] Stacey Oliker, *Best Friends and Marriage* (Los Angeles: University of California Press, 1989).

[26] Alfred Kinsey, Wardell Promeroy und Clyde Martin, *Sexual Behavior in the Human Male* (Philadelphia: W. B. Sanders, 1948), S. 544.

[27] Mary Landis und Judson Landis, *Building a Successful Marriage* (Englewood Cliffs, New Jersey, Prentice Hall, 1958).

[28] Allen Parducci, »Value Judgments: Toward a Relational Theory of Happiness.« In *Attitudinal Judgment,* herausgegeben von J. Richard Eiser (New York: Springer-Verlag, 1984).

[29] Um das Problem von Maria und Josef zu verstehen, müssen wir etwas über die Ehebräuche jener Zeit wissen. Eine Verlobung war ein Vorläufer unserer heutigen Verlobung. Bei dieser Verlobung wurde das Paar einander gesetzlich versprochen und konnte sich nur durch eine Scheidung wieder trennen. Es konnte Jahre dauern, bis sie heirateten, und die Hochzeitsfeier selbst dauerte mehrere

Tage oder gar eine Woche. Erst wenn die Tage der Hochzeitsfeier vorbei waren, zog das Paar zusammen. Maria wurde irgendwann nach der Verlobung und vor der Hochzeit schwanger. Das bedeutete für Maria und Josef eine größere Umstellung.

[30] David Myers: *The Pursuit of Happiness: Who Is Happy and Why* (New York, Morrow, 1992). Und George Gallup, Jr. und F. Newport: »Americans Widely Disagree on What Constitutes ›Rich‹«, *Gallup Poll Monthly* (Juli 1990), S. 28-36.

[31] H. J. Markman, »Prediction of Marital Distress: A Five-Year Follow-Up«, *Journal of Consulting and Clinical Psychology* 49 (1981), S. 760-762.

[32] In einer Gallup-Umfrage, die zwischen dem 24. September und dem 9. Oktober 1988 durchgeführt wurde.

[33] J. K. Burgoon: »Mindfulness and Interpersonal Communication«, *Journal of Social Issues* 12 (2000), S. 1-15.

[34] Laurens Van der Post, *The Face Beside the Fire* (New York: William Morrow, 1953), S. 268.

[35] Virginia Satir, *Kommunikation, Selbstwert, Kongruenz. Konzepte und Perspektiven familientherapeutischer Praxis* (Paderborn: Jungfermann, 1990).

[36] R. M. Sabatelli, R. Buck und A. Dreyer, »Nonverbal Communication Accuracy in Married Couples: Relationship with Marital Complaints«, *Journal of Personality and Social Psychology* 43, Nr. 5 (1982), S. 1088-1097.

[37] Paul Tournier, *To Understand Each Other* (Atlanta: John Knox Press, 1967), S. 29.

[38] Deborah Tannen, *Du kannst mich einfach nicht verstehen: Warum Männer und Frauen aneinander vorbeireden (München: Mosaik* 1991).

[39] Helen Fisher, *Anatomy of Love* (New York: W. W. Norton, 1992).

[40] Benjamin Amponsah: »Gender Differences in Spatial Abilities and Spatial Ability Among University Students in an Egalitarian Educational System«, *Sex Roles* (1998).

[41] Y. Aida und T. Falbo, »Relationships Between Marital Satisfaction, Resources and Power Strategies«, *Sex Roles* 24 (1991), S. 43-56.

[42] Betty Friedan, *The Second State* (New York: Summit Books, 1986).

[43] Diese vereinfachende Unterscheidung entstammt in Wirklichkeit der Untersuchung einer großen Vielfalt von biologischen, hormonellen, anatomischen, neurologischen, psychologischen und sozialen Unterschieden. Siehe dazu Julia Wood, *Gendered Lives: Communication, Gender, and Culture* (Belmont, Kalif., Wadsworth, 1994) und Susan Basow, *Gender: Stereotypes and Roles, 3. Ausg. (Pacific Grove, Kalif.: Brooks/Cole, 1992).*

[44] Es gibt eine Reihe von Möglichkeiten, diesen grundlegenden Unterschied zu beschreiben. Walter Wangerin, Jr., sagt in *As for Me and My House*, Männer neigten dazu, »instrumental« zu sein, während Frauen dazu neigten, »ausdrucksstark« zu sein. John Gray schreibt in *Männer sind anders, Frauen auch:* Männer »ziehen zusammen«, Frauen »weiten aus«.

[45] H. J. Markman und S. A. Kraft: »Men and Women in Marriage: Dealing with Gender Differences in Marital Therapy«, *The Behavior Therapist* 12 (1989), S. 51-56.

[46] Deborah Tannen, *Du kannst mich einfach nicht verstehen. Mosaik*

[47] Eine Untersuchung bei 130 glücklichen Ehepaaren zeigte, dass fast alle Ehemänner angaben, ihre Partnerin verstehe es, ihnen ein gutes Selbstwertgefühl zu vermitteln. M. Lasswell und T. Lasswell, *Marriage and the Family* (Lexington, Massachusetts, Heath, 1982).

[48] John Gray, *Männer sind anders, Frauen auch.* Männer sind vom Mars. Frauen von der Venus (München, 1998).

[49] H. J. Markman, »Constructive Marital Conflict is Not an Oxymoron«, *Behavioral Assessment 13* (1991), S. 83-96.

[50] H. J. Markman, S. Stanley, F. Floyd, K. Hahlweg und S. Blumberg: »Prevention of Divorce and Marital Distress«, *Psychotherapy Research* (1992).

[51] E. L. Boroughs: »Love and Money«, *U. S. News & World Report* (19. Oktober 1992), S. 54-60. G. Hudson: »Money Fights«, *Parents* (Februar 1992), S. 75-79.

[52] F. D. Cox, *Human Intimacy: Marriage, the Family, and its Meaning* (New York: 1990).

[53] C. Notarius und H. Markman: *We Can Work It Out: Making Sense of Marital Conflict* (New York: Putnam, 1993).

[54] Allgemein wird der Begriff *Stieffamilie* bevorzugt, da er mit der Bezeichnung aller anderen Familientypen übereinstimmt. Alle anderen Familientypen werden durch die Eltern-Kind-Beziehung definiert (z. B. leiblich, Paten-, Adoptiv-, allein erziehend). Die Bezeichnung »Stieffamilie« wird oft negativ verstanden. Stieffamilien als »gemischte Familien« zu bezeichnen ist für Stieffamilien und Fachleute, die mit ihnen arbeiten, gleichermaßen schwierig, da dieser Begriff weder eine Familienbeziehung benennt, noch beschreibt, was passiert, wenn mindestens ein Partner in einer Ehe Kinder aus einer früheren Beziehung mitbringt. Kinder scheuen davor zurück, dass die Stieffamilie als ihre neue Familie betrachtet wird, die ihren vollen Einsatz und ihre ganze Loyalität verlangt. Sie wissen, dass ihre Loyalität gespalten ist. Eltern müssen die Realität akzeptieren, dass ihre Kinder jetzt mehrere »Eltern« haben, und dass die Erziehung nicht mehr aus einer traditionellen Familienstruktur kommt. Statt zu versuchen, jeden einzubauen, ist es wahrscheinlich viel besser, allen Beteiligten zu helfen, das Wesen der erweiterten Familie und der Verwandtschaft zu verstehen, wobei bei verschiedenen Bereichen die Übergänge fließend sind. Es ist für niemanden in einer Stieffamilie hilfreich, wenn man so tut, als wären sie miteinander verschmolzen.

[55] Richard Stuart und Barbara Jacobson, *Second Marriage* (New York: W. W. Norton, 1985).

[56] D. H. Christensen and K. D. Rettig, »The Relationship of Remarriage to Post-Divorce Co-Parenting«, *Journal of Divorce & Remarriage* (1995), S. 24.

[57] Der Familienpsychologe James Bray rät Stiefeltern am Anfang zu »beobachten«. Dazu gehört die Aktivitäten und Interessen der Kinder zu beobachten, ihre Anstrengungen zu unterstützen, Interesse an ihnen zu zeigen und gemeinsamen Gesprächsstoff zu finden.

[58] Es gibt keine rechtliche Beziehung zwischen Stiefeltern und Stiefkindern, und diese fehlende rechtliche Beziehung (sie sind nicht leiblich verwandt, nicht durch eine Adoption oder eine Pflegschaft verwandt) ist ein weiterer Grund dafür, warum die Rolle als Stiefvater oder Stiefmutter schwer ist. Man hat das Gefühl, Verantwortung ohne Autorität zu haben. Übrigens bedeutet diese fehlende rechtliche Beziehung zu einem Stiefkind, dass ein Stiefvater oder eine Stiefmutter, solange sie keine schriftliche Vollmacht haben, das Kind nicht vom Kindergarten abholen darf, keinen Zugang zu Schulunterlagen hat und keine wichtigen Dokumente unterschreiben darf. Dazu ist eine schriftliche Vollmacht durch den leiblichen Elternteil nötig.

[59] E. F. Lauer: »The Holiness of Marriage: Some New Perspectives from a Recent Sacramental Theology«, *The Journal of Ongoing Formation* 6 (1985), S. 215-226.

[60] D. R. Leckey: »The Spirituality of Marriage: A Pilgrimage of Sorts«, *The Journal of Ongoing Formation* 6 (1985), S. 227-240.

[61] D. L. Fenell: »Characteristics of Long-Term First Marriages«, *Journal of Mental Health Counseling* 15 (1993), S. 446-460.

[62] Nicht selten wird Gott als ein »eifersüchtiger Gott« bezeichnet (2. Mose 20,5; 34,14; 5. Mose 4,25; 5,9; 6,15). Diese Bezeichnung mag in unseren heutigen Ohren ungewohnt klingen, aber dahinter steckt ein schöner Gedanke: das Bild von Gott als dem leidenschaftlichen Liebhaber unserer Seele. Liebe ist immer exklusiv. Niemand kann in zwei Menschen gleichzeitig vollkommen verliebt sein. Wenn es heißt, dass Gott eifersüchtig ist, dann bedeutet das, dass Gott Männer und Frauen liebt, und dass sein Herz keine Rivalen vertragen kann, sondern dass es die ganze Hingabe unseres Herzens haben muss. Die Beziehung zwischen Gott und Mensch ist weder eine Beziehung zwischen König und Untertan, noch zwischen Herr und Diener, noch zwischen Eigentümer und Sklave, noch zwischen Richter und Angeklagtem, sondern die Beziehung zwischen Liebendem und Geliebtem, eine Beziehung, die nur in der perfekten Ehebeziehung zwischen Mann und Frau eine Parallele finden kann.

[63] S. T. Ortega: »Religious Homogamy and Marital Happiness«, *Journal of Family Issues* 2 (1988), S. 224-239.

[64] D. A. Abbott, M. Berry und W. H. Meredith: »Religious Belief und Practice: A Potential Asset in Helping Families«, *Family Relations* (1990), S. 443-448.